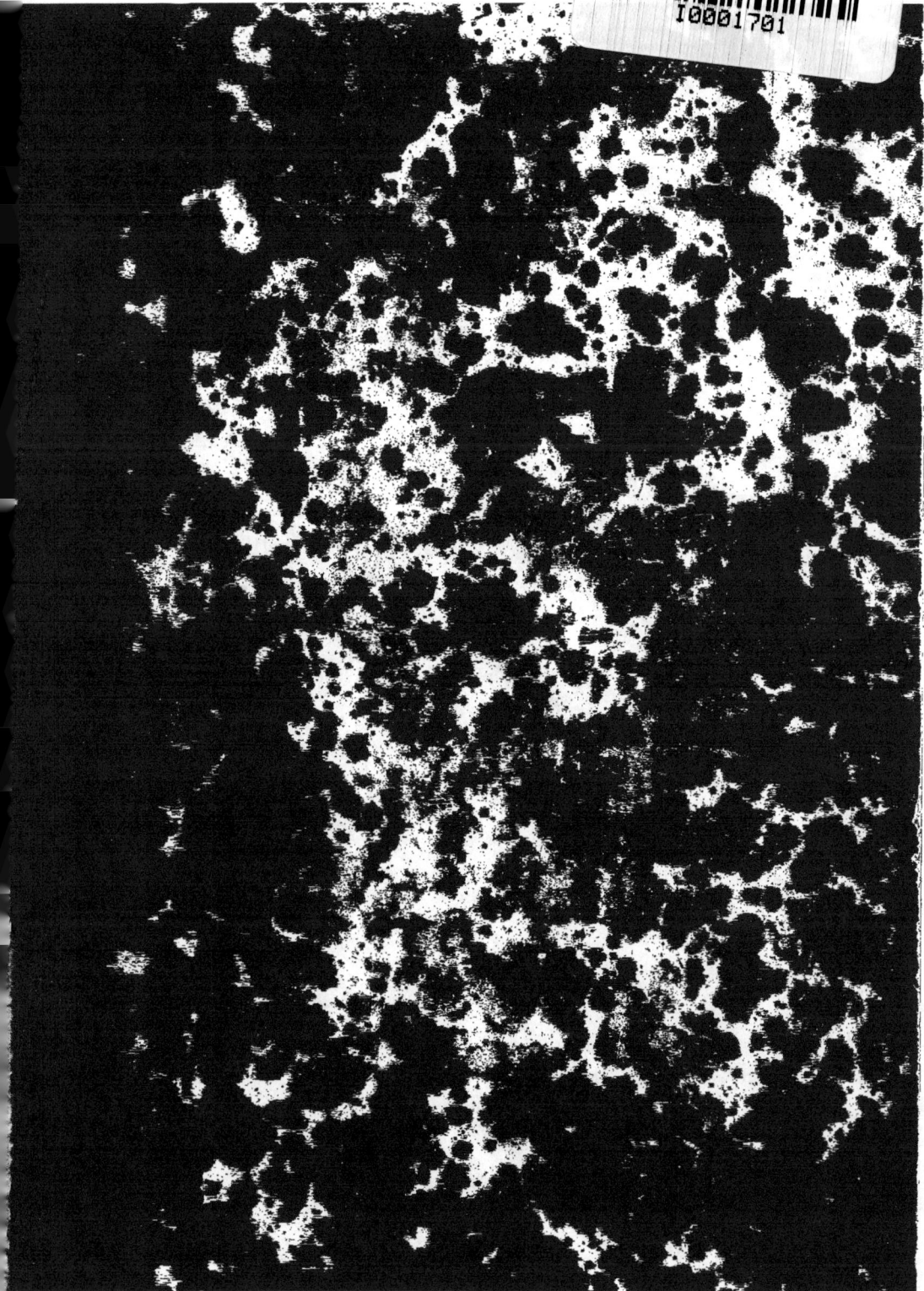

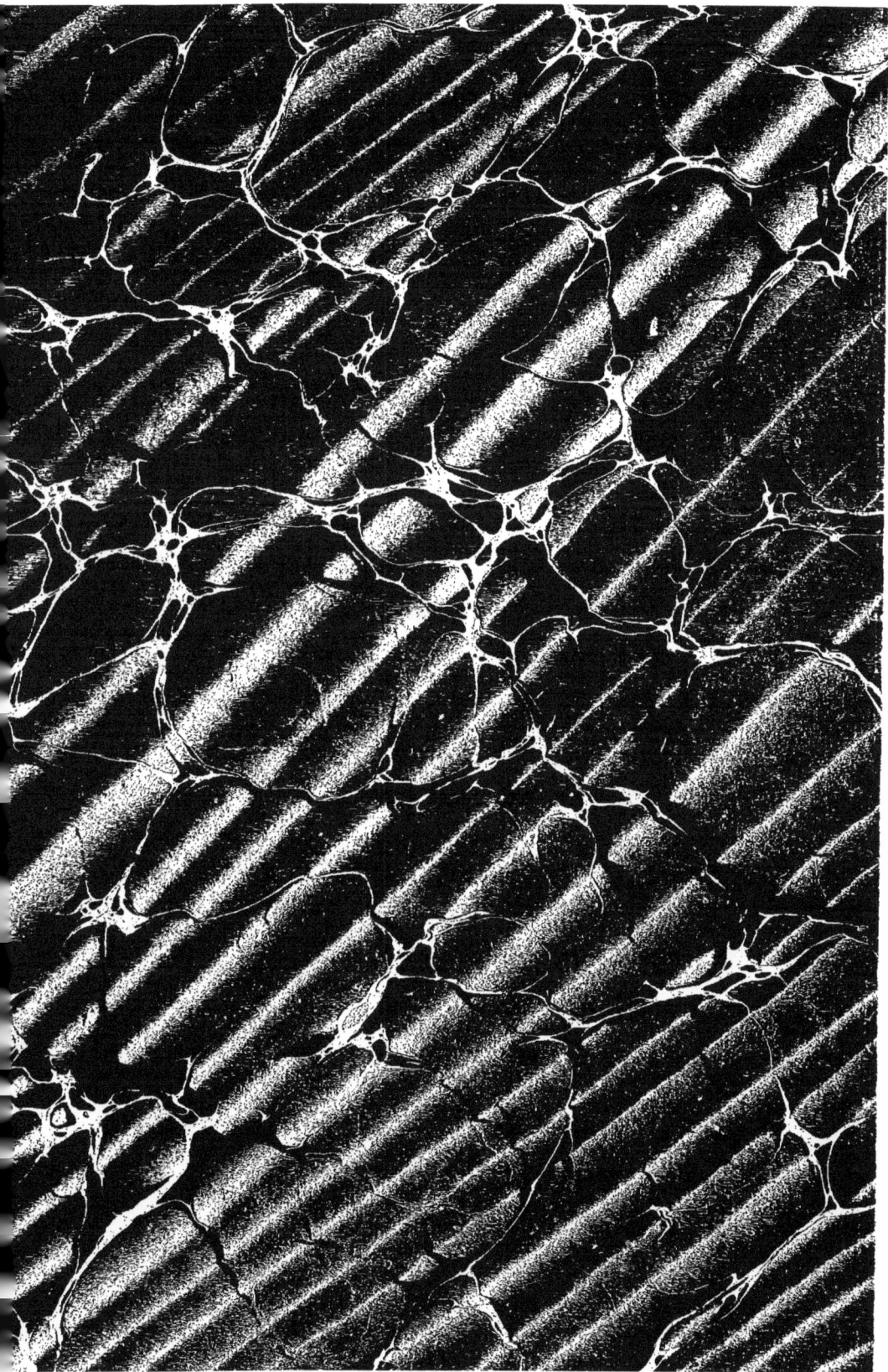

NOUVELLES

CAUSES CÉLÈBRES

ou

FASTES DU CRIME.

IMPRIMERIE DE Vᵉ DONDEY-DUPRÉ,
Rue Saint-Louis, 46, au Marais.

NOUVELLES

CAUSES CÉLÈBRES

ou

FASTES DU CRIME

par **MOQUARD**, avocat.

TOME DEUXIÈME.

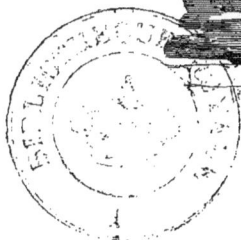

PARIS.

POURRAT FRÈRES,
ÉDITEURS,
26, rue Jacob.

ADMINISTRATION
DE LIBRAIRIE,
26, rue Notre-Dame-des-Victoires.

1842

LA JALOUSIE.

Cependant lord Sandwich avait décidé de quitter Londres, son départ était prochain. Marguerite devait le suivre. Hackman subit avec résignation cette épreuve nouvelle. « Après l'aventure miraculeuse à laquelle il se » félicitait d'avoir échappé, il serait ingrat envers la Pro- » vidence de porter plainte sur ce qu'il appelle une sim- » ple contrariété. L'éloignement de Marguerite, jusque- » là toujours insupportable et le plus cruel des maux, » cette fois il s'y soumet avec tranquillité et presque sans » murmure. » Mais plus que jamais ses idées s'attachent à ces crimes dans lesquels la situation des acteurs princi- paux offre de l'analogie avec la sienne. Il est ingénieux à en saisir les plus faibles rapports, et porté à en faire de vagues applications dans un avenir possible. Cette troi- sième séparation le frappe donc moins en apparence que la condamnation à mort de Ceppi. Il consacre deux lignes à protester de sa soumission aux ordres d'en haut et tout une page au récit de la tentative d'homicide.

« Vous l'ai-je racontée, Marguerite? Ceppi était Italien,

CAUSES CÉLÈBRES.

» comme son nom l'indique. Un Italien seul était capa-
» ble d'un pareil crime… Mistress Knightly, ainsi qu'elle
» l'a déclaré, étant encore au lit dans la matinée du 18
» janvier, vit entrer Ceppi, qui ferma la porte au verrou,
» s'assit sur une chaise et lui dit qu'il venait terminer son
» affaire. Elle ne le comprit pas et le pria de s'éloigner.
» Ceppi se leva et s'avança vers la fenêtre ; mais, revenant
» bientôt sur ses pas, il montra à mistress Knightly deux
» pistolets. Mistress, effrayée, s'élança hors de son lit et
» courut à la porte pour essayer de l'ouvrir. Ceppi s'appuya
» avec force contre les battants et lui ferma le passage.
» Alors, dans l'espoir de le calmer, elle dit : Je vais vous
» préparer à déjeuner. — Il est prêt, répondit-il, et nous
» le mangerons ensemble. Elle se précipita vers son lit en
» criant de toutes ses forces : Ne me tuez pas, ne me tuez
» pas! et se cacha sous les couvertures.

» Ceppi la saisit et fait feu avec l'un des deux pistolets,
» et aussitôt, sans savoir s'il a tué sa victime, il se jette
» sur le lit, cherchant à se donner la mort avec l'autre
» pistolet. La poudre ne prend pas. Pour comble de dé-
» sespoir, il entend du bruit dans l'escalier. C'était une
» servante effrayée par le coup et accourant à la cham-
» bre de mistress Knightly. Celle-ci redouble ses cris.

» La servante brise avec une hache le panneau infé-
» rieur de la porte. Mistress Knightly, qui n'avait reçu
» qu'une légère blessure, se sauve à demi nue ; Ceppi la
» suit, mais on parvint à l'arrêter au moment où il sor-
» tait de la maison.

» Dans sa comparution devant le juge, Ceppi a déclaré

LA JALOUSIE.

» qu'il avait proposé à mistress Knightly de lui donner
» sa main ; qu'elle avait sans cesse repoussé sa proposi-
» tion, et qu'égaré par l'amour et le désespoir, il avait
» conçu le dessein, non de la tuer, mais de se brûler la
» cervelle à ses yeux.

» Il y a, poursuit Hackman, plus de brutalité encore que
» de démence dans ce crime. Le plan en avait été com-
» biné ; il voulait bien tuer sa maîtresse. Cependant, si
» je parvenais à croire que son unique projet était de
» tomber sanglant et sans vie aux pieds d'une femme
» inexorable, je donnerais une larme à son délire. »

Ce calme affecté au moment du départ de Marguerite
ne se soutint pas longtemps. Plus le but désiré, le
mariage, semblait reculer devant lui, plus il s'obstinait à
l'atteindre. « Il faut que ma tête se repose sur le paisible
» oreiller du lit conjugal. Mais quand finira ce long et
» pénible voyage? D'ailleurs çà et là sont semés sur la
» route des faits qu'on recueille malgré soi, et qui, tout
» en inspirant de l'horreur, vont remuer au fond de l'âme
» je ne sais quels instincts secrets, quels pressentiments
» sinistres. Je suis comme poursuivi par ces exemples
» répétés. La semaine dernière encore, un gentleman
» ne m'a-t-il pas abordé chemin faisant pour me conter ce
» qui suit :

» Un domestique du docteur Bell, nommé Empson,
» aimait inutilement depuis quelques années une jeune
» servante attachée à la maison de lord Spencer. Dans
» l'espoir de fléchir sa maîtresse, il fit publier les bans à
» l'église sans son consentement. Cette petite ruse ne

CAUSES CÉLÈBRES.

» réussit pas. Menacé de la voir passer dans les bras d'un
» autre, Empson n'écoute que son désespoir. Il engage
» une personne qui connaissait la servante à lui deman-
» der un rendez-vous. Il vient l'attendre dans le parc de
» lord Spencer, et quand elle se présente, il lui tire un
» coup de pistolet à bout portant. La balle a fait une
» blessure dangereuse, mais non mortelle.

» O amour! voilà encore un de tes crimes! N'est-ce
» pas assez de rendre tes esclaves misérables et fous?
» dois-tu encore leur inspirer les forfaits? dois-tu les con-
» vertir en démons échappés de l'enfer? »

Toutefois le repos était revenu à Hackman à mesure
qu'il s'était occupé d'accomplir le projet de se faire ministre après la vente de sa commission. Il était allé dans
le Norfolk, et là sa nouvelle position paraissait à souhait,
le presbytère commode, simple, tout exprès pour un ménage modeste. « Que de jours heureux, s'écriait-il, nous
» allons couler dans cette solitude! quelle inspiration d'en
» haut d'avoir pris les ordres! que d'obligations aux amis
» qui m'ont secondé! Maintenant mon bonheur ne sau-
» rait plus être différé; mon caractère et ma profession
» lèvent tous les obstacles. O Marguerite! chaque jour
» ajouté au nombre de vos jours fortifie la conviction que
» désormais il m'est impossible de vivre sans vous! » Il lui
envoyait par la jeune personne une histoire de Chatterton.

Le 19 février 1779, Marguerite donna enfin à James
l'assurance qu'elle consentirait bientôt à leur hymen. Elle
lui présenta néanmoins une objection sérieuse. « N'était-
» elle pas beaucoup plus âgée que lui? — Est-ce que de-

LA JALOUSIE.

» puis longtemps je ne le sais pas? répondit-il avec viva-
» cité; est-ce là un obstacle? faut-il s'y arrêter? avez-vous
» oublié Ninon de Lenclos? êtes-vous assez vieille pour
» être ma mère? » et mille interpellations de cette nature
qui éludaient la difficulté. Cette promesse de s'unir enfin
à lui, si longtemps suspendue, ce triomphe sur le fameux
serment de subir la torture plutôt que de l'épouser, voilà
ce qui le transportait hors de lui-même. La lutte de toute
sa vie semblait terminée. Au prix de ce succès, le reste
avait passé inaperçu.

Marguerite pourtant n'avait pas fixé un terme précis.
« Bientôt. » Le mot était vague; il autorisait des incertitudes que le moindre incident pouvait accroître et
prolonger. Hackman retomba dans une tristesse dévorante;
il se plaignait amèrement de ses ravages visibles. Le sort de
Chatterton, qui s'était délivré de la vie par le poison, était
devenu l'objet de ses pensées de prédilection. Il réunissait
tous les éléments nécessaires pour composer son histoire.
Il était frappé surtout de ce délire, de cette fièvre de l'i-
magination observée par les physiologistes chez plusieurs
hommes célèbres et si fatale à leur existence. Il en réunissait les exemples les plus saillants.

« Pascal avait-il pu jamais parvenir à chasser de son
» cerveau l'idée d'un gouffre de feu, d'un épouvantable
» abîme qu'il croyait voir sans cesse à ses côtés?

» Spinello, après avoir peint la chute des anges re-
» belles, ne se sentait-il pas importuné de la présence
» imaginaire de ce Lucifer auquel il avait donné une con-
» tenance si fière et si terrible?

CAUSES CÉLÈBRES.

» Gaspard Barlans, orateur, poëte, médecin, n'était-il
» pas allé jusqu'à croire que son corps était de beurre,
» jusqu'à fuir le feu, de crainte de se fondre, jusqu'à se
» précipiter dans un puits par horreur d'une vie trop agi-
» tée d'effroi ?

» Pierre Jurieu, le fameux théologien, n'attribuait-il pas
» ses fréquents accès de colique à sept hommes à cheval
» renfermés dans son ventre ?

» Chatterton, ajoutait Hackman, a subi comme une
» de ces influences irrésistibles qui poussent au suicide.
» Je ne reviens jamais sur cet acte étrange (et j'y reviens
» souvent) sans éprouver de la douleur. D'ailleurs ne
» suis-je pas Anglais, c'est-à-dire un homme de cette na-
» tion à laquelle le préjugé populaire attribue un pen-
» chant inné à la destruction de soi-même? Certes, je ne
» recherche pas certains faits pour me convertir ou pour
» m'encourager ; au contraire. Vous connaissez mes prin-
» cipes, je vous les ai souvent répétés. Si nous n'avions
» pas la force de résister à certains moments de dégoût,
» l'humanité tout entière périrait par le suicide. Ayons
» le courage de vivre puisque nous en avons le devoir. La
» seule philosophie vraie est celle qui veille à la conser-
» vation des lois de la nature. Toutefois j'ai sous les yeux
» des récits extraordinaires. Le sang et la résolution s'y
» montrent à un degré auquel n'atteignent jamais ces ac-
» tes de désespoir. Un écrivain les raconte avec cette lé-
» gèreté moqueuse toute particulière aux Français. Je les
» transcris bien moins pour exciter votre curiosité que
» pour avoir votre opinion.

LA JALOUSIE.

» Philippe Mordaunt, cousin germain de ce fameux
» comte Peterborough, si connu dans toutes les cours de
» l'Europe, et qui se vante d'être l'homme de l'univers
» qui a vu le plus de postillons et le plus de rois ; Philippe
» Mordaunt, dis-je, était un jeune homme de vingt-sept
» ans, beau, bien fait, riche, né d'un sang illustre, pou-
» vant prétendre à tout, et ce qui vaut encore mieux,
» passionnément aimé de sa maîtresse. Il prit à ce Mor-
» daunt un dégoût de la vie ; il paya ses dettes, écrivit à
» ses amis pour leur dire adieu, et fit même des vers,
» puis se dépêcha d'un coup de pistolet, sans en avoir
» donné d'autres raisons, sinon que son âme était lasse de
» son corps, et que quand on est mécontent de sa mai-
» son, il faut en sortir. Il semblait qu'il eût voulu mourir
» parce qu'il était dégoûté de son bonheur.

» Richard Smith vient de donner un étrange spectacle
» au monde pour une cause bien différente. Richard
» Smith était dégoûté d'être réellement malheureux. Il
» avait été riche et il était pauvre ; il avait eu de la santé
» et il était infirme ; il avait une femme à laquelle il ne
» pouvait faire partager que sa misère ; un enfant au ber-
» ceau était le seul bien qui lui restât. Richard Smith et
» Bridget Smith, d'un commun consentement et après
» s'être tendrement embrassés et avoir donné le dernier
» baiser à leur enfant, ont commencé par tuer cette pau-
» vre créature et ensuite se sont pendus aux colonnes de
» leur lit. Je ne connais nulle part aucune horreur com-
» mise de sang-froid qui soit de cette force. Mais la lettre
» écrite par ces infortunés à M. Brindlay, leur cousin,

» avant leur mort, est aussi singulière que leur mort
» même.

« Nous croyons, disent-ils, que Dieu nous pardon-
» nera. Nous avons quitté la vie parce que nous étions
» malheureux, sans ressources, et nous avons rendu à
» notre fils unique le service de le tuer, de peur qu'il ne
» devînt aussi malheureux que nous. »

» Il est à remarquer que ces gens, après avoir tué leur
» fils par tendresse paternelle, ont écrit à un ami pour lui
» recommander leur chat et leur chien. Ils ont cru appa-
» remment qu'il était plus aisé de faire le bonheur d'un
» chat et d'un chien dans le monde que celui d'un enfant,
» et ils ne voulaient pas être à charge à un ami.

» Que pensez-vous, Marguerite, de Philippe Mordaunt
» et de Richard Smith se retirant froidement de cette vie
» à cause d'un excès de fatigue causé, dans l'un par le
» bonheur, dans l'autre par la misère? Qu'en pensez-vous,
» encore une fois? J'ai besoin de votre opinion; la mienne
» vous est assez connue. La force morale leur a manqué
» à tous les deux. Il ne fallait pas plus succomber sous
» les délices que sous l'adversité. Où en serait le monde
» avec de pareilles faiblesses? Mais peut-être les croyez-
» vous communes en Angleterre et rares ailleurs? Dé-
» trompez-vous. Cette France elle-même, si vive, si légère,
» qui, dans son langage dérisoire, a fait du mot *anglicisme*
» le synonyme de suicide, nous fournit dans ce genre une
» incomparable tragédie. Je me garderai bien de vous en
» épargner le récit; il vous servira d'argument pour ou
» contre à cet avis que je provoque.

LA JALOUSIE.

» La veille de Noël 1773, environ sur les onze heures
» du matin, deux militaires entrent à la Croix de l'Arc,
» à Saint-Denis, et demandent à dîner. Le repas achevé,
» l'un d'eux, nommé Bourdeaux, sort et va acheter de la
» poudre et deux balles. Il dit au marchand qui lui vend
» ces objets que Saint-Denis est un lieu singulièrement
» agréable, qu'il est décidé à y passer le reste de sa vie.
» A son retour à l'auberge, il se met à table avec son
» compagnon et finit gaiement la journée.

» Le lendemain, les deux amis commandent leur dîner
» et se font apporter du vin. Vers cinq heures, on entend
» le bruit d'une arme à feu; une seconde explosion a
» lieu : on accourt, et l'on ne trouve plus que deux
» cadavres mutilés, renversés autour d'une table sur la-
» quelle sont encore trois bouteilles vides, un paquet de
» papiers, une lettre et une pièce de trois livres.

» Le commandant de la maréchaussée de Saint-De-
» nis fut aussitôt appelé; il dressa procès-verbal. On ou-
» vrit la lettre ainsi que le paquet de papiers, qui renfer-
» mait un testament commun aux deux amis, et dont il
» suffira de vous donner quelques passages :

« Avant tout, que notre hôte ne soit pas inquiété et
» que la curiosité de la justice soit satisfaite. Humain est
» le plus gros; moi, je suis le plus mince des deux corps
» qu'elle retrouvera. Humain est maréchal des logis au
» régiment de Belzunce. Je suis simple dragon au même
» régiment.

» Nul n'échappe à la mort. Cette conviction nous a ar-
» més contre nous-mêmes. L'avenir est court, il doit finir;

CAUSES CÉLÈBRES.

» nous allons à sa rencontre, Humain avec ses vingt-
» quatre ans, moi avec mes dix-neuf, sans raison toutefois
» de préférer aujourd'hui à demain. Nous sommes dégoû-
» tés, rien de plus.

» L'éternité est le point commun de réunion. Le sort
» nous cachait l'heure du départ ; nous avons choisi celle
» à notre convenance. Quand nous avons eu une fois bien
» considéré la mort en face, nous avons rejeté la vie aussi
» facilement qu'un vieux manteau dont le service ne nous
» va plus.

» Tous les plaisirs se ressemblent ; nous en avons joui.
» Notre dégoût est venu précisément de la perpétuelle
» monotonie de la scène. La toile se baisse. Que ceux à
» qui le théâtre plaît l'occupent quelques heures de plus.

» La vie, c'est cette réunion de fibres, de nerfs et de
» veines que l'orgueil humain honore du nom pompeux
» de chef-d'œuvre de la création. Deux ou trois grains de
» poudre l'auront bientôt détruite.

» Si nous avions demandé notre congé à nos chefs, ils
» nous l'auraient fait attendre ; nous l'avons pris sur-le-
» champ.

» Suivaient quelques legs.

» *Signé* BOURDEAUX, HUMAIN. »

» Eh bien, Marguerite, l'histoire des folies anglaises
» offre-t-elle quelque chose de semblable ? Tout cela, j'en
» conviens, a une tournure un peu lugubre ; mais la bio-
» graphie de Chatterton, à laquelle je travaille, me cause
» de l'agitation, et votre seul souvenir me met hors de

LA JALOUSIE.

» moi ; votre seul souvenir, vous l'entendez ! Quel doit
» être mon état, avec des raisons de penser que vous ne
» songez pas à moi? »

Depuis quelque temps miss Reay concevait un juste
effroi de cette tendance prononcée, de cette monomanie
d'Hackman qui lui faisait rechercher avidement tous les
faits de suicide. Elle n'avait osé lui en adresser la remarque durant leurs divers entretiens. Cette fois l'occasion
était naturelle. Il provoquait sa franchise. Elle lui écrivit
donc :

« Vous demandez mon opinion sur le suicide ; mais elle
» est la vôtre. Les malheureux dont vous vous plaisez à
» multiplier les exemples, à rapporter les paroles, ne sont
» que des sophistes ; vous seul êtes dans le vrai. Me croyez-
» vous plus instruite, plus éloquente que tant de grands
» hommes qui ont démontré l'impérieux devoir de sup-
» porter le fardeau de la vie? Et Ceppi, et Empson, et
» Smith, et Bourdeaux, vous les avez qualifiés vous-même ;
» ce sont des malades, des fous, des lâches. Que vous ser-
» vira de m'entendre, moi, pauvre femme, répéter tous
» ces noms? Cependant vous paraissez y tenir, je les répète.

» Ah ! ce désir me ferait sourire s'il n'était qu'un mou-
» vement de curiosité ; mais, vous l'avouerai-je avec fran-
» chise, c'est un symptôme qui m'alarme. Parce que le
» destin nous sépare encore quelque temps, vous êtes
» saisi d'une impatience et presque d'une frénésie subite.
» Six ans de noble résignation se sont écoulés sans trop
» de murmures ; quelques mois tout au plus restent en-
» core, et vous proférez des cris de désespoir. Votre ima-

CAUSES CÉLÈBRES.

» gination voudrait supprimer et le temps et les obstacles ;
» l'un doit avoir son cours, les autres disparaissent par
» degrés. Elle vous transporte au milieu des choses ex-
» trêmes ; à cet avenir prochain qui devrait vous sourire
» elle substitue des scènes tragiques et sanglantes ; elle
» vous épouvante par des coups de pistolet et des écha-
» fauds ; elle vous fait vivre parmi le suicide et les atten-
» tats. Bien plus, de l'égarement vous passez à l'injustice.
» Vous n'osez pas me dire que je pense à un autre, vous
» me le laissez entendre.

» C'est là un outrage ; le démon de la jalousie vous
» l'inspire. Et qui donc ai-je jamais aimé, si ce n'est
» vous ? Ingrat ! voyez comme le désordre est entré à la
» fois dans votre tête et dans votre cœur. O Hackman !
» encore une accusation semblable, et vous serez indigne
» de recevoir jamais celle que vous aspirez à posséder tou-
» jours. »

Cette lettre lui présentait bien sa situation véritable ;
mais au fond elle pouvait laisser douter de l'amour de Marguerite. Loin de calmer la violence qui l'emportait vers
le but tant désiré, l'union promise, la possession sans partage, elle en précipita le cours.

« Vous n'avez plus d'objections à élever ; dans un mois
» ou six semaines au plus tard vous serez mon épouse.
» Je donne des ordres pour la réparation du presbytère. »
Ainsi il croyait toucher au terme de ce qu'il avait si souvent appelé *son éternel voyage*, lorsqu'il reçut de Charles ***, écuyer, le petit billet suivant :

LA JALOUSIE.

» Aveugle et crédule ami, vous ne pouvez voir ce qui
» se passe et vous espérez ce qui n'arrivera pas. Le cœur
» n'est plus à vous depuis assez longtemps, la personne
» vous échappera bientôt. Aux expressions compassées
» de sa dernière lettre, ne reconnaissez-vous pas l'impos-
» ture d'un sentiment qui se trahit par ses efforts même
» pour se donner une vie toute factice? Ne soyez dupe ni
» du langage de la raison ni de celui de l'amour. Ce qu'on
» vous conseille ne vaut pas mieux que ce qu'on vous pro-
» met. Je n'ai pu encore, j'en conviens, découvrir l'être
» mystérieux auquel on se prépare à vous sacrifier; mais
» je suis sur ses traces, elle sera bien habile si elle me les
» dérobe. Quant à vous, songez à votre dignité; prévenez
» le coup, rompez les liens d'une main hardie et vigou-
» reuse, pendant que des doigts délicats et perfides les
» dénouent dans l'ombre peu à peu.

» Charles, écuyer. »

Hackman lui répondit aussitôt :

» 20 mars.

» Soyez rassuré comme je le suis moi-même. G***, sur
» la sincérité, sur le dévouement de laquelle il ne m'est
» pas permis d'élever des doutes, ne la perd plus de vue
» un instant et épie toutes ses démarches. Elle m'a écrit:
» n'ayez pas de craintes. Votre affection pour moi vous en
» fait concevoir d'imaginaires. D'ailleurs je ne veux
» pas céder à des soupçons, à de vagues indices. Avant
» de croire à la perfidie, je veux la voir de mes propres

CAUSES CÉLÈBRES.

» yeux. Si j'ai un rival digne de ma vengeance, vous êtes
» mon ami, je compte sur vous. »

AU MÊME.

« 6 avril 1779.

» Eh bien, votre incrédulité triomphe de ma confiance.
» Ne raisonnez plus avec moi, je suis convaincu et en
» même temps au désespoir. La mort seule me rendra
» le repos. C'est une idée fixe; il n'y manque que d'être
» convertie en résolution. Plus d'une fois j'ai songé à
» faire usage de la clef qui m'a souvent introduit auprès
» d'elle pour aller mourir à ses pieds. Qu'ai-je donc à
» faire, moi qui ne vivais que pour l'aimer? Cesser de
» vivre puisqu'elle ne m'aime plus. Le suicide, ses con-
» séquences, sa lâcheté, tous les noms dont on le flétrit,
» ne sont rien pour moi. Une seule chose me préoccupe,
» vous prouver mon état désespéré, la nécessité de ter-
» miner mes angoisses.

» Le pauvre capitaine J*** s'est lui-même donné la
» mort il y a peu de jours. Je vous envoie ses dernières
» paroles et sa confession. Il m'exposa ses motifs, je re-
» fusai de les admettre. J'aurais supporté ses malheurs;
» mais les miens sont d'une toute autre gravité, leur poids
» m'accable. Tout ce que je traitais de sophismes m'ap-
» paraît maintenant comme la vérité même. Je m'incline
» devant elle; je lui obéirai en esclave. Je ne songe plus
» qu'à me précipiter dans un monde nouveau.

» C'est un crime, entends-je dire de toutes parts. Je le

LA JALOUSIE.

» crains, je le pense ; eh bien, je subirai et le jugement
» et la condamnation, peine légère au prix de cette tor-
» ture d'une affreuse réalité. Charles, vous êtes-vous ja-
» mais assez recueilli pour réfléchir à fond sur l'empire
» des passions? Quand je vous entretenais de miss Reay,
» vous me permettiez de me dérober à la misère ; per-
» mettez-moi donc de me dérober au désespoir plus dé-
» chirant que la faim. Oui, les passions dévorantes,
» comme une meute sanguinaire et acharnée, me met-
» tront inévitablement en pièces ; ma fatale insouciance
» les a laissées croître et prévaloir sur la raison. Com-
» ment échapper à leur fureur? Par un seul moyen? Mon
» âme ardente est embrasée des feux de l'amour. Je dois
» périr dans ses flammes ; oui, j'y périrai. Peut-être dans
» l'origine serais-je parvenu à éteindre l'incendie ; impos-
» sible maintenant, la jalousie l'attise... et s'il allait s'é-
» tendre hors de mon sein... s'il allait en consumer un
» autre avec moi! Qui connaît l'irrémédiable douleur dont
» je suis tourmenté? qui peut en prévoir les suites?

   » Je suis innocent... innocent encore... innocent pour
» le moment... plus tard... Avez-vous jamais lu d'Ar-
» naud? J'étais sur le bord du précipice, tout prêt à m'y
» lancer ; son livre m'a arrêté. Ecoutez.

   » Lord Adelson rencontre à Rome le peintre Salvini ;
» il se lie avec lui, l'emmène en Angleterre, et le pré-
» sente à mistress Rivers, qu'il devait épouser. L'amour,
» inconnu jusque-là à Salvini, l'enflamme tout à coup,
» s'attache à lui comme une proie, l'entraîne par degrés
» d'un crime dans un autre. Le jour fixé pour le mariage

CAUSES CÉLÈBRES.

» avec Adelson, Salvini tue la fiancée et puis essaye de se
» tuer lui-même. On le désarme et il tombe entre les
» mains de la justice. Il est enfermé à Newgate, jugé,
» condamné à mort. Adelson corrompt le geôlier, Salvini
» refuse deux fois la liberté, persiste à satisfaire la justice
» humaine, et périt du dernier supplice à Tyburn.

» Charles... Charles... ton Hackman n'est pas Salvini !
» Je ne tuerai personne que moi... Le démon des mauvais
» conseils ne m'a pas encore persuadé de précipiter Hé-
» loïse dans les gouffres de feu et de m'y précipiter avec
» elle. Je vous donne ma montre ; portez-la en souvenir
» de moi. Crop, mon cheval, a été un fidèle serviteur ;
» acceptez-le. Lorsqu'il sera trop vieux pour vous porter,
» laissez-le paître en liberté dans votre parc. Un jour (que
» j'étais heureux alors !) il porta un précieux fardeau, celle
» pour qui je meurs !... Vous ai-je dit le dernier adieu ?...
» Pendant quelques heures encore votre ami dévoué.

» Hackman. »

A M. F***.

« 7 avril 1779.

» Je ne serai plus, mon cher F***, lorsque cette lettre
» vous parviendra. J'ai lutté selon mes forces ; elles m'a-
» bandonnent, je meurs. Celle pour qui je vivais était
» déjà perdue pour moi ; c'est là une pensée pire que la
» mort ! Le monde me condamnera ; vous, mon ami, vous
» me plaindrez. Puisse le ciel détourner de vous à jamais
» le tourment qui me tue !... puisse-t-il aussi la protéger,

LA JALOUSIE.

» elle, Marguerite, que j'aimais, et lui pardonner cet acte
» de désespoir! Adieu, rappelez-vous votre ami! »

La détermination de Hackman était invariable lorsqu'il
écrivit cette lettre. Dans la matinée même il resta quelque
temps occupé à lire les sermons du docteur Blair. Le
soir il prolongea sa promenade du côté de l'Amirauté, où
demeurait lord Sandwich, sans doute pour voir encore
une fois miss Marguerite Reay. Quand il fut arrivé là, sa
démarche précipitée d'abord se ralentit. Il leva sur cette
demeure interdite à jamais un regard où se succédèrent
avec la rapidité de l'éclair l'expression d'une sinistre pensée et celle d'un doux songe. Tout son corps passa en quelques minutes du tressaillement convulsif à l'abattement
de la langueur. Sa tête se pencha vers la terre ; il se détourna d'un autre côté et fit quelques pas pour s'éloigner.
« Non, se dit-il ensuite, c'est trop de faiblesse ; demeu-
» rons... le sermon du docteur a donné à mon âme du
» calme, de la sécurité... A l'aspect de cette maison...
» toute mon agitation m'est revenue... Quand j'ai fermé
» le livre, j'étais bien décidé... le suis-je encore?... C'est
» alors qu'il fallait partir!... le pourrai-je maintenant?...
» Oh! oui, et en sa présence même. Il n'y a que les lâches
» qui se cachent pour mourir... D'ailleurs il ne faut pas
» lui laisser la moindre incertitude. Quand elle verra le
» sacrifice, elle ne doutera pas de la cause. » Et il reprit
son chemin en silence, décidé à attendre le moment où
elle sortirait.

Marguerite dînait ce jour-là avec mistress Lewis, femme
de Gregory Mathew Lewis, le célèbre auteur du *Moine*.

CAUSES CÉLÈBRES.

A celle-ci s'étaient réunis quelques artistes. La conversation était vive et enjouée. Ils firent tous ensemble la partie d'aller à Covent-Garden. Marguerite les quitta pour s'habiller. Au moment où elle posait sur sa poitrine une rose dont mistress Lewis venait d'admirer la beauté, cette fleur lui échappe et tombe sur le parquet. Miss Reay se baisse pour la ramasser; mais, au contact de ses doigts, les feuilles se séparent comme par enchantement, la tige seule, tout à coup dépouillée, reste dans ses mains et remplit son âme d'un vague effroi.

« Qu'avez-vous donc? dit miss Lewis étonnée, vous
» avez changé de couleur. — Cette rose, répondit Mar-
» guerite. — Eh bien, ma chère, elle a vécu ce que vi-
» vent les roses, l'espace d'un matin. La journée est finie.
» — Non pas peut-être pour elle seule. — Quelle folie!
» vous superstitieuse! lire un présage dans la chute na-
» turelle de quelques feuilles. Encore, si, comme Jules
» César, vous aviez reçu l'avis d'un papier officieux! La
» destinée d'une rose réglerait-elle la destinée de miss
» Reay? Allons! point de pressentiment; laissez-moi
» remplacer une fleur par d'autres. » Elle en détacha
deux ou trois de son bouquet et les posa elle-même sur
son sein. « Voyez, celles-là tiennent, le charme est rompu.
» Allez donc gaiement à Covent-Garden; je vous y re-
» joindrai bientôt. »

Quelques minutes après, Hackman vit Marguerite Reay
qui montait en voiture avec la signora Galli, et elle ne
l'aperçut pas. « Quelle fatalité! s'écria-t-il; la tête tournée
» précisément du côté opposé au mien! La suivrai-je?

LA JALOUSIE.

» sans doute! à la fin il faudra bien qu'elle se tourne et
» me voie, et au moment de la sortie j'aurai toujours le
» moyen d'aller à sa rencontre, de me présenter face à
» face.» Alors il prit aussi la route de Covent-Garden.

Ce jour-là on donnait *l'Amour au village*. « Ah! s'é-
» cria Hackman en jetant les yeux sur l'affiche, là seule-
» ment il était pur et sincère ; » et il songea à Huntingdon.
A peine entré dans la salle, il chercha avec avidité
quelle place elle pouvait occuper puisqu'elle ne paraissait
pas à sa loge ordinaire. Enfin il la découvrit à un second
rang, entre deux messieurs, dont l'un, prodigue de prévenances soutenues, semblait fixer son attention. « Serait-
» ce l'être mystérieux dont m'a parlé Charles? » Le rouge
lui monta au visage ; il sentit sa raison se troubler, mais il
en conserva encore assez pour sortir précipitamment. Il alla
s'asseoir, seul, à la petite table la plus écartée d'un coin
de Coffee-House et demanda un verre de brandy. Il l'a-
vala d'un trait, croisa ses bras, baissa la tête, puis tout à
coup la prit dans ses mains, et l'appuyant sur la table, il
resta quelques minutes dans l'état d'immobilité d'un
homme que le sommeil aurait appesanti.

« Je me trompe, dit-il en se redressant, c'est la figure
» d'un étranger, il n'a pas les manières réservées d'un
» Anglais, il gesticulait ; retournons nous assurer de la
» vérité. » Il quitta le café pour aller reprendre son poste
d'observateur. Miss Reay avait disparu ou plutôt changé
de place avec son voisin. Il le vit alors à découvert, et
malgré la vivacité de ses gestes, fut forcé de reconnaître
un Anglais. Il était jeune, d'une mise très-élégante, d'une

CAUSES CÉLÈBRES.

belle figure. Au lieu d'écouter et de regarder le théâtre, Hackman se tournait sans cesse vers Marguerite, invisible dans un coin de la loge. « Elle m'a vu, elle m'évite, » furent les seuls mots qu'il prononça à demi-voix, et ne se contenant plus, il sortit l'œil en feu, la main droite appuyée sur son cœur, qu'il semblait presser vivement. Il ne marchait plus, il courait comme s'il eût été poursuivi.

Assis bientôt à la même petite table de Coffee-House, il regarda la pendule. « Encore une heure tout au plus, » dit-il; et il demanda un second verre de brandy. Après en avoir bu quelques gouttes : « Garçon, vous m'avez em— » poisonné! un feu dévorant brûle mes entrailles! il ga- » gne ma tête! — A la bonne heure, » dit le garçon avec un sourire, jugeant bien que le mal, s'il y en avait, était au cerveau. Hackman reprit le verre, et comme il le portait à ses lèvres, s'arrêta subitement. « Ai-je donc besoin » de m'exciter? et pour perdre la vie, me faut-il d'abord » perdre la raison? » Alors il jeta vivement la liqueur sous la table, saisit un journal, affecta de lire, et portant la main à chacune de ses poches, dit : « C'est bien, ils sont » là ; ce que l'un aura commencé, l'autre l'achèvera. » Regardant de nouveau la pendule : « L'heure approche. » Il se leva, et pour la troisième fois rentra au théâtre, la tête haute, le regard assuré, la démarche ferme. Rien n'était changé dans la loge ; les mêmes personnages y conservaient la même position. « Bien! bien! répéta-t-il en- » core ; je n'ai plus de doute. » Le spectacle allait finir. Il se hâta de se placer à la porte par où miss Reay devait passer.

LA JALOUSIE.

Elle s'avançait donnant le bras à l'inconnu. Hackman n'ose braver ses regards ; frissonnant, hors de lui-même, il se cache derrière un groupe de personnes, prêt à s'évanouir ; elle arrive à ses côtés, à sa portée, ses yeux troublés ne font pas même un effort pour se lever sur elle. A cet abattement imprévu succède une fureur aveugle. Il se presse de sortir et la rejoint au moment même où elle se disposait à remonter en voiture, il s'approche d'elle, saisit un pistolet de chaque main, fait feu d'abord sur miss Reay, puis sur lui-même. Elle tombe morte, il n'avait reçu qu'une blessure légère.

Quand Marguerite tomba sur le pavé, le capitaine Mac'Namara, qui lui donnait la main pour l'aider, attribua son évanouissement à la frayeur occasionnée par l'explosion d'une arme à feu éclatant auprès d'elle. Il s'aperçut bientôt de sa méprise, et se voyant lui-même couvert de sang, fut si troublé qu'il ne put lui donner aucun secours. Le corps fut emporté dans la taverne de Shakspeare, où il resta déposé jusque après l'enquête du coroner.

Pendant ce temps on pansa les blessures d'Hackman, qui fut conduit par sir John Fielding à Tothill-Fields-Bridewell et ensuite à Newgate. La surveillance la plus rigoureuse l'empêcha de se donner la mort. Dans l'intervalle qui s'écoula entre son arrestation et le jugement de son procès, il écrivit les lettres suivantes.

CAUSES CÉLÉBRES.

A CHARLES, ECUYER.

« Tothill-Fields, 8 avril 1779.

» Je suis vivant... et elle est morte!... Je l'ai tuée et
» je ne me suis pas tué moi-même! Quelques traces de
» sang et de sa cervelle sont encore empreintes sur mes
» habits! Je ne vous demande ni de me parler ni de me
» regarder en face; apportez-moi du poison, cherchez le
» plus violent. Vous détournerez les yeux et vous me le
» donnerez. Je vous en conjure à genoux; si vous êtes
» mon ami, apportez-moi du poison! »

AU MÊME.

«9 avril 1779.

» Avec votre billet, je reçois une longue lettre, qui, si
» elle fût arrivée avant-hier, l'aurait sauvée et je ne serais
» pas un monstre. Vous voulez que je vive? eh bien, je
» vivrai! je vous en fais la promesse solennelle. J'allais au
» devant de la mort pour échapper au malheur; je l'at-
» tendrai maintenant pour donner satisfaction aux lois
» de mon pays. Je n'en ai pas d'autres à leur offrir. Le
» docteur V... et M. H... se sont réunis pour réfuter
» tous mes raisonnements. Qu'il ne soit plus question
» de poison, oubliez que j'en ai demandé. J'ai donc en-
» core quelques amis. Ah! Charles, vous le plus cher de
» tous, que ne puis-je vous voir! »

LA JALOUSIE.

AU MÊME.

« Newgate, 14 avril 1779.

» Recevez mes remercîments pour les soins que vous
» m'avez donnés depuis le jour fatal!... J'entends sonner
» onze heures du soir.... c'est vers cette heure.... Je ne
» puis écrire!... »

Hackman fut traduit devant un tribunal criminel pré-
sidé par le juge Blackstone. Sa présence, comme celle
de toutes les victimes des grandes passions, excita une
curiosité mêlée du plus tendre intérêt. Il avait aimé! ce
mot toujours magique, sans justifier le crime, l'expliquait
presque en sa faveur. Le monde d'artistes auquel appartenait miss Reay par son esprit et par ses talents,
se pressait pour voir celui qui avait su donner au roman
de sa vie le plus terrible des dénoûments, et devant
ce jury de la société des salons, les circonstances atté-
nuantes l'emportaient sur l'horreur du forfait. Aussi
dès qu'il parut il se fit entendre comme un frémissement
de compassion; elle semblait toute pour lui, à peine en
restait-il pour la victime. Sa taille ordinaire, mais bien
prise, sa belle et ondoyante chevelure, ses yeux vifs et
doux à la fois, un air de mélancolie et de calme répandu
sur toute sa physionomie, au premier regard lui gagnè-
rent les cœurs. On se demandait comment miss Reay
avait opposé une si longue et si inflexible résistance. En
un moment se prononça pour lui le parti qui sent le mieux
et qui sait parler le plus haut, celui des femmes; elles
l'avaient absous.

CAUSES CÉLÈBRES.

Quant à Hackman, sa tenue simple et modeste annonçait le repentir profond, et il ne montrait rien de cette
vanité trop ordinaire à certains accusés, de poser en face
de la justice et de conquérir des approbateurs à leur crime
parce qu'ils l'appellent délire, destinée fatale, ou autrement.

Il répondit avec ordre et dignité à toutes les questions :
« — Reconnaissez-vous ces pistolets ?

» — Oui. D'abord ils étaient destinés à moi seul ; l'un
» n'a que trop bien servi ma fureur, l'autre a heureuse-
» ment trompé ma volonté, puisque j'aurais disposé de
» deux vies quand je n'avais droit sur aucune.

» — Pourquoi avez-vous tué miss Marguerite Reay ?

» — Parce que je l'aimais trop, c'est-à-dire parce que je
» n'ai pas su l'aimer comme la raison me l'a souvent con-
» seillé et comme l'honneur me l'ordonnait.

» — Vous êtes venu au théâtre de Covent-Garden avec
» le projet arrêté de la tuer ?

» — Non, avec celui seul de la voir une dernière fois ; un
» autre était à ses côtés, il lui parlait, elle était attentive...
» La jalousie a fait le reste.

» — Vous allez entendre les témoins.

» — Ils sont inutiles, puisque j'avoue et que j'ai été
» surpris en flagrant délit ; mais la justice les appelle pour
» la forme ; et d'ailleurs, qu'elle en soit convaincue, ils
» aggravent encore mon supplice. Entendrai-je une de
» leurs paroles qui ne me rende plus odieux à moi-même ?
» Après eux je demanderai la permission de faire con-
» naître de nouveau mes véritables sentiments. »

LA JALOUSIE.

Les débats ne se prolongèrent que pendant le temps nécessaire à l'accomplissement des formalités. Hackman, les yeux baissés, écoutait les détails de chacune des dépositions avec un recueillement soutenu. Parfois cependant se manifestaient des signes d'attention plus vive ; lorsqu'il apprenait une de ces circonstances que le désordre de ses idées lui avait dérobée. Celle-ci, par exemple : « En sor-
» tant du spectacle, déclare M. Smith, je m'étais arrêté
» un moment au coin du petit vestibule. J'aperçus mon-
» sieur, que je pris d'abord pour un malade et bientôt
» après pour un fou. Il s'appuyait contre le mur et pa-
» raissait prêt à tomber ; tout à coup il s'élança et se mit.
» à courir. »

La parole lui ayant été accordée, il dit :

« L'homme qui est devant vous, messieurs, se déclare
» le plus misérable de tous les êtres ; de nouveau il a be-
» soin de confesser son crime et de n'en pas dissimuler l'é-
» normité. La résolution de me tuer était arrêtée dans
» mon esprit ; je le reconnais avec douleur et confusion,
» mais je proteste au nom de la vérité contre le dessein
» d'immoler celle qui m'était plus chère que la vie. Ja-
» mais si criminelle idée n'avait pénétré dans mon cœur
» jusqu'au moment où un désespoir frénétique égara ma
» main. J'en appelle à la lettre écrite à mon beau-frère
» pour lui être remise après ma mort. Elle pourra faire
» foi de mes intentions, et exercera quelque influence sur
» l'opinion de ceux qui jugent sans prévention et qui sa-
» vent ce qu'un mouvement de délire et de fureur produit
» d'atrocités.

CAUSES CÉLÈBRES.

» Retranchez de ma vie cet acte féroce, tout le reste
» peut être excusé par une charité ordinaire. Je ne cher-
» che point à détourner la peine suspendue sur ma tête.
» Je me soumets avec la même résignation au jugement
» de Dieu et à la juste vengeance des hommes. Tel est
» l'affreux privilége de l'extrémité où je suis réduit. Je
» ne trouve ni châtiment dans la mort ni consolation dans
» la vie. J'ai prononcé contre moi-même un jugement
» plus rigoureux que ne sera le vôtre. »

Il entendit la sentence avec courage, et on le ramena
à Newgate pour le préparer à la mort.

Lord Sandwich en apprenant l'événement funeste resta
quelques secondes comme pétrifié ; puis, saisissant tout à
coup un flambeau, il monta rapidement dans sa chambre,
se jeta sur un lit, et dans l'agonie de son désespoir s'é-
cria : « Qu'on me laisse seul ! J'aurais tout supporté...
» mais cela... »

Il y avait de la grandeur et de la noblesse dans l'âme
de lord Sandwich. Le 17 avril 1799, au moment peut-
être où le condamné se croyait un objet d'exécration pour
l'homme qu'il avait trompé si longtemps, le geôlier lui remit un billet.

« A M. HACKMAN, DANS LA PRISON DE NEWGATE.

» Si le meurtrier de miss Reay souhaite de vivre,
» l'homme qu'il a mortellement offensé lui offre son cré-
» dit pour lui faire obtenir sa grâce. »

LA JALOUSIE.

« LE CONDAMNÉ DE NEWGATE A MYLORD S...

» Le meurtrier de mistress Reay devine la main géné-
» reuse d'où vient une offre qu'il n'avait pas désirée et
» que son malheur est de ne pas mériter. Ses souhaits
» appellent la mort et non la vie, et, s'il était possible, le
» pardon de l'homme si mortellement offensé. Hors de
» là, point de désir à former, point de bonheur à espérer
» dans ce monde. Et dans l'autre? ah! mylord puissé-je
» l'y retrouver pour lui apprendre que vous nous pardonnez
» à tous deux et que vous serez le père de ses pauvres en-
» fants! Adieu, mylord; que le Seigneur vous bénisse! »

Hackman n'avait plus que trois jours, et il les consacra
à se rendre compte à lui et à son meilleur ami Charles de
toutes les émotions que soulevaient tour à tour dans son
âme la religion, l'amour, le repentir, l'horreur.

« Newgate, samedi soir, 17 avril 1799.

» Mon cher Charles,

» Onze heures sonnent! quel calme autour de moi!...
» Autour de moi!... mais au dedans! pourquoi ne puis-je
» pas l'y ramener?

» La cloche de Saint-Paul résonnant à travers le si-
» lence des nuits dans les cachots de Newgate a des coups
» déchirants et sublimes; ils ressemblent au glas de la
» mort. Mais non... Ah! s'ils pouvaient l'être, comme
» mon oreille impatiente les accueillerait avec avidité!

» Encore un jour... et après... Mon Dieu, mon créateur,

» mon premier père, jusqu'à ce moment envoie un peu
» de repos à mon âme troublée. Dieu bon, ne rejette pas
» celui qui ne fut coupable que de passion... Tu l'as ac-
» cueillie la malheureuse victime, et moi, où me précipi-
» teras-tu?... moi, son meurtrier!

» Ah! Charles, le récitatif d'Iphis, dans l'opéra de
» Jephté, me revient à la pensée :

« Prêtre sacré dont les mains ne sont pas encore souil-
» lées de sang humain. »

» Comme je l'ai vue s'attendrir à ces mots! pensait-
» elle que je serais son sacrificateur? Dans une de ses
» lettres aussi elle me disait : « Je mourrais avec plaisir
» de ta main! » Etait-ce un pressentiment?... Fille in-
» fortunée! Oui, j'en ai la conviction... ce récitatif...
» Adieu, et ce fut le dernier chant qui sortit de sa bouche,
» je dois le répéter avec elle.

» Adieu, adieu, monde d'agitation où fuient les courtes
» heures de joie, où règnent les longues années de peine.
» Je n'ajouterai pas : je vais chercher le bonheur dans les
» régions de paix et d'amour... D'amour! ce mot à
» Newgate et en ce moment... »

« Newgate, 18 août, quatre heures du matin.

» Quelle nuit!... l'enfer était dans ma tête... Hier, en
» achevant ma lettre, je me trouvais assez paisible. Ce
» repos que j'avais demandé à Dieu avec tant de ferveur,
» je le croyais venu... Je tombai sur le plancher de mon
» cachot, harassé par les fatigues de l'âme... Je m'endor-
» mis, mais pour être plus misérable.

LA JALOUSIE.

» Ce monde était passé, j'en voyais un autre ; après
» celui-là il n'y en avait plus. Je commençais à rouler à
» travers des supplices ; elle aussi ! On l'en retira, moi
» j'y demeurai... Oui, je l'ai vue aussi distinctement que
» je vois ces barreaux de fer... Elle avait des taches... Je
» lui ai tendu les bras ; je la regardais, elle ne me voyait
» pas ; je l'appelais, elle ne me répondait pas... Alors je
» ne sais quelle torture plus déchirante que les autres
» m'arracha un cri perçant... elle eut l'air de sourire.
» O Charles ! si le réveil ne fût pas arrivé, je serais mort
» dans cet état de damnation. Heureusement je me re-
» trouvai dans les cachots de Newgate. »

« 18 avril, cinq heures du soir.

» M'occuper de vous, y penser, épancher mes dou-
» leurs dans le sein d'un ami, c'est me consoler... Pren-
» drez-vous enfin sur vous-même de me visiter dans cet
» horrible lieu ? Mais non, notre amitié rendrait cette vi-
» site trop poignante. Que tout se passe entre Dieu et
» moi. Quelle idée mon cœur m'inspirait là ! ma raison la
» repousse. N'éprouvez-vous pas assez de tristesse ? dois-
» je y mettre le comble ? n'ai-je pas détruit la paix et la
» joie de votre âme ? Hackman a empoisonné le bonheur
» de tous ceux qui l'aimaient... en est-il encore ? Ah !
» Charles, ce doute vous offense, et moi il me désespè-
» rait. Vous, si bon, si généreux, si fidèle ! oui, je laisse
» ici bas quelqu'un qui se souviendra du pauvre James. »

CAUSES CÉLÈBRES.

« Dimanche, sept heures du soir.

» Lorsque ces feuilles incohérentes tomberont entre
» vos mains, ce sera pour vous une consolation d'ap-
» prendre quelles furent mes pensées à ma dernière
» heure. Enfin, à mesure qu'elle approche, je me sens
» plus tranquille et plus résigné. Si mes regards se por-
» tent en arrière, ils n'aperçoivent que le désordre, l'as-
» sassinat; il est moins affreux de les porter devant moi.
» Je me trompe : mon nouvel état permet à mes idées de
» revenir sans cesse sur moi-même. Je m'examine,
» je m'étudie, je me réponds froidement. Je vois enfin
» ce que je suis. Voulez-vous le savoir? je puis vous le
» dire :

» Allez dans une maison de jeu, observez ce joueur; il
» est entré au tripot avec cinquante livres, c'est sa der-
» nière ressource. Regardez-le.... il grince les dents... il
» se déchire tranquillement la poitrine... la fièvre agite
» tous ses membres! Il a perdu le premier enjeu... les
» cinquante livres sont réduites à quarante... ne le per-
» dez pas de vue. Quel changement! il agitait ses bras,
» maintenant il les croise sur sa poitrine; il était comme
» un convulsionnaire, le voilà presque immobile... La
» fortune lui a donc souri? au contraire : de ses quarante
» livres il ne lui en reste que cinq. Son sort dépend
» désormais d'une seule chance. Continuez à le bien exa-
» miner. Il la tente, mais sans changer de visage; ses
» yeux se promènent avec indifférence sur la table. Le
» dé s'agite, roule, s'arrête, c'est la mort. Bien, dit le
» joueur; et il sort.

LA JALOUSIE.

» Ce joueur vous pourriez aussi le voir à Newgate, se
» promenant à grands pas dans son cachot, les bras croi-
» sés sur sa poitrine, disant aussi : « Bien ; » car il y a
» un Dieu, un Dieu clément, un Dieu qui connaît son
» cœur... A demain donc, et lorsque demain viendra, je
» suis préparé.

» Avant de mourir, je veux payer un tribut de recon-
» naissance. Rester sensible à des souffrances sans cesse
» sous nos yeux, c'est un effort de l'humanité, une per-
» fection. Eh bien, mon geôlier en a été capable. Au mi-
» lieu des misères, des crimes et de la mort, il a con-
» servé un cœur compatissant. Que le geôlier de Newgate,
» M. Ackerman, reçoive le tribut de ma reconnais-
» sance !

» Je ne saurais me dérober plus longtemps à moi-
» même. Dans quelques heures la main qui vous écrit...
» Quelle pitié m'inspira ce pauvre Dodd ! il mourut en
» homme et en chrétien ; je mourrai comme lui.

» Charles, il n'est point de plus grands bienfaits que
» les consolations données au malheureux... Charles,
» mon ami, adieu. »

Dans la matinée du 19 avril 1779, jour fixé pour l'exécution, Hackman se leva avant cinq heures. Il se livra à
de profondes méditations jusqu'à sept, où M. Boswell et
le chapelain de Newgate se rendirent auprès de lui. Ils
l'accompagnèrent à la chapelle et assistèrent à l'administration des sacrements.

L'affluence des curieux était plus grande encore que
lorsqu'il fut conduit devant le jury. La foule, presque tou-

CAUSES CÉLÈBRES.

jours tumultueuse, observait un silence profond et solennel.
Durant tout le trajet Hackman parut très-vivement affecté
et parla peu. Arrivé sur la fatale plate-forme, on le vit
lever les yeux au ciel et prier avec ferveur. Le signal
ayant été donné, il expira sans convulsions.

Après le temps ordinaire de l'exposition des suppliciés,
son corps fut détaché du gibet et transporté à l'amphi-
théâtre du collége des chirurgiens, suivant la coutume
d'Angleterre.

Le billet suivant, tracé au crayon, avait été remis par
Hackman à un de ses amis au moment où le fatal tom-
bereau s'arrêta sur la place de Tyburn. On a conservé de
cet écrit tout ce qu'il présentait de lisible :

« Mon cher Charles,

» Adieu pour jamais dans ce monde! adieu ; je meurs
» en chrétien. Mon repentir est sincère, mes amis ne
» pleureront pas sur mon impénitence. Que ne puis-je
» dévoiler aux yeux de tous combien je déteste mes pre-
» mières idées de suicide! mon crime... Dieu sera le
» meilleur juge. Je vous charge du soin de sa réputa-
» tion ; ma pauvre S... est...

» Votre ami mourant,

» H...... »

LE BRIGAND DU RHIN.

Le 31 mai 1802, le conseiller Fuchs, grand bailli de l'électeur de Trèves, à Limbourg, magistrat d'une activité rare, faisait au point du jour une patrouille aux environs de Haussen. Il aperçut à trois cents pas du grand chemin, sur la gauche, un homme sortant d'une pièce de blé : son air lui semblait étranger. D'abord il le considéra de loin, fit faire halte à sa troupe, et suivi seulement du meunier de Niederselters, galopa vers l'inconnu. Arrivé à dix pas, il le somma de s'approcher, ce que l'autre fit sans difficulté. Son vêtement était propre ; il avait un chapeau rond, une veste de chasse, un pantalon de hussard, et portait à la main un long fouet à poignée garnie de maroquin rouge.

« D'où venez-vous ? où allez-vous ? demanda le bailli. » — De Weilbach, pour acheter des tuiles à Wolfen- » hausen, répondit l'étranger. Ma voiture est restée dans » un village sur la hauteur. — Votre passe-port ? » Cette question l'intimida visiblement ; il dit qu'étant du can-

CAUSES CÉLÈBRES.

ton, il n'en avait pas besoin. Son embarras, l'altération de sa voix frappèrent M. Fuchs, qui le regarda fixement entre les deux yeux, et tout à coup le saisit au collet en s'écriant : « Tu es un coquin, suis-moi. » La force armée s'en empara.

Tout en marchant au milieu de ses gardes, il leur offrait souvent du tabac et cherchait à lier conversation. Au moment d'entrer à Wolfenhausen, il se pencha à l'oreille de l'un d'eux, et lui offrit un bon pourboire s'il voulait le laisser échapper. « Comment vous sauver? dit » le soldat; mes camarades ont tous leurs armes char- » gées et ne vous manqueront pas. »

Le prisonnier fut donc conduit à Wolfenhausen, où se trouvait alors le lieutenant de Runkel avec sa patrouille. Il le reconnut pour l'avoir arrêté et laissé échapper quelques jours auparavant, le réclama, l'obtint, et le fit mener bien garrotté à Runkel, où un recruteur autrichien l'engagea immédiatement sous le nom de Jacques Schweickart; sort d'ailleurs qui l'attendait d'après la convention de Wetzlar.

Jacques était depuis quelques jours au dépôt des recrues à Limbourg, sans être plus étroitement gardé que ses camarades, lorsque, le 19 prairial, un paysan des environs vint révéler au grand bailli que Jacques n'était autre que le fameux *Schinderhannes*. Il conseilla d'interroger à ce sujet son frère George Zervas, au nombre des recrues, et sa maîtresse *Lisel*. L'assertion fut bientôt confirmée, et la comparaison du signalement de Schinderhannes avec le prévenu donna la certitude com-

LE BRIGAND DU RHIN.

plète qu'enfin l'on était maître du célèbre chef de brigands,

Sans faire paraître en rien la vérité, on prit toutes les
mesures pour rendre son évasion impossible. On en-
chaîna le prétendu Jacques Schweickart, sous prétexte
que c'était l'usage de conduire ainsi les recrues au dépôt
de Francfort, et afin de mieux lui en imposer, on en en-
chaîna un autre à ses côtés.

Le 21 prairial, il prit la route de Wisbaden, sous l'escorte de militaires trévirois et de plusieurs jeunes gens
de Limbourg armés de leurs fusils de chasse. Arrivé à
Kirberg, les précautions redoublèrent. La figure de Jacques devint sombre, il ne parlait presque plus. Le né-
gociant Verhofer s'étant placé devant lui en le considé-
rant attentivement : « Qu'as-tu à me regarder de la sorte?
» dit le brigand avec colère et arrogance ; te dois-je quel-
» que chose? »

A Wisbaden, Julie Blumm, maîtresse de Schinderhannes, se présenta au fourrier autrichien Wagner, et
lui offrit trois louïs s'il voulait transporter son mari par
un autre endroit que Cassel vis-à-vis de Mayence. Il redoutait d'y rencontrer les Français, dont il avait une
peur extrême. Au départ de Wisbaden, il s'écria dou-
loureusement : « C'en est fait! je suis perdu! » Le soldat attaché à la même chaîne lui dit aussitôt : « Ho! ho!
» nous te tenons cette fois. » L'autorité civile de Francfort le remit peu de jours après à la gendarmerie française, qui le déposa dans les prisons de Mayence.

Les rives du Rhin allaient donc jouir d'une pleine sé-

CAUSES CÉLÈBRES.

curité. L'homme fameux qui leur avait porté si longtemps l'effroi et la dévastation était au pouvoir de la justice. Nul autre n'aurait eu l'audace de lui succéder et la
persévérance de rallier ses redoutables bandes. Le héros
de tant d'expéditions était dans les fers, sa petite armée
à jamais dissoute, le pays respirait enfin. Mais quelles
causes le poussèrent bien jeune encore dans les voies du
crime, et quelle suite de brigandages lui donnèrent une
si triste célébrité?

Jean Buckler, dit Schinderhannes (mot vulgaire qui
signifie *Jean l'écorcheur*), naquit en 1779 à Mülhen près
de Nœdstatte, sur la rive droite du Rhin. Son père, Jean
Buckler, dit le Vieux, était écorcheur et n'avait point
de domicile fixe. La pauvreté ne lui permit pas de donner
une direction utile à cet esprit actif et entreprenant que
son fils tenait de la nature. Il ne put ni l'occuper chez
lui, ni le faire apprendre à s'occuper chez les autres.
L'oisiveté fut le partage forcé de cet enfant. Elle se prolongea sans aucune interruption jusqu'à l'âge de seize ans.

Son début dans la carrière fut une infidélité, un abus
de confiance; il décida de sa destinée. Un cabaretier lui
avait remis un louis pour acheter de l'eau-de-vie; il le
dépensa avec un camarade; la crainte d'un juste châtiment l'empêcha de retourner chez son père. Ce premier
pas entraîna tous les autres. Quelques vols suivirent,
mais insuffisants pour sa subsistance. Il loua ses services
en qualité de valet à un bourreau chez lequel il demeura
jusqu'à sa dix-huitième année. Sa vocation était déterminée. Surpris un jour par les Français qui occupaient

LE BRIGAND DU RHIN.

le pays, à piller les caissons d'équipage, il dut son salut à un parti d'Autrichiens qui le délivra. Rentré au service d'un autre bourreau, celui de Barenbach, il continua ses vols, fut arrêté, reçut la bastonnade, s'évada de la prison de Kirn et se cacha dans les cabanes isolées du *Hochwald*.

Ces cabanes étaient depuis quelques années le refuge d'un bandit renommé, Jacques Finck, dit le Rothefinck. Aux environs rôdait aussi Pierre Petri, dit Schwarze Peter, dont la réputation commençait. Il s'affilia à ces maîtres de l'art, qui lui apprirent à voler les chevaux et à dévaliser les paysans, surtout les juifs. Arrêté de nouveau et conduit à Sarrebruck, l'élève maladroit trouva pourtant le moyen de s'évader dès la première nuit par une trouée que deux prisonniers avaient pratiquée, et rejoignit ses chefs.

Mais s'il devint bientôt leur égal en habileté et en audace, il a soutenu leur avoir sans cesse refusé son concours à des actes de cruauté. Il a eu la prétention d'être un voleur, et non un scélérat, un brigand si l'on veut, et jamais un assassin. Il citait un exemple de sa résistance à leurs ordres.

Il était à Thiergarten avec Pierre Petri; trois juifs arrivèrent; Pierre voulut les contraindre à jouer du violon, sous peine de mort; Schinderhannes s'interposa, et sa médiation les préserva de tout mal. Un autre vint à passer conduisant une vache : « Va-t'en tuer ce juif, » s'écria Petri; il est cause que ma commère a été tuée. » — Je n'en ferai rien, répliqua Schinderhannes. —

CAUSES CÉLÈBRES.

» Eh bien, je vais le tuer moi-même; garde seulement » les joueurs de violon. » Abattre le juif, le percer de coups, le dépouiller et traîner son cadavre derrière un tronc d'arbre fut l'affaire de quelques instants. Schinderhannes détourna les yeux, et ce qu'il ne put arrêter, il le blâma. Il n'était donc pas, concluait-il de ce trait, un homme sanguinaire.

Le cours de ses brigandages, encore assez obscurs jusque-là, fut interrompu par une troisième arrestation. Cette fois sa captivité fut des plus dures, et lui-même ne pouvait se la rappeler sans frémir. Il faut en entendre le récit de sa bouche.

« Pendant la nuit, j'étais chargé de chaînes et détenu » dans un souterrain obscur et humide. Pendant le jour, » on me permettait quelquefois de respirer un air plus » sain dans une prison au-dessus. J'y trouvai *Philippe* » *Arnold d'Argenthal.* Lorsqu'on me retirait du souter- » rain, j'étais gardé par quelques bourgeois : l'un d'eux » me procura un couteau ; je m'en servis pour couper » une des planches de la prison où je passais une partie » du jour. M'étant ainsi ouvert une issue dans la cui- » sine, je me servis d'une corde attachée par Philippe » Arnold au-dessus de mon souterrain pour remonter » dans la tour. J'arrivai à la cuisine, dont je trouvai les » fenêtres munies de grilles de fer : j'ébranlai avec vio- » lence le grillage et le rejetai au dehors. Un saut hardi » me délivra ; mais une grosse pierre qui s'était détachée » tomba après moi et me cassa la jambe. Ne pouvant » marcher, je saisis une rame à houblon, et me traînai

LE BRIGAND DU RHIN.

» péniblement pendant la même nuit jusqu'à la forêt de
» Berghausen. La nuit suivante, je continuai ma route
» douloureuse jusque dans la forêt près du moulin de
» Appertermühl, situé aux environs de Gellwicler, et la
» nuit du surlendemain jusqu'au moulin près de Birken-
» mühl, où je pris la première nourriture depuis mon
» évasion. De là je rampai jusqu'à Sonschin, où je me
» réfugiai chez Charles Engers. Tous ces efforts m'a-
» vaient déchiré jusqu'aux os la chair sous l'aisselle et
» aux genoux. Engers me prêta un cheval avec lequel
» je me rendis à Barenbach, où mon ancien maître me
» remit la jambe et me donna un onguent pour me
» panser. Ma guérison exigea à peu près trois se-
» maines. »

Les actes des Peter et des Finck, avec lesquels il venait de faire ses premières années d'apprentissage, lui
semblaient déjà des exploits vulgaires. C'étaient des es-
croqueries, des vols de chevaux à la dérobée ; l'adresse
s'y exerçait plus que le courage ; les minces profits ne
valaient pas la perte du temps. Il aspirait à travailler en
grand et se sentait le génie de l'organisation. Il lui fallait une troupe nombreuse et régulière avec le titre de
chef. Son ambition, à l'étroit dans le cercle borné de
ses maîtres, se montrait impatiente de les surpasser, et
il recruta avec succès. Depuis, cette vie criminelle fut si
occupée, si pleine à son gré, que le récit détaillé de tant
de méfaits a déjà été la matière de quelques volumes. Il
convient de faire choix de ceux qui intéressent le plus
par la variété des incidents, ou étonnent le plus par l'in-

trépidité de l'exécution. L'ordre chronologique en marquera le progrès, et un titre particulier les distinguera.

LE MARCHAND DE DRAPS.

Quelques jours avant le 9 février 1797, Schinderhannes se présente chez les frères Humm, fabricants à Birkenfeld, pour acheter du drap. Un quart d'heure de pourparlers suffit à son œil exercé; tout était examiné. Il y alla donc une nuit. Deux fois le factionnaire posté dans le voisinage l'empêcha d'exécuter son projet. Il revint une troisième avec une échelle prise non loin de là, et au moyen de laquelle il monta jusqu'à la fenêtre du magasin. Le volet n'était pas fermé; il coupa un carreau, ouvrit la fenêtre sans difficulté et pénétra dans le magasin, où il enleva quatre ou cinq pièces de drap, malgré la présence d'un commis occupé à écrire. Seul, entre un commis et une sentinelle, quel sang-froid! quelle dextérité!

LE PREMIER AMOUR.

Marianne Schœffer, âgée de quatorze ans, était douée d'une figure ravissante et sa mise toujours d'une élégance extrême. Comme sa mère avait des relations avec tous les brigands, bientôt les principaux d'entre eux soupirèrent pour elle. Elle les repoussa. La figure de Schinderhannes, sa taille, ses agréments l'avaient séduite.

Blacken-Kloss, un des fameux de la bande, voyant ses feux rejetés, en conçut une noire jalousie. Un jour il ar-

rive furieux chez Élise Schœffer et lui demande sa fille,
exigeant qu'elle l'abandonne à ses désirs et le suive. L'une
et l'autre opposent un invincible refus, et la fille, pour se
dérober à sa rage, court se cacher dans une cave. Blacken-
Kloss proféra d'horribles menaces et ne quitta la maison
qu'après avoir enlevé les habillements des deux femmes.
Schinderhannes vint voir celle qui la première avait fait
battre son cœur ; Jean Scebert et Jacques Frinck l'accompagnaient. Elles se plaignent des violences de Blacken-
Kloss et demandent leur appui. « La vengeance sera ter-
» rible ! » s'écrie Schinderhannes. Le lendemain il se
met à la poursuite de son camarade, le rencontre à la
Cense de Boldenau, se précipite, lui plonge un couteau
dans le sein et le laisse mort sur la place. Ainsi il aimait !
ainsi il punissait !

LE SOUPER.

L'audacieuse sécurité de la troupe croissait de jour en
jour. Arrivée un soir au moulin d'Autermill, elle se fait
ouvrir la porte au nom de la loi et préparer un bon souper. Au dessert les brigands invitent le meunier à servir
son argent, et sur la réponse qu'il n'en avait pas, se mettent en devoir de briser les armoires et de piller le linge ;
l'un d'eux menace le meunier et tire un coup de fusil au
plafond. « Respect au père nourricier ! » s'écrie Schinderhannes. Il les réprimande, les frappe et arrête leurs excès.
Il est vrai qu'une heure après, dans le village voisin Olzwit-
ler, ils se font ouvrir la demeure d'un nommé Rugel, bles-
sent son gendre et le tuent lui-même d'un coup de fusil.

CAUSES CÉLÈBRES.

L'HONNÊTE PERCEPTEUR.

Le 15 nivôse an VIII, à neuf heures du soir, Frédéric Gérard Müller, à Ramsbach, était assis avec sa famille au coin du feu, lorsqu'un individu armé d'un fusil et d'une carnassière entre et demande à allumer sa pipe. Il s'approche de la lumière, apprête son fusil et ses pistolets, cherche à lier conversation avec le gendre de Müller, et lui demande s'il a vu Schinderhannes. Sur sa réponse négative, même question au beau-père, auquel il présente un écrit dont il lui fait lecture. Il s'agissait de trente louis à fournir par la famille. « L'argent est si rare ! » s'écria Müller. L'inconnu jura que s'il n'était pas porté le lendemain à un certain endroit devant le village, quelques diables viendraient découvrir la somme.

Le lendemain, à l'heure, au lieu indiqué, un homme tremblant remettait entre les mains de l'inconnu quinze louis seulement, avec les humbles excuses de la famille pour le reste. Schinderhannes les accueillit gracieusement, plaignit les pauvres paysans de n'en avoir pas davantage et leur donna des éloges, avec la menace de mettre le feu à leur maison s'ils s'avisaient de parler.

LE SECOND AMOUR.

La liaison avec Marianne n'avait été que le caprice de quelques semaines ; Julie Blœsus, remarquable par sa beauté et fille d'un musicien, inspira à Schinderhannes un sentiment profond. Il résolut d'en faire la compagne de sa vie. Jamais elle ne l'avait aperçu, et ne connaissait de lui que son redoutable nom. Voici comment elle a raconté elle-même les circonstances de cette première entrevue qui fixa sa destinée :

« Un homme de Dickesbach, dont j'ignore le nom,
» vint dans mon village et me trouva avec ma sœur Marguerite dans le cabinet de Jacques Fritsh. Il nous invita,
» de la part d'une personne inconnue, à nous rendre dans
» la forêt de Dolbach, à un quart de lieue ; elle avait une
» nouvelle fort importante à nous communiquer. La proposition était bien vague. Nous hésitâmes, mais il insista
» avec douceur, et nous cédâmes à la curiosité. Arrivées
» dans la forêt, nous trouvâmes un jeune homme bien
» fait, qui, sans autre compliment, me demanda si je vou-
» lais quitter mes parents et le suivre. Comme j'étais
» saisie de surprise et de frayeur, il me menaça de la
» mort et m'entraîna. Très-longtemps après seulement
» j'appris que mon ravisseur était le célèbre Schinder-
» hannes. »

LES CARTES DE SURETÉ.

Une soirée d'été, en 1800, le campagnard Jacques Stein entra dans l'atelier du sieur Stumm, maître de forges à Aspach. En se retirant, vers dix heures, il attacha à la porte une lettre signée Jean Buckler, par laquelle on demandait à Stumm la somme de douze louis, sous la menace d'un attentat contre sa personne. S'imaginant qu'un adroit fripon exploitait à son profit la terreur du nom de Schinderhannes, il écrivit à ce dernier

CAUSES CÉLÈBRES.

pour savoir si la lettre était de lui. La réponse affirmative contenait l'invitation de venir lui parler à un lieu désigné. Stumm ne manqua pas de s'y rendre et de payer ; le soir il reçut six cartes de sûreté pour lui et ses ouvriers.

LE JUIFS DÉSOBÉISSANTS.

Schinderhannes était avec ses camarades Pick et Dalhemier posté sur un rocher près du château de Bockelheim, où ils attendaient le retour des juifs de la foire de Kreutznach. Ils passèrent bientôt au nombre de cinquante. Lorsqu'ils furent tous engagés dans ce défilé, nos trois hommes sortent de l'embuscade et les mettent en joue en criant : « Arrêtez ! » La troupe effrayée obéit ; deux seulement veulent fuir, et ils sont atteints d'un coup de feu. Schinderhannes les fouille l'un après l'autre, et ne trouvant à chacun que quelques kreutzers en cuivre gagnés par le courtage au marché, bizarrement généreux, il les leur laisse. La visite terminée, il leur ordonne d'ôter leurs bas et leurs souliers et les met en tas, afin que chacun retrouve ce qui lui appartenait. Grande dispute alors entre les juifs, qui se battent pour leurs chaussures. Lui, calme et souriant, remit sa carabine à l'un d'eux et monta derrière le rocher reprendre les montres qu'il y avait déposées. Tant cette espèce lui inspirait de mépris ! tant quelquefois il poussait l'audace jusqu'à la fanfaronnade.

LA LIVRE DE TABAC.

Quelques juifs, porteurs de cartes de sûreté reçues en

LE BRIGAND DU RHIN.

échange de certaines sommes, étaient jaloux d'un voisin que le tribut n'avait pas encore frappé, et le dénoncèrent. Schinderhannes lui fait à l'instant intimer, par ses coreligionnaires, l'ordre de lui envoyer de l'argent, des mouchoirs et du tabac. Wolff, c'était son nom, ose désobéir. Huit jours après, à onze heures du soir, il entendit frapper à sa porte des gens qui demandaient de l'eau-de-vie. Il n'ouvrait pas assez tôt ; la porte est enfoncée, Wolff terrassé et blessé d'un coup de couteau à la main, sa femme maltraitée, son enfant même au berceau soumis à des violences, son beau-père Isaac Hezz, âgée de soixante-treize ans, traîné dans la chambre par les cheveux, puis la maison livrée au pillage. Wolff avait désobéi. Il fallait que cet empire de vol et quelquefois d'extermination s'établît absolu et paisible sur la contrée. La résistance était plus punie que la richesse. Schinderhannes avait pris aussi pour devise : Pardonner à la soumission, écraser la révolte.

LE PARTAGE.

Les riches dépouilles de Wolff avaient permis pour quelque temps à la bande les douceurs de l'oisiveté, mais elle lui pesa bientôt. Il fallait d'ailleurs sortir de chez soi et explorer du pays. Schinderhannes donna rendez-vous au moulin dit Haasen-Mühl (rive droite) à plusieurs brigands de la bande de Pickard, connue sous le nom de bande des Pays-Bas. La demeure du maître de poste de Würges, pays d'Empire, était le but de la nouvelle expédition. Chemin faisant, par des routes séparées, chacun

CAUSES CÉLÈBRES.

devait faire des recrues. Réunis au point convenu au nombre de trente, ils coupent un arbre, enfoncent la porte avec ce bélier et se chargent de butin. Lorsqu'il fallut le distribuer, l'un d'eux, qui d'abord avait gardé la porte et n'avait pris sa part qu'après les autres, refusa de la mettre à la masse commune. Un coup de fusil en fit justice sur-le-champ. L'égalité des partages était aussi l'inviolable principe de leur code.

LE TRAITÉ.

La terreur n'avait pas subjugué seulement quelques individus; des villages entiers s'empressaient de reconnaître cette domination passée presque à l'état de puissance régulière. Le tyran des rives du Rhin concluait des traités de paix. Averti par ses espions que le petit bourg de Hundsbach était disposé à quelque accommodement, il leur envoya pour négociateur le nommé Michel, qui devait ramener dans la forêt de Dellwald les représentants du village. Schinderhannes, sur un siége et entouré de son conseil, les reçut avec dignité, parla sur le malheur des temps, sur la nécessité de lever des tributs, sur les chances variables de la guerre. Le trésor était épuisé, deux louis par tête répareraient un peu le déficit. Les envoyés objectaient leur misère, imploraient une réduction, Schinderhannes la fixa noblement à un louis, et congédia les otages, émus de tant de grandeur.

LE BAILLI.

Jacques Bœr, de Merxheim, devait à un brigand le

LE BRIGAND DU RHIN.

prix de quelques marchandises. Comme il tardait à s'acquitter, Schinderhannes l'accusa de mauvaise foi, et lui
avant tout était homme de parole. Cependant l'arrêt n'é-
tait pas encore prononcé, lorsque le bailli du village lui
fit exprimer le désir de le voir, l'engageant à se présenter
en qualité de marchand de vin, afin de prévenir les soupçons de la famille. Schinderhannes s'y rendit de jour,
sans crainte, sans escorte. Là le bailli porta plainte contre
Jacques Bœr, qui, disait-il, tourmentait les pauvres paysans, ce qui était indigne ; et, au nom de la justice outragée, il pria le redresseur des torts de le punir en le
volant. Schinderhannes s'inclina, remercia le magistrat
de sa confiance, et garantit la promesse de la justifier par
tant de verres de vin, qu'il s'enivra, et un anabaptiste témoin de cette entrevue toute morale le fit rapporter sur
son cheval jusqu'à la forêt.

Quelques jours après, le bailli reçut l'avis de l'attaque
de Bœr pour la nuit suivante, et l'invitation d'envoyer du
vin. Le bailli en remit sur-le-champ plusieurs bouteilles
au messager, et demanda de son côté qu'après le vol on
voulût bien déposer quelques pièces de drap dans la haie
de son jardin. Vers onze heures, Schinderhannes, accompagné de douze camarades, pénètre dans le village et
d'abord rencontre la garde : « Qui va là? crie le chef ;
» où allez-vous ? — Voler un juif. — C'est bien, passez. »
Le bailli avait donné le mot d'ordre.

On frappe à la porte de Bœr. Il demande ce qu'on
voulait. « Ce que tu dois, débiteur de mauvaise foi, » répond d'une voix terrible Schinderhannes. Le juif croit

prudent de monter à la partie supérieure de sa maison, pour éveiller les voisins et exciter le corneur de nuit. Il crie au feu de toutes ses forces. Les voisins continuent à dormir, et le corneur causait en bas avec les assiégeants. Ils enfoncent les volets et la fenêtre, maltraitent Bœr jusqu'à effusion de sang, enlèvent son argent, pillent ses marchandises, et en se retirant de leur expédition ne manquent pas de laisser dans la haie de l'honnête bailli les pièces de drap demandées. Telle était la punition de ceux qui violaient leur parole et faisaient du tort aux paysans.

LE CHRÉTIEN.

Douze personnes revenaient ensemble du marché de Godenrod, quand elles sont arrêtées près de Lippshausen par trois brigands armés de fusils doubles et de pistolets, qui prennent leur argent et les laissent aller. Dix pas plus loin, on les arrête encore, on prend leurs mouchoirs de cou et on les relâche. Quinze pas plus loin encore, on les couche en joue pour la troisième fois et on enlève leurs montres. Mais parmi les gens dévalisés, Schinderhannes reconnut un boucher chrétien, et sur-le-champ il lui fit remettre les objets volés. Ces scènes, dont il se faisait un jeu, s'exécutaient à la vue d'un assez grand nombre de cultivateurs. Leur présence ne le déconcerta point, et eux aussi peut-être étaient édifiés de ses préférences religieuses et de son hommage à la foi catholique.

LA FÊTE DE VILLAGE.

Une vie si agitée, si laborieuse, devait bien avoir aussi

LE BRIGAND DU RHIN.

ses jours de délassements. Schinderhannes les aimait, les recherchait ; mais le plaisir pour lui avait plus de danger que le brigandage. Il fallait le chercher dans les assemblées de village, aux fêtes publiques, souvent au milieu des gendarmes et des soldats : rarement sa témérité reculait.

Le jour de la fête de Kleinrotheim, après avoir bu avec quatre de ses camarades, Hoffmann, Philippe et deux autres, quelques bouteilles de vin, Schinderhannes invita à danser une jeune fille. De son côté Hoffmann défia Philippe de mettre sur la table le pistolet qu'il avait dans sa poche, lui promettant une bouteille de vin s'il en avait le courage. Ce dernier n'hésita pas ; mais un soldat des troupes électorales s'étant saisi par plaisanterie du pistolet, les brigands le réclamèrent. Le soldat l'offrit contre un verre de vin. Irrité de la condition, Schinderhannes se jette sur lui, arrache de force l'arme de ses mains et le renverse à terre. Plusieurs militaires volent à son secours, ils sont repoussés ; mais, plus nombreux du double, ils demeurent maîtres de la maison. Alors s'engage un combat à outrance. Schinderhannes et Hoffmann reviennent à la charge, refoulent les vainqueurs au fond du rez-de-chaussée, secourent Philippe, qui avait déjà le crâne fendu par un coup de sabre, dispersent les soldats, auxquels ils tuent un caporal ; au bruit du tocsin, le village accourt tout entier et les force de fuir.

LE GENDARME.

Quelques jours après cette lutte désespérée, le gen—

CAUSES CELÈBRES.

darme André eut le malheur de traverser le Shonwald,
allant à Sobernheim. Il aperçut de loin dans un fourré
épais un homme qui semblait placé en embuscade, et courut droit à lui. « Arrête! » lui crie l'inconnu; et ils échan-
gèrent quelques mots. « Ah! tu veux arrêter Schinder-
» hannes? — Si je savais où le trouver, il ne m'échappe-
» rait pas. — Il est devant toi, et c'est lui qui t'arrête. »
A l'instant plusieurs coups de feu partent à la fois; le
malheureux, atteint à la cuisse, tombe de cheval; six brigands se précipitent sur lui, le dépouillent de son sabre,
de ses boucles d'oreilles et de son argent, puis délibèrent
s'ils lui laisseront la vie. « Qu'il vive, dit Schinderhannes,
» pour raconter que nous avons pu le faire mourir. »

LA BOTTE DE FOIN.

Müller, de la bande des Pays-Bas, avait proposé à
Schinderhannes de voler un riche particulier de Wolldorf.
Comme ils s'y rendaient, un bruit de tambour entendu
dans le voisinage leur fit faire halte. L'un d'eux fut à la
découverte et rapporta que le village était rempli de soldats. Ce contre-temps les rejeta vers Bayerthal (Palati-
nat), où ils attaquèrent la nuit la maison du juif Frist,
auquel ils firent souffrir mille tourments. Ils en revinrent
chargés d'un butin considérable, et le hasard seul empêcha que ce ne fût le dernier. Laissons Schinderhannes
raconter lui-même les détails de l'extrême péril qui le
menaça.

« Ma gibecière était garnie d'argenterie. Nous prîmes
» notre chemin vers Mosbach à la pointe du jour, nous

LE BRIGAND DU RHIN.

» divisant en deux bandes. Aux environs de Hausen, je
» trouvai une multitude de paysans armés. Je présumai
» qu'ils étaient à notre piste, et nous abandonnâmes no-
» tre butin et prirent la fuite dans tous les sens. On nous
» poursuivit. Deux Belges qui se cachèrent parmi de
» longues herbes furent arrêtés. Christophe Blum et moi,
» après être parvenus à atteindre le bois, montâmes sur
» un arbre touffu. Le tocsin sonna dans tous les villages ;
» de nombreux détachements de paysans parcoururent ce
» bois et passèrent souvent sous notre retraite sans nous
» découvrir.

» Le soir, je rejoignis ma femme Julie Blœsius et
» celles de quelques autres à Woogshausen. A peine
» fûmes-nous dans le grenier d'un cabaretier, que les
» chasseurs palatins et les chasseurs francs de l'ordre teu-
» tonique entourèrent le village. Ils visitèrent le grenier.
» Müller fut arrêté à côté de moi. Blotti sous un tas de
» foin, j'en avais trois bottes par-dessus la tête. Les chas-
» seurs en déplacèrent deux. Je sentis remuer la troi-
» sième ; je me croyais pris. Ils se retirèrent, et j'échap-
» pai par miracle. »

Ainsi le cours des brigandages se prolongea, et la sécurité des rives du Rhin tint ce jour-là à une botte de
foin.

LA CLOCHE.

Dans l'automne de 1801, une grande expédition fut
préparée contre un juif de Sadern, nommé Mendel. Ils
y arrivèrent fort nombreux entre onze heures et mi-

CAUSES CÉLÈBRES.

nuit, munis d'armes et de flambeaux. Le siége de la maison commença. Vainement avec une énorme poutre ils s'efforcèrent d'enfoncer la porte ; elle résista à l'aide des barricades qui l'appuyaient. Les volets et les fenêtres cédèrent. Le frère de Mendel, logé dans une maison voisine, sortit et poussa des cris qui réveillèrent les habitants. Ils accoururent ; mais les brigands les tinrent éloignés à coups de fusil jusqu'à ce que la maison eût été évacuée. Mendel fut trouvé mort près de la porte de sa chambre à coucher. Avant de jeter lui-même l'alarme, son frère était allé chez le bedeau de l'église le prier de sonner le tocsin. Il refusa avec brutalité, disant que la cloche était pour les chrétiens et non pour les juifs. O superstition et égoïsme !

LA SERVANTE.

Il était minuit. Quatre servantes veillaient encore dans la cuisine de Salomon Bénédic. L'une d'elles aperçoit une figure barbouillée de noir et de grands yeux qui les fixaient par une petite ouverture donnant sur la rue. « Le » diable ! s'écrie-t-elle. — Non, c'est Schinderhannes, » répond une grosse voix, et vous allez le voir entrer. » A l'instant la porte est brisée et un brigand s'élance au milieu d'elles. Bientôt il en confie la garde à un autre, et accompagné d'un jeune homme de quinze à seize ans qui tenait des bougies allumées et dont le visage était couvert de noir, il monte à la chambre de Bénédic profondément endormi. Il le réveille, jette au loin son bonnet, le prend par les deux oreilles, fait approcher les lumières

et lui dit : « Regarde bien Schinderhannes et tais-toi. »
Le juif demeure immobile et pétrifié.

Cependant l'une des servantes, échappée à la surveillance du voleur qui les gardait dans la cuisine, était mon-
tée au grenier et par la fenêtre appelait du secours de
toutes ses forces. Un factionnaire la menace d'un coup de
fusil; elle continue courageusement. Il la laisse pousser
des cris à son gré. Il fait même mieux : s'étant emparé
du crieur de nuit, il le contraint de publier à haute voix
et à plusieurs reprises l'avis suivant : « Schinderhannes
» visite Bénédic; quiconque le dérange est mort. » Bientôt après l'expédition se retira, célébrant ses succès par
des hurras de joie et des coups de fusil en l'air. Ils en
étaient venus à ce degré d'audace et d'impunité.

LA BONTÉ ET LA MENACE.

Le chien de Kratzmann, au moulin de Kratzmühle,
aboyait vers onze heures du soir avec colère et sans interruption. Le meunier se leva et passa dans une chambre
voisine; elle était déjà envahie par six hommes armés de
pistolets et de poignards. Ils le saisissent à la gorge, le ter-
rassent et lui lient les pieds et les mains. Il jure qu'il
n'a pas d'argent. Furieux après des recherches inutiles,
ils arrachent du lit sa belle-mère depuis long-temps
malade, et lui mettent de l'amadou brûlant sur l'orteil;
elle persiste à dire comme son gendre. Ils lui brûlent sa
chemise sur le corps et lui tiennent une chandelle allumée
sous l'aisselle, où s'ouvre bientôt une profonde blessure.

CAUSES CÉLÈBRES.

L'ordonnateur même de ces atrocités, Schinderhannes, éprouve une émotion subite. Il jette de l'eau sur la pauvre malade, délie le meunier, les console tous deux, détermine ses camarades à s'éloigner ; mais, en se retirant, menace Kratzmann de l'incendie et de la mort s'il ne lui garde pas le secret. Le malheureux donna sa parole et la tint. Le lendemain, lorsque la voix publique apprit à la mairie de Merxheim l'incursion des brigands, l'adjoint s'y transporta pour dresser procès-verbal. Le meunier déclara qu'il n'avait à se plaindre de personne. Mais cette nuit d'horreur avait produit sur son esprit une impression terrible, et deux années plus tard, introduit dans la salle d'audience pour déposer, à la vue des brigands il jeta un cri et expira subitement.

LE REPENTIR.

S'il était possible de transiger avec certains criminels et de recevoir dans quelque partie de la société ceux qui la désolent, sans aucun doute à certaines époques on les verrait disposés à revenir à l'ordre et au travail. Schinderhannes en est la preuve. Il a eu des mouvements de générosité, des retours vers le bien ; cette âme n'était pas obstinément endurcie. Souvent, soit remords, soit lassitude, il forma le projet de renoncer à une vie dont l'horreur le saisissait par intervalles. Mais de quel côté se tourner? les hommes le repoussaient partout; enfermé dans un cercle de forfaits, il tenta quelquefois un effort louable pour s'échapper, il ne trouva jamais une issue. Cette exclusion invincible de l'état social le condamna au

LE BRIGAND DU RHIN.

crime irrévocablement, comme plus tard le crime à la mort. Il n'est pas sans intérêt de recueillir sur ce point un témoignage précieux, celui de M. Lichtemberger. Il écrivait de Munster, le 15 frimaire an XII :

« Au mois d'août 1802, je me rendis dans une forêt
» voisine où devait se faire une coupe importante.
» M. Kron, marchand de bois, m'accompagnait ; un de
» ses associés nous attendait à la ferme qui se trouve au
» milieu de la forêt. Nous n'en étions plus qu'à un quart
» de lieue, lorsque nous fûmes aperçus par une sentinelle
» de la bande de Schinderhannes. Un coup de sifflet
» donna l'alarme ; les brigands nous prenaient pour des
» gendarmes déguisés. Heureusement Schinderhannes
» me reconnut avec sa lunette. Mes compagnons et moi
» tînmes conseil un instant, et il fut résolu que nous
» continuerions notre chemin. A trente pas de l'entrée
» de la ferme, je vis deux hommes armés nous observer
» attentivement.

» Mon embarras en approchant surpassait toute ima-
» gination. Entouré de bandits connus par leur audace
» et leur férocité, portant sur moi de l'argent, des bijoux,
» et ayant de plus à la main un très-beau fusil de chasse,
» je devais redouter jusqu'à la mort même.

» Tout à coup, et comme par un mouvement d'inspira-
» tion, je me dirige vers le chef, qui de son côté s'avan-
» çait vers moi. Il avait la réputation d'être moins cruel
» que les autres ; je me rappelais en outre l'avoir vu sou-
» vent chez moi, à Weyerbach, pendant qu'il était au
» service du bourreau Nagel ; sa maîtresse Julie, fille

CAUSES CÉLÈBRES.

» d'un pauvre paysan, avait souvent reçu mes aumônes.
» Je m'enhardis, et en effet Schinderhannes m'accueillit
» avec des égards marqués. Nous causâmes près d'une
» demi-heure ; il avait l'air tranquille et montra même
» quelque gaieté. Sa figure formait un contraste rassu-
» rant avec celle de l'affreux Pierre le Noir, qui se tenait
» immobile auprès de son capitaine, lançant à tout mo-
» ment des regards de harpie sur ma montre, mes bou-
» cles et mon fusil. Je ne puis douter que sans la pré-
» sence de Schinderhannes, ce monstre sanguinaire ne
» m'eût assailli sur l'heure. Nous nous séparâmes.

» De retour chez moi, je réfléchis beaucoup sur ce qui
» m'était arrivé, et le souvenir de quelques bonnes actions
» de Schinderhannes me fit concevoir l'espérance de le
» retirer du sentier du crime. Il était à ma connaissance
» que son jeune frère, valet de ferme dans le canton
» d'Herstein, recevait souvent de lui de petites sommes
» d'argent, et toujours avec de vives recommandations
» de ne point se livrer au vol.

» J'étais donc bien loin de me prêter aux ouvertures
» de M. Pérard, receveur à Brenznach, qui m'avait
» proposé de faire arrêter Schinderhannes. Quelque sin-
» cère que fût mon désir de délivrer mes concitoyens de
» cette bande dangereuse, il me paraissait déloyal et
» même infâme de tendre un piége à celui qui avait
» respecté mes jours.

» J'engageai donc, au contraire, M. Pérard à solli-
» citer par l'entremise de M. Bruges, aujourd'hui prési-
» dent du tribunal criminel de la Sarre, la grâce de

LE BRIGAND DU RHIN.

» Schinderhannes auprès de M. Jean–Bon-Saint-André,
» alors commissaire du gouvernement, sous la condition
» expresse de licencier à l'instant sa bande et de se pré-
» senter lui-même.

» Je crus d'abord que mes vues seraient remplies.
» Un homme dont la chaumière, située au milieu de la
» forêt, servait souvent d'asile à Schinderhannes dans
» ses courses nocturnes, entreprit cette délicate négocia-
» tion, dans laquelle toutefois je ne voulus pas être
» nommé. Schinderhannes, pressé de se déclarer, ré-
» pondit enfin que les feuilles poussaient (c'était au
» printemps), et qu'il n'avait plus peur d'être découvert
» dans les bois. Au bout de quelques semaines, il se
» montra plus accessible à cette proposition. Le point
» sur lequel il insistait le plus était son admission dans
» un corps militaire dès qu'il aurait licencié sa bande. Il
» protestait que sa vie future serait exemplaire.

» Apprenant bientôt que les lois s'opposaient à l'am-
» nistie d'un chef de brigands, je cessai toute démarche
» et me bornai à lui donner le conseil de ne jamais re-
» paraître sur la rive gauche du Rhin. Il parut touché,
» et quitta la chaumière en témoignant à ses hôtes des
» sentiments fort louables. »

Peu de temps après, Schinderhannes lui-même, arrêté
comme nous le rapportons en tête de cet récit, confirma
les détails donnés par M. Lichtemberger, ajoutant : « Je
» suivis son conseil en apprenant que tout retour m'était
» interdit, et je quittai la rive gauche pour m'engager
» en Allemagne. Je m'étais déjà défait d'une partie de

» mes marchandises; j'allais à Runkel pour vendre
» l'autre lorsqu'on s'est emparé de ma personne.

» Troublé de remords, saisi du repentir sincère de mes
» crimes, j'entrevois dans leur aveu sincère le seul moyen
» de les expier autant qu'il est en moi, et de réparer les
» maux dont j'ai affligé la société.

» Je pourrais m'en venger par mon silence; j'en au-
» rais le droit : quand je voulais aller vers elle, elle m'a
» repoussé; quand je tournai mes regards vers le bien,
» ma bonne fortune diminua; quand je commençai à le
» faire, elle cessa. N'importe; je la servirai dès aujour-
» d'hui. Je nommerai tous mes complices, je dévoi-
» lerai tous leurs crimes et les miens, et puis on déci-
» dera. »

En effet, ses révélations amenèrent la connaissance
certaine de cinquante-deux crimes principaux, sans
compter tous ceux d'un ordre secondaire, et l'arrestation
de soixante-cinq coupables.

Le 24 octobre 1803, à neuf heures du matin, toute
la bande fut tirée de prison pour être conduite au tribunal. Les accusés marchaient deux à deux et par rang
à une seule et longue chaîne. Un corps d'infanterie et
quatre brigades de gendarmerie formaient l'escorte. Le
cortége s'avança lentement, au milieu d'une foule immense, le long du Rhin.

Arrivé à la salle de l'académie, préparée pour l'audience dans le ci-devant palais électoral, Schinderhannes,
qui avait parcouru avec la plus grande sérénité le trajet
depuis la prison, sauta légèrement à sa place, et se fai-

LE BRIGAND DU RHIN.

sant distinguer entre tous, contempla l'appareil imposant
dont il était entouré.

Le président adressa un discours aux témoins et à
Schinderhannes lui-même, l'engageant à se rendre digne,
par la sincérité de ses aveux, de la grâce qu'il avait im-
plorée du premier consul. Il parut ému, et sa gaieté af-
fectée l'abandonna quelques instants; mais à la déposition du premier témoin elle revint.

Un meunier, reconnaissant de ce qu'il lui avait facilité le moyen de recouvrer deux chevaux, pria le président de lui remettre vingt-quatre francs. Schinderhannes
en témoigna une grande joie, compta plusieurs fois l'argent dans sa main, le montra à ses voisins, et donna un
écu de six livres à Julie Blœsus; puis il caressa son enfant, qu'elle tenait sur ses genoux, et s'écria même, en
faisant un geste fort expressif : « Allons, allons, nous
» nous amuserons bien ce soir. »

Un dessinateur s'était placé dans la salle pour crayon-
ner les figures les plus frappantes. Un des accusés en fit
faire la remarque à Schinderhannes : « Laisse-le faire,
» dit-il ; j'ai une mine d'honnête homme et ne crains
» pas de la montrer : ceux qui ont peur n'ont qu'à se
» retourner. »

Schinderhannes ne perdit sa contenance et sa gaieté
que lorsque la mère du meunier de Merxheim, sous le
bras de laquelle on avait tenu une chandelle allumée,
eut été entendue comme témoin. Jusqu'alors il avait eu
la prétention de faire retomber sur ses complices seuls
l'odieux de toutes les cruautés; mais après cette séance,

l'espoir sembla l'avoir abandonné. Il prononça d'un air morne ces paroles funèbres : « J'ai entendu le cri de » l'oiseau de la mort. » Puis il demanda au président s'il était vrai qu'il dût périr sur la roue. « Ce genre de » supplice est aboli en France, lui répliqua-t-on. Il » reprit : Si j'ai souhaité de vivre, c'était pour devenir » honnête homme. Mais Julia ! elle est innocente, je l'ai » séduite. Et que deviendra mon malheureux père ? » Pendant tout le cours des débats, il s'efforça de détourner les charges qui pesaient sur eux.

Lorsqu'il entendit prononcer son arrêt de mort, Schinderhannes ne manifesta aucune émotion ; mais, en apprenant l'indulgence des juges envers sa maîtresse et son père, il donna quelques signes de joie. Il demanda à parler, et on s'attendait à une déclaration importante. Elle se borna à renouveler le vœu déjà exprimé plusieurs fois qu'après sa mort on prît soin de son père, de sa maîtresse et de son enfant.

Au sortir de la salle pour retourner à la prison, il dit à la foule assemblée : « Regardez-moi bien, car aujour- » d'hui et demain c'est pour la dernière fois. » Ses conducteurs pressant un peu sa marche : « Eh quoi ! dit-il, » le bourreau est donc bien impatient ? »

Le jour fixé pour l'exécution était le 21 novembre 1803. Le matin, un ministre de la religion se présenta suivant l'usage pour l'exhorter. A sa vue il dit d'un air calme : « Vous venez m'apporter des consolations ; allez près de » ceux qui sont à côté de moi, ils en ont bien plus besoin. » Il témoigna ensuite au ministre le désir de recevoir de sa

LE BRIGAND DU RHIN.

main la communion, qui ne lui avait pas été administrée depuis bien des années.

Enfin, vers une heure après midi, les condamnés furent conduits dans cinq charrettes au lieu du supplice, situé sur l'ancien emplacement du château de la Favorite. Pendant le chemin, il aperçut une personne de sa connaissance, à qui il dit bonsoir et qu'il chargea de faire ses adieux à sa Julie ; puis il s'adressa au ministre et lui dit : « Je vais » maintenant vous raconter comment a commencé cette vie » qui a une fin si triste. » Il continua son récit sans interruption jusqu'à l'échafaud, sur lequel il monta rapidement.

Schinderhannes examina d'abord avec attention la guillotine, et demanda si le jeu de cette machine était aussi assuré et aussi prompt qu'on le disait. Sur la réponse affirmative : « Ne serait-il pas possible, ajouta-t-il, » que je me préparasse moi-même, sans qu'il fût besoin » de m'attacher ? » On l'engagea à mourir comme tout le monde, et il se soumit.

Alors il regarda des deux côtés de l'échafaud la multitude qui l'environnait, et lui adressa ces mots : « J'ai mé- » rité la mort ; mais dix de mes camarades meurent in- » nocents. Voilà mes dernières paroles. » Il se livra ensuite au bourreau.

L'exécution des vingt condamnés ne dura que vingt-six minutes. La vue des cercueils et de l'instrument du supplice avait abattu le courage des brigands les plus intrépides ; il fallut les porter presque tous sur l'échafaud.

Du jour de ce grand acte de justice, la sécurité régna sur les rives du Rhin trop longtemps désolées.

LA LESCOMBAT.

Marie-Catherine Taperet, née à Paris en 1728, devait le jour à des parents obscurs et peu favorisés des dons de la fortune : ils moururent quelque temps après sa naissance. Confiée aux soins de sa grand'mère, qui se chargea de l'élever, elle reçut une bonne éducation. Sa figure était jolie, ses traits d'une vivacité qui la rendait très-piquante, sa taille médiocre mais bien prise, ses yeux grands, noirs et d'une expression rare, son teint d'une blancheur éblouissante, ses épaules, ses bras et ses mains d'une beauté parfaite. Enfin sa conversation, naturellement spirituelle, avait je ne sais quoi de passionné que lui communiquait la lecture continuelle des romans. Elle avait donc un attrait irrésistible, et devait exercer beaucoup d'empire. A ce qui plaît elle réunissait encore ce qui nous domine et nous tient asservis.

Une foule de partis la recherchèrent de bonne heure. Elle donna la préférence à un architecte, nommé Lescombat, qui la demanda en mariage et l'obtint. Ils vécurent

LA LESCOMBAT.

quelque temps avec la grand'mère; mais, impatientée de la surveillance, la jeune épouse fit consentir son mari à une séparation. Par état, il la laissait souvent seule. Libre et adorée, elle borna d'abord ses plaisirs à la société du quartier qu'elle habitait, et ses agréments infinis lui avaient procuré un accès facile dans les maisons les plus honnêtes. Elle n'y allait que pour se faire des amants. Bientôt ses aventures galantes, sa vie licencieuse, devinrent si publiques, qu'elle fut exclue des réunions où elle avait été accueillie avec le plus d'empressement.

Dans une complète ignorance des désordres de sa femme, Lescombat ne manqua pas d'accuser une société dont il ne cherchait pas même à expliquer la sévérité ou les caprices. Préoccupé de la pensée de lui en trouver une nouvelle, il prit complaisamment des pensionnaires chez lui. Cette petite cour, composée de jeunes gens, sans cesse sous ses yeux, à ses ordres, et se disputant le plaisir de lui être agréable, flatta la vanité de sa femme. Jusqu'alors néanmoins rien n'avait alarmé le crédule mari; mais l'un d'eux, nommé Mongeot, bien fait, aimable, instruit, et qui se destinait au génie, ayant allumé dans son cœur le plus violent amour, elle n'eut pas la force de se contraindre; ses attentions devinrent de jour en jour plus marquées, et Lescombat sortit enfin de cette espèce de léthargie. A la suite d'une vive querelle entre sa femme et lui, il chassa Mangeot avec éclat.

Désespérée de ne plus posséder son amant et de ne plus abuser son mari, ce dernier ne lui parut plus qu'un tyran dont elle jura la mort. Dès ce moment, l'amour même

CAUSES CÉLÈBRES.

céda à la haine : nuit et jour elle méditait le moyen de la satisfaire. Serait-ce par le poison ou par le fer? Qui préparerait l'un, qui s'armerait de l'autre? C'était la difficulté. Elle fut bientôt levée et le plan arrêté. D'abord elle joue l'indifférence, n'imagine pas comment son mari s'est effrayé jusqu'à l'indignation de ces marques de coquetterie si ordinaires, même à la femme la plus réservée ; elle appuie ses protestations de tous les témoignages de sa tendresse d'autrefois, se montre inconsolable d'avoir perdu une confiance précieuse, supplie ses amis d'intervenir. Ils hasardent le mot de conciliation, rejeté sur-le-champ avec fermeté. Ils insistent à plusieurs reprises ; Lescombat se laisse fléchir, et cependant sa femme renouait ses liaisons adultères avec son amant.

En retrouvant celle qu'il adorait, Mongeot ne se connaît plus : sa passion, irritée par l'éloignement, le transporte jusqu'à la frénésie. Elle le remarque avec une secrète joie, et profitant de l'un de ces moments où le délire est à son comble, elle représente à son amant des plaisirs toujours troublés tant qu'un autre sera là prêt à les surprendre, toujours imparfaits tant qu'il se croira un droit à exercer ; « son amitié d'un jour était de la ruse, il ne lui » pardonnerait pas d'avoir donné son cœur à Mongeot ; » l'injure avait profondément pénétré son âme ; la ven- » geance était inévitable, il fallait frapper le premier ou » succomber soi-même, faire une victime ou le devenir. » Les délais étaient mortels là où il y avait plus de péril » à délibérer qu'à oser. » Mongeot est tout ému, il s'alarme, il prévoit le dernier supplice... elle frémit de rage,

LA LESCOMBAT.

le traite de malheureux qu'elle a trop aimé et qui la perdra ; elle l'injurie, pleure, sanglote, passe des imprécations à la douleur, de la prière aux caresses les plus enivrantes, et à force d'art, arrache à son amant vaincu la promesse fatale.

Elle semble satisfaite ; ce n'est pas pour longtemps. A peine Mongeot l'a-t-il quittée, que le trouble la saisit. Il a donné sa parole, mais la tiendra-t-il ? et les scrupules, et le repentir, et ces mille hésitations de la volonté qui font trembler le bras, tout rend sa vengeance douteuse, et la livre à des perplexités sans cesse renaissantes. Voyons à l'aide de quels moyens elle parvient à le séduire, et laissons les deux acteurs du drame qui commence se produire eux-mêmes sur la scène, l'un avec les mouvements divers d'une âme se débattant sous l'influence satanique qui la subjugue, l'autre avec l'obstination endurcie de la haine quand une fois elle a passé à l'état de froid calcul. Les lettres suivantes, quoique un peu longues, seront lues avec curiosité : elles ne sont pas un des monuments les moins horribles que nous ait légués la justice de nos pères.

« Songe, mon cher ami (écrivait-elle à Mongeot), à ce » que tu m'as promis. Tu m'as juré par tout ce qu'il y a » de plus sacré de me défaire de mon époux. Je me re- » pose sur toi du soin de ma vengeance. Ciel ! je vais donc » être bientôt libre ! je vais donc être vengée ! J'aspire à » cet instant plein de charmes pour moi. Prends bien ton » temps ; songe qu'il y va de ta vie et de la mienne. Vois » jusqu'où va ma fureur : si tu ne te sens pas assez de » fermeté pour me servir, avoue-le-moi ; il est d'autres » moyens que je mettrai en usage pour me délivrer d'un

» barbare toujours occupé à augmenter mes malheurs. Je
» ne suis què rage, l'enfer est dans mon cœur, rien n'est
» sacré pour moi... Ah! si tu connaissais le cœur d'une
» femme outragée, persécutée, désespérée, tu exécuterais
» bien promptement l'ordre dont je t'ai chargé... Que
» j'apprendrai avec plaisir la mort de mon époux! Avec
» quelle joie je verrai son meurtrier! Jamais tu n'auras
» paru si aimable à mes yeux. Mais, hélas! les craintes que
» tu m'as déjà fait voir m'en annoncent de nouvelles...
» Non, tu n'auras pas le cœur de me satisfaire : tu ap-
» préhendes de perdre ce peu d'instants qui forment le
» cours de notre vie : voilà ce qui te retient... Tu ne m'as
» jamais aimée; tu n'as jamais senti pour moi ces saillies
» impétueuses que l'amour inspire; je n'ai jamais lu dans
» tes yeux cette ardeur que l'on ne peut cacher, et qui
» annonce combien le cœur est enflammé. Que je me
» veux de mal de t'avoir connu! tu m'as séduite; je cou-
» lais mes jours dans l'indifférence, tu es venu me tirer
» de la léthargie dans laquelle j'étais plongée; tu as su
» par tes discours flatteurs, par mille soins prévenants,
» gagner mon cœur; tu m'as forcée à t'avouer ma dé-
» faite; tu as triomphé de mes caprices, de ma résistance,
» de mon devoir... Si je m'étais abandonnée à tout autre
» qu'à toi, mon époux ne serait déjà plus. Crois-tu donc
» m'intimider par tes vaines clameurs? Tu me fais une
» horrible image des tourments que subissent les crimi-
» nels; tu me dépeins avec force toutes les horreurs qui
» accompagnent les derniers moments de ces malheureux;
» tu veux que je me transporte en idée dans une place

LA LESCOMBAT.

» publique, et que je te voie expirer, pour m'avoir con-
» tentée, par les mains d'un bourreau, en présence de
» tout un peuple ; tu me menaces même de cette mort ;
» tu m'apprends que tu n'aurais pas le courage de résister
» aux tourments qu'on te ferait endurer, que tu m'avoue-
» rais ta complice... N'importe! poursuis, ne t'embarrasse
» pas du soin de mes jours ; ils me seront odieux si mon
» époux vit. J'en fais le sacrifice de bon cœur, pourvu
» que je sois rassasiée du sang du barbare que je déteste.
» C'est assez t'en dire ; cours dès à présent me dénoncer
» à la justice. Je te crois capable de tout. Cependant, si
» tu peux remplir mes vœux, si tu secondes mes desseins,
» si je te vois couvert du sang de mon époux, attends
» tout de moi. Je donnerai mille vies pour toi ; tu seras
» toujours le dieu de mon cœur : on n'aura jamais tant
» aimé que je t'aimerai. »

Mongeot répondit à la Lescombat : « Il n'est que trop
» vrai, ma chère amie, que je t'adore, que tous tes re-
» proches me percent l'âme : je te prouverai que je ne
» les mérite pas... Eh bien, tu seras satisfaite, et tu ver-
» ras que je ne crains pas de perdre la vie quand il s'agit
» de te servir. Mille morts se présenteraient à mes yeux,
» je ne reculerais pas. Je prévois tout ce qui m'attend ;
» je lis pour moi dans l'avenir le sort le plus funeste et le
» destin le plus cruel, mais je n'en suis point effrayé. Oui,
» ton mari périra par ma main : je ne vois plus en lui que
» mon ennemi... Ton cœur sera le prix de mon forfait ;
» il faut te plaire, il faut mériter tes bontés, il faut te
» prouver que je t'ai toujours aimée passionnément, et

» que je t'aimerai jusqu'au dernier soupir. Mais je de-
» mande une grâce, et tu seras assez généreuse pour me
» l'accorder, c'est de consentir que j'attaque ton époux en
» brave homme. J'espère en triompher facilement, et
» j'aurai la satisfaction de t'avoir contentée et de n'être
» pas assassin : au péril de ma vie, je veux avoir la sienne.
» Je choisirai le temps et le lieu convenables. Prends
» patience, ne précipitons rien : j'aime mieux attendre
» une occasion favorable que de manquer mon coup ; je
» sais à peu près les routes qu'il tient tous les jours ; tu
» ne verras plus l'auteur de tes souffrances, tu ne verras
» plus longtemps ton tyran. Tu me traites de lâche, tu
» me fais un crime de t'avoir étalé l'horreur des supplices,
» je ne t'en parlerai plus. Je suis bien sûr que tu me re-
» procheras d'avoir tué ton époux, que tu me haïras au-
» tant que tu me promets de m'aimer ; mais je t'aime
» trop pour que de pareilles pensées me détournent de la
» résolution que j'ai prise. Donne-moi huit jours, ce délai
» n'est pas long... Ne me dis donc plus que je ne t'ai ja-
» mais aimée et que je n'ai eu que le plaisir de te sé-
» duire. Jamais l'amour n'alluma une passion plus forte
» que celle que je ressens pour toi. Enfin je ferai tout ce
» que tu voudras : parle, tu seras obéie. Ce n'est pas la
» fureur qui me transporte, c'est la seule gloire de ne pas
» te déplaire qui me fait consentir à tout. Je ne connais
» dans la vie d'autre plaisir que celui de faire le tien.
» Rends-moi donc plus de justice ; repens-toi de tout ce
» que tu m'as dit, de tout ce que tu m'as écrit. Quelle
» dureté dans tes expressions ! il semble que tu ne cher-

LA LESCOMBAT.

» ches à te défaire de ton époux que pour te défaire en
» même temps de moi ; qu'au lieu d'une victime tu en
» veux deux ; que tu veux tout à la fois sacrifier l'amant
» et l'époux, que la vengeance seule t'anime, et que l'a-
» mour n'agit pas sur toi. Je souhaite que tout ce que je
» t'ai prédit n'arrive point, je désire que les choses se ter-
» minent à ta satisfaction ; mais souviens-toi toujours, si
» nous sommes perdus, que c'est ta vie que je veux sau-
» ver, et non la mienne. »

   « C'en est fait, monsieur (écrivait la Lescombat à Mon-
» geot dans une seconde lettre), je vais renouer avec mon
» mari pour me sauver de vous. Je vais me jeter à ses
» genoux et lui avouer tous les horribles desseins que mon
» cœur renfermait ; je veux l'aimer autant qu'il doit me
» détester. J'avais compté sur vous ; je vous aurais cru
» capable de tout entreprendre pour moi ; vous m'aviez
» tant de fois juré que je pouvais disposer de vous ! J'a-
» vais été assez bonne pour ajouter foi à toutes vos gri-
» maces et à tous vos dehors trompeurs... comment se
» peut-il que j'aie aimé un homme tel que vous ? J'en suis
» honteuse, et c'est une faute que je ne me pardonnerai
» jamais. Je vous ai préféré à tous vos rivaux, qui n'étaient
» pas en petit nombre, et qui auraient joint à la tendresse
» la plus parfaite des avantages réels et considérables...
» J'ai tout méprisé, tout rejeté pour toi, perfide ! j'ai
» cherché toutes les occasions de te prouver de mille et
» mille façons mon attachement extrême... Que n'ai-
» je pas souffert par rapport à toi ! N'est-ce pas pour toi
» que j'ai rompu avec mon mari ? N'est-ce pas pour toi

» que j'ai renoncé à ce que le monde m'offrait de plus sé-
» duisant? Je t'ai fait le sacrifice de mon repos, de mon
» honneur, de mes charmes... Si j'avais possédé une cou-
» ronne, aurait-elle été pour un autre que pour toi? Par
» quelle fatalité as-tu donc pu me subjuguer, moi qui
» n'ai fait aucun cas des conquêtes les plus brillantes qui
» s'offraient à moi de toutes parts? Plût au ciel ne t'avoir
» jamais vu, ne t'avoir jamais écouté! Croira-t-on jamais
» qu'un homme qui régnait sur mon âme, et qui m'assu-
» rait que je régnais sur la sienne, n'ait pas daigné me
» délivrer de mon plus cruel ennemi? Tu as causé tous
» mes malheurs, tu m'as conduite pas à pas dans l'abîme,
» et lorsqu'il faut un coup d'éclat pour m'en retirer, tu re-
» cules! Au reste, c'est toujours beaucoup pour moi de
» connaître le fond de ton cœur... Qu'il est méprisable!
» Que je vais haïr les hommes! Ne viens pas t'offrir à
» moi davantage; ne viens pas me proposer le secours de
» ton bras; je serais déshonorée à mes yeux si j'acceptais
» tes offres... Tu n'es qu'un monstre, qu'un barbare!
» Quel bonheur pour moi si je puis oublier que j'ai ré-
» pondu à tes soupirs, que je t'ai rendu tendresse pour
» tendresse, que je me suis livrée à toi sans aucune ré-
» serve! cette idée seule me tue. Autant nous avons été
» amis, autant nous devons être ennemis. Fatal pouvoir
» de mes attraits, sur quel objet indigne as-tu agi? Je t'é-
» cris pour la dernière fois : ne reparais jamais devant
» moi. Puissent tous les malheurs t'accabler à la fois! tu
» ne peux souffrir autant que tu le mérites. Va, lâche,
» il ne t'est réservé qu'un funeste destin. Que je suis glo-

LA LESCOMBAT.

» rieuse d'avoir su me détacher de toi, de t'avoir rendu
» justice, de t'abhorrer pour toujours! Fuis loin de moi!
» Mon mari vivra donc... Ah! pensée qui m'anéantit! je
» serai obligée de voir toujours celui que j'ai trahi tant de
» fois... Et pour qui? Pour toi, traître! pour toi, qui de-
» vrais te faire un devoir, une gloire de l'immoler... Ah!
» ciel, quel sort funeste m'attend! Que je vais traîner une
» vie affreuse! Mon plus grand tourment sera de songer à
» toi, de penser que j'ai été assez lâche, assez faible pour
» te donner mon cœur... Hélas! tu le possèdes encore...
» je ne le sens que trop aux mouvements confus qui m'a-
» gitent : rends-toi donc digne de sa possession. Cours,
» vole assassiner mon mari... Ne va pas combattre avec
» lui : le sort des armes est incertain... Qu'il meure, c'est
» tout ce que j'exige. Je ne suis qu'une femme, et j'ai
» cent fois plus de courage que toi. »

Mongeot, si faible déjà, ne résista plus, et il répondit :
« Madame, le sang dont vous voulez vous rassasier va
» couler : puisque je ne puis vous plaire que par les titres
» d'assassin et de meurtrier de votre mari, je vous jure
» que vous allez être contente. Mais où le trouver? Dans
» quel lieu l'attaquer? Il ne faut pas qu'il m'échappe. Je
» ne vois pas d'autre moyen que celui que vous me propo-
» sâtes hier : il est sûr, infaillible. Tendons à la victime
» un piége. Affectons de vouloir nous réconcilier; jurons-
» lui une amitié éternelle, ne l'embrassons que pour l'é-
» touffer. Je verrai tantôt votre époux; je lui demanderai
» un entretien particulier; je lui avouerai que j'ai jeté sur
» sa femme quelques regards criminels, que je reconnais

» mes torts, et que tout mon regret est de l'avoir offensé
» et d'avoir perdu son amitié ; enfin je lui persuaderai que
» je n'ambitionne rien tant que de la recouvrer, que je
» veux être dorénavant son meilleur ami, que tout ce que
» je possède est à son service, que je donnerais ma vie
» pour lui. A de tels appâts il se laissera prendre ; vous
» pourrez même m'aider. Il est naturellement bon et cré-
» dule : il n'aura garde de se méfier de nous. Je le vois
» déjà me tendre les bras, me rendre son cœur et me ju-
» rer d'oublier le passé. Hélas ! il ne goûtera pas long-
» temps les fruits d'une paix simulée. Que d'empressements
» il me prodiguera ! quels témoignages d'amitié je vais re-
» cevoir de lui ! Il touche à son dernier jour, et la con-
» fiance qu'il a en vous va hâter sa mort ; je la souhaite,
» je brûle de me voir teint de son sang... Je frémis ! mais
» écartons ces horribles idées : tu as parlé, je ne dois
» plus balancer. Je lui proposerai une partie de plaisir, et
» couvrirai ainsi de fleurs l'abîme où je vais le précipiter.
» Les mesures que nous avons prises paraissent nous avoir
» mis à l'abri de toute poursuite. Triomphe ! la victoire
» est certaine : demain tu n'auras plus d'époux. Vois
» jusqu'où va le pouvoir de l'amour qui m'enflamme pour
» toi... je n'écoute ni remords ni craintes. Il faut que tu
» sois vengée, il faut que ton amant égorge ton époux...
» Eh bien, me voilà prêt... Ose encore douter de l'excès
» de mon amour... Je ne te reverrai qu'après avoir ar-
» raché la vie à ton époux. »

Cette lettre était écrite et envoyée le 6 mars 1754,
vers trois heures de l'après-midi. A quatre, deux hommes

LA LESCOMBAT.

dirigeaient leur promenade du côté du Luxembourg. Ils s'entretenaient de rupture, de fausses alarmes, de réconciliation, du bonheur de se trouver réunis. Bientôt la conversation prit le ton d'une vive et franche gaieté, et la promenade s'étant prolongée jusqu'à la nuit, Mongeot invita Lescombat à souper chez le Suisse. La partie acceptée, ils restèrent à table jusqu'à onze heures du soir. Pendant le repas, Mongeot avait l'attention perfide de faire boire son convive presque à chaque instant. Aussi à peine eurent-ils quitté le Luxembourg et fait quelques pas dans la rue, que Lescombat fut contraint de s'arrêter. Mongeot saisit ce moment, lui plonge une épée dans les reins, jette un pistolet à ses pieds et prend la fuite. Lescombat tombe et expire. Cependant ayant rencontré le guet dans une maison voisine, l'assassin déclare qu'un homme lui ayant mis le pistolet sur la gorge, il avait été forcé de le tuer. On l'arrêta et on le mena chez un commissaire, qui, après avoir dressé procès-verbal de ses déclarations, le fit conduire en prison et envoya du monde à l'endroit indiqué où l'on trouva Lescombat ne donnant aucun signe de vie.

Interrogé le lendemain, Mongeot, comme la veille, avoua l'homicide, mais le soutint commis dans le cas de légitime défense. Il ignorait d'ailleurs quel pouvait être l'agresseur. Les magistrats, qui l'apprirent bientôt, ainsi que son intrigue avec la Lescombat, se déterminèrent à faire arrêter cette dernière. Mais, persévérant dans son système, Mongeot détruisit les soupçons, et elle fut mise en liberté, à la charge de se représenter à la première réquisition de la cour.

Cette sentence était une faveur inespérée, et comme une invitation de se soustraire, en s'expatriant, à de nouvelles recherches. Que risquait-elle? Si le complice parlait, elle serait à l'abri ; s'il persistait à se taire, son innocence ne serait pas compromise. Mais cette fuite était-elle facile? La justice, inquiète quoique indulgente, la ferait surveiller et serait bientôt sur ses traces. Cette fuite était-elle adroite? D'abord elle soulèverait contre elle l'opinion publique déjà prévenue ; et puis cet homme, qui devait attendre beaucoup parce qu'il n'avait rien refusé, qui nourrissait la violence de son amour de tout le succès du crime, devait la souhaiter non loin de lui, dans le voisinage, presque à ses côtés, présente tous les jours, attentive au moindre signal, à la plus légère facilité qui s'offrirait de le visiter. En apprenant une disparition subite, il l'accuserait de l'abandonner lâchement, de n'avoir plus de confiance en sa parole quand elle en avait eu tant dans son bras, de préférer une sécurité douteuse à un attachement qui n'avait pas reculé devant un assassinat et qui ne fléchirait pas devant la mort. Le désespoir pouvait succéder rapidement aux reproches, la vérité au repentir? Cette chance la faisait trembler. Elle se voyait déjà entre les mains qui venaient de la laisser échapper. Dès ce moment celui qui aurait dû au moins lui inspirer de la pitié ne lui causa plus que de l'effroi : il lui apparaissait comme l'unique arbitre de son sort; lui seul était désormais redoutable ; il fallait le ménager et prolonger son silence jusqu'à cette heure où il ne parlerait plus. Ainsi partagée entre ces deux instincts de sa conservation, au conseil de

LA LESCOMBAT.

la prudence la plus commune elle préféra une sécurité imaginaire.

Comme ils s'étaient prêté un mutuel appui en déclarant toujours, l'un qu'il avait tué Lescombat à son corps défendant, l'autre que si parfois il s'était élevé quelque léger nuage entre Mongeot et son mari, jamais il n'avait éclaté de querelle sérieuse, tous deux aussi convenaient de son penchant à la jalousie, et sans avoir pu se consulter, ils étaient d'un parfait accord. Les magistrats rencontraient donc une difficulté insurmontable à démêler la vérité. La Lescombat tenta quelques démarches pour pénétrer dans la prison ; la permission lui en fut sans peine accordée. Dans quel but ? Elle présentait bien l'infortuné Lescombat comme victime d'une rencontre fatale et imprévue ; elle avait bien pour sa part absous le meurtrier, mais en avait-elle moins été sa maîtresse adultère ? La justice couvrait donc de son manteau ce que la morale proscrivait ; sa condescendance renouait un lien rompu par le crime. Découragée sans doute, elle avait recours à cette extrême ressource, et elle espérait par le rapprochement surprendre ce qu'une séparation trop absolue dérobait à ses recherches.

Que se passait-il toutefois dans cette intimité reprise sous de si funestes auspices ? S'il faut en croire les rapports de certaines personnes apostées pour les épier : tantôt, plus rusés encore que ceux payés pour l'être, ils recherchaient d'une voix assez haute quel vertige subit avait pu égarer Lescombat. Ils reconnaissaient son esprit, sa douceur, sa générosité ; ils déploraient sa mort. Tantôt,

CAUSES CÉLÈBRES.

pleins d'espoir dans l'intégrité des juges, ils se flattaient que cette tragique aventure ne serait jamais considérée comme un homicide volontaire, et ils revenaient sans cesse sur ce roman de leur innocence, attendant un moyen de salut de quelques paroles échappées à travers les portes de la prison. Souvent aussi, lorsque pressé par sa conscience, Mongeot se laissait abattre, elle relevait son courage, lui présentait l'avenir sous un aspect riant, et prodigue de caresses, le rendait peu à peu à l'espérance par un amour mensonger.

Sa captivité prolongée, une longue habitude de se voir, et surtout des ordres exprès avaient établi entre Mongeot et le geôlier des communications fréquentes. Il compatissait à son sort, le félicitait d'avoir trouvé dans son malheur une compagne si dévouée, si belle. A l'aide de la pitié et de la flatterie, il avait gagné sa confiance. Un jour, il lui adressa cette brusque interpellation : « Êtes-vous bien » sûr d'être seul aimé?— Oh! oui, oh! oui... » répond le prisonnier avec l'accent d'une conviction profonde. Cependant la jalousie venait d'entrer dans son âme. A l'entrevue suivante, il reçut la Lescombat froidement. Elle veut savoir pourquoi; elle insiste, elle supplie, elle le conjure au nom de cet enfant que, pour la première fois, elle lui annonce porter dans son sein : « Et s'il n'est pas » de moi! » s'écrie-t-il. Elle frémit. Il ajoute du ton de la fureur : « Qui me vengera de l'amant comme je » vous ai vengé du mari? » Ces mots recueillis et rapportés à l'instant par le geôlier, la Lescombat ne sort de cette cellule que pour être enfermée dans une autre.

LA LESCOMBAT.

Nouvelle édition
Fastes du

Publié par Pourrat Frères

LA LESCOMBAT.

Interrogé de nouveau, Mongeot n'abandonne pas son système; il conserve un reste d'amour pour la perfide auteur de sa perte, et il demeure fidèle à ce serment prêté dans l'une de ses lettres, qu'en face même du supplice, jamais il ne la trahirait. Pendant l'instruction du procès, il ne laisse échapper aucune déclaration qui la charge directement. Quant à lui, sur ses aveux et sur les preuves résultant de la procédure, il fut condamné au supplice des assassins. Conduit à la Croix-Rouge, il monta dans la chambre du lieutenant criminel, et demanda la faveur de voir pour la dernière fois la Lescombat. Qui le croirait? cette femme atroce eut l'audace de se présenter parée aux yeux de son ancien amant, et d'insulter à son malheur dans ce moment solennel. Consterné, anéanti, Mongeot n'a que la force de se retourner vers le juge et de lui dire : « J'ai exécuté ses ordres. » Puis il descendit de la chambre, et monta sur l'échafaud, où il fut rompu vif.

La Lescombat, reconduite en prison, et quelques jours après questionnée sur le testament de mort de Mongeot, répondit : « C'est un malheureux qui m'a toujours aimée, » pour qui même j'ai eu de l'amitié, mais qui au mo- » ment où il m'a chargée n'était plus à lui. » Elle pria ensuite les juges de vouloir bien lui rendre la prison plus douce, à cause de son état : elle était grosse de cinq mois. La visite et le rapport ayant confirmé sa déclaration, on prit d'elle un soin particulier; on lui cacha même la découverte accablante qui venait d'avoir lieu dans la maison de Mongeot, où des perquisitions plus sévères et plus minutieuses avaient été ordonnées depuis ses dernières

CAUSES CÉLÈBRES.

paroles. Une cachette, près de la cheminée de la chambre à coucher, fut enfin aperçue. Entre autres papiers, elle renfermait la copie de ses lettres et l'original de celles de la Lescombat, toute cette affreuse correspondance qui aboutit à un assassinat et à deux supplices.

Le temps des couches arrivé, elle donna le jour à un garçon. Les attentions redoublèrent pendant six semaines. On reprit son procès, et on la soumit à la foudroyante et mortelle exhibition de ses lettres. Le Châtelet, par sentence du 9 janvier 1755, la condamna à être pendue. Cette sentence fut confirmée par arrêt du Parlement du 17 du même mois. On la lui avait lue, et elle était déjà entre les mains du bourreau, lorsqu'elle demanda avec instance à parler à son juge; on l'y conduisit. Ayant déclaré qu'elle était encore enceinte, les magistrats se rassemblèrent et lui accordèrent un sursis de quatre mois et demi, durant lesquels elle fut surveillée avec la plus rigoureuse attention, et de temps en temps visitée par les matrones.

Pendant cet intervalle, on allait en foule à la prison pour contempler cette beauté si fatale à laquelle la pâleur ajoutait encore. Elle avait presque toujours un livre sous les yeux. Le goût des romans ne la quitta pas jusqu'au moment suprême. C'est aussi une tradition constante parmi les peintres qu'elle obtint la permission de faire mouler sa main, dont la perfection était renommée. Depuis ce temps en effet, on remarque dans la plupart des ateliers de peinture le modèle d'une main si parfaite, qu'on croirait l'original, une œuvre antique, un morceau fameux de Phi-

LA LESCOMBAT.

dias ou de Praxitèle ; c'est celle de cette épouse coupable.
On lui lut une seconde fois son arrêt, et à l'instant le
bourreau s'empara avec force de la victime, comme si elle
eût pu encore lui échapper. N'ayant plus de prétexte pour
retarder son supplice, elle fut menée à la Grève, monta
à l'hôtel de ville, mais n'y resta pas longtemps, et au
moment de quitter la vie, elle montra du repentir et du
courage.

Affreux exemple de l'extrémité à laquelle arrivent et
l'imagination exaltée par la haine, et la faiblesse exaltée
par l'amour.

LA REINE D'ANGLETERRE.

« J'ai projeté quelques changements dans l'ordre de
» ma maison, disait en débarquant à Naples, le 8 octo-
» bre 1814, la princesse de Galles Caroline-Amélie-Éli-
» sabeth, à l'une de ses dames d'honneur. Il faut profiter
» du moment de notre installation nouvelle. Ce jeune
» Austin, qui depuis longtemps partage ma chambre, est
» déjà bien grand ; il est d'âge à en avoir une à lui. Sa
» présence deviendrait désormais un inconvénient pour
» moi. Occupez-vous de lui en choisir une convenable.
» — Si j'osais me permettre une réflexion, répondit lady
» Campbell, sa majesté cède à un vain scrupule. Cet
» enfant est bien jeune, bien aimant, et il sera désolé
» d'une séparation inattendue. — La convenance le veut
» ainsi, répliqua la reine ; et comme il ne faut négliger
» aucune des précautions exigées par ma sûreté, mon
» courrier Bergami occupera non loin de la mienne une
» des chambres qui y communiquent par un corridor.
» Ainsi je ne me trouverai pas isolée dans ce corps de

» logis indépendant de l'autre. Que ces dispositions soient
» prises et achevées dans le jour même. »

Le soir, sa majesté alla à l'Opéra ; elle revint de
bonne heure, renouvela ses ordres pour le jeune Austin,
et renvoya sa femme de chambre, à qui cet arrangement,
rapproché de faits antérieurs, inspira d'étranges soupçons.
Le lendemain, elle examina tout avec une attention cu-
rieuse et fit plusieurs remarques. Le lit de la reine n'était
presque pas dérangé. Deux personnes paraissaient avoir
couché dans celui du courrier. Les domestiques n'avaient
pu, suivant leur usage, pénétrer à l'heure ordinaire dans
l'appartement. Enfin la haute société, engagée à lui présenter ses hommages, ne fut admise près d'elle que le 10
et fort tard dans la journée.

Depuis ce jour, les gens de sa suite s'aperçurent que
Bergami prenait un ton de suffisance et de hauteur qu'il
n'avait pas eu jusque-là, et ils se disaient entre eux :
« Quel changement subit dans sa position en amène un
» si inexplicable dans ses manières? Sa taille élevée, ses
» grands yeux noirs, ses favoris immenses ne l'ont pas
» dispensé jusqu'ici d'être bon camarade... On avait bien
» commencé à répandre le bruit qu'il était d'une famille
» illustre réduite par le malheur à laisser un des siens
» dans pareille place ; mais le public ajoutait peu de foi à
» cette illustration cachée. Bartoloméo Bergami était
» courrier chez le général Pino ; il est courrier chez son
» altesse, et même depuis peu de temps. Il a cessé, il est
» vrai, de coucher dans le même corps de logis que nous.
» Est-ce une raison d'affecter si vite des airs de favori? »

Ainsi s'exprimait la jalousie ou peut-être la médisance.

Son altesse donna un bal masqué au roi de Naples Murat. Elle y parut sous les habits de paysan italien; et, une heure après, elle se retira dans la maison où elle s'était habillée, et qui n'était pas la sienne, pour y changer de costume. Qui appela-t-elle? des femmes de chambre? Non; mais le courrier Bergami. Par lui seul, devant lui seul elle revêtit les attributs du génie de l'Histoire; il la suivit en habit de gentleman. En faisant son entrée, le génie de l'Histoire choqua par son indécence et son obscénité. Elle disparut bientôt pour revenir en paysanne turque, et le gentleman en paysan turc aussi; mais il ne fit que se montrer: quelques sarcasmes piquants le forcèrent sans doute à se retirer.

Toutes ces inconséquences redoublèrent l'attention des personnes de sa suite et multiplièrent leurs remarques. Bergami se levait à la même heure que son altesse, déjeunait tous les matins avec elle, conservait des habitudes de familiarité en présence, il est vrai, des seuls domestiques indispensables; mais en cérémonie, avec les Anglais et les Anglaises de distinction, il était toujours courrier, toujours laquais, il se tenait debout et servait. Plusieurs fois, pendant ses promenades sur une terrasse près de l'appartement, on l'avait vue lui donner le bras.

Un coup de pied de cheval qu'il reçut fournit la preuve et de son ascendant et du tendre intérêt qu'il inspirait à sa royale protectrice. Obligé de garder la chambre, il parvint à faire entrer dans la maison pour le soigner une de ses connaissances en qualité de son domestique. Le

LA REINE D'ANGLETERRE.

garde-malade couchait assez près de lui. Lorsque tout le monde reposait, il entendit plusieurs fois les pas légers d'une femme s'avançant dans le corridor, ouvrant la porte avec précaution, et ne se retirant qu'après une longue séance. Un soir même, le bruit de quelques baisers distinctement donnés retentit à son oreille.

Leur liaison ne semblait plus un mystère. On touchait au mois de mars 1815, et déjà une partie de la suite s'était éloignée scandalisée ; il ne restait plus qu'une dame d'honneur, qui la quitta bientôt à Livourne après une aventure au bal masqué du théâtre de Saint-Charles. Son altesse s'y était montrée avec Bergami et une demoiselle Dumont, femme de chambre, dans un costume si indécent, que la désapprobation la plus marquée l'accueillit et l'obligea de quitter la salle. Elle s'y était rendue, non dans sa voiture, mais dans un fiacre loué qui l'attendait le soir devant une petite porte à l'extrémité du jardin.

Chaque jour rendait plus évidente une intimité presque conjugale. Pour le déjeuner, même salle à manger ; même moment pour le coucher. Depuis le voisinage de Bergami, la femme de chambre se retirait avant d'avoir déshabillé sa maîtresse. Lui seul entrait dans la chambre à coucher sans être prévenu, sans être annoncé, et dans les autres appartements à toute heure et sans cérémonie. Son orgueil ne connut bientôt plus de bornes, il régnait en maître absolu.

La censure publique s'exerçait sur la reine avec d'autant plus de sévérité, que Bergami était marié et que l'on voyait dans leur liaison un double adultère. Mais

CAUSES CÉLÈBRES.

quelle cause fatale avait jeté la princesse sur la terre de
Naples? Sa vie passée expliquait-elle le désordre présent
et ce déshonneur qu'elle semblait promener effrontément
à travers l'Italie?

Caroline-Amélie-Élisabeth de Brunswick-Wolfenbuttel
naquit à Brunswick le 17 mai 1768. Elevée à la cour de
son père, sous la tutelle de ses tantes, elle passa ses premières années dans une honnête et douce liberté. A vingt
ans on la citait comme une des plus belles princesses de
son temps. Un noble Anglais, qui la vit à Brunswick, en
trace ainsi le portrait : « Une physionomie à la fois mo-
» bile et prononcée, des yeux remplis de feu et de ma-
» jesté, un sourire plein de bienveillance, une démarche
» rappelant le mot de Virgile, *incessu patuit dea*, quel-
» que chose de doux, de noble et d'attirant. » Telle était
à vingt ans la princesse Caroline.

Jusqu'à sa vingt-septième année, cette princesse ne
quitta pas la cour de son père, dans laquelle, dit un his-
torien, régnait une sévère pureté de mœurs, jointe à quelques idées romanesques et à une certaine fierté nobiliaire.

George III, alors roi d'Angleterre, dans l'intention de
mettre un terme aux erreurs fougueuses de la jeunesse
de son fils, forma le projet de le marier et s'engagea à
payer les nombreuses dettes qu'il avait contractées s'il
consentait à choisir parmi les princesses d'Europe une
épouse digne de son rang. Habitué depuis longtemps au
tumulte d'une vie dissipée, ce prince n'écouta pas sans
effroi la proposition d'un indissoluble lien. Il était libre
et on lui offrait des fers. Il résista quelque temps ; mais

LA REINE D'ANGLETERRE.

les poursuites acharnées de ses créanciers le réduisirent à cette extrémité, et le 8 avril 1795, il épousa Caroline de Brunswick, sa cousine. Le payement des dettes du prince s'élevant à douze millions huit cent mille francs, était une des clauses du contrat.

Jamais, dit-on, union ne parut se former sous de plus heureux auspices : les âges assortis des époux, leurs nœuds resserrés encore par ceux de la parenté, les revenus du prince doublés, et pour ses frais de mariage une somme de deux millions votée par la prodigue libéralité du peuple anglais ; tout environnait le couple royal de riantes espérances et lui promettait d'heureux jours.

Les députés de toutes les provinces s'étaient à peine éloignés, les pompes de l'hymen avaient à peine cessé, que la jeune princesse se vit exilée de la couche nuptiale, privée de la présence et de l'affection de son mari, et reléguée dans un appartement de Carlton. La voilà veuve avant d'être mère, et dans l'abandon le plus absolu jusqu'à la naissance de la princesse Charlotte. Triste destinée de toutes deux ! Elles ne purent recevoir, l'une les premiers embrassements de sa mère, l'autre, plus tard, le dernier soupir de sa fille.

Peu de temps après ses couches, une inimitié déclarée et de nombreuses humiliations la confinèrent à Blackheath. Cependant le prince avait repris sa vie dissipée ; il ne donnait d'autres raisons de son éloignement pour la princesse qu'une antipathie irrésistible, indépendante de sa volonté. La persécution ne tarda pas à succéder à ce dégoût, et en même temps les conseils de ses parents les plus proches

CAUSES CÉLÈBRES.

vinrent à lui manquer. Son père et son frère périrent
de la mort des braves sur le champ de bataille d'Iéna.
La douleur avait emporté sa tante. George III, son beau-
père, son unique soutien, mais avec sa raison déjà bien
affaiblie, ne la protégeait plus, suivant l'expression pittores-
que de M. Brougham, que de l'ombre de son intelligence.

Elle avait conservé une sorte d'indépendance d'action
qui partout, excepté en Angleterre, fait partie du savoir-
vivre, une gaieté enjouée de conversation, une innocente
vivacité de jeunesse. Ces qualités aimables et brillantes
devinrent suspectes. Un espionnage domestique fut orga-
nisé autour de la princesse, et on débuta par répandre le
bruit que dans sa jeunesse elle avait aimé un capitaine
irlandais. Bientôt deux personnages distingués par leur
naissance, sir John et lady Douglas, enchérirent encore
et vinrent dire : « La princesse est accouchée sous nos
» yeux d'un enfant mâle, fruit de son commerce adultérin
» avec l'amiral Sidney Smith ou le capitaine Manby. »

Le procès fut préparé et fait en secret. Les charges les
plus fortes contre elle étaient tirées de la facilité de ses
manières et de sa bienveillance habituelle. Les histrions
des cours, les complaisants du prince, jusqu'au dernier
des domestiques de la princesse, tous furent appelés, in-
terrogés, leurs dires, leurs réflexions commentés, enre-
gistrés avec soin. Elle fut déclarée innocente, et l'enfant,
le jeune Austin, reconnu fils d'un pauvre charpentier du
Depford. Quelle fut la peine des faux témoins? L'attorney
général annonça en plein parlement que des secrets, d'in-
vincibles obstacles arrêtaient la main de la justice. Ces

LA REINE D'ANGLETERRE.

obstacles, c'était la crainte de ruiner dans l'opinion publique l'héritier de la couronne, déjà si compromis par sa conduite déréglée.

Après ce triomphe, la reine s'écriait : « Qu'on ne m'interdise plus l'accès de la cour ; j'ai le droit d'y reparaître, d'y faire proclamer mon innocence, de reconquérir les prérogatives dont l'injustice m'a dépouillée. Si la main d'un époux égaré me repousse sans cesse, si la troupe de ses flatteurs gagés m'insulte par des libelles, me déchire l'âme par la séparation de ma fille, je demande à être jugée une seconde fois. » Elle l'obtint, et lord Castlereagh lui-même, ce zélé partisan du prince, avoua hautement que rien n'était plus évident que l'innocence de la princesse de Galles.

Une troisième fois encore jugée et encore acquittée, elle ne voyait plus de terme à ses persécutions. Il fallait quitter l'Angleterre, l'exil imposerait silence aux bouches impures, toujours prêtes à verser sur elle le poison de quelque calomnie. Sa résolution est prise, elle va fuir un sol inhospitalier. Quelle différence entre ce départ et la pompe de son arrivée ! Alors tout un peuple se précipitait à sa rencontre, enthousiasmé de ses vertus, de sa beauté, et la voyait avec joie s'acheminer vers le trône. Maintenant orpheline, sans amis, sans époux, dégradée, trop heureuse si, en fuyant, elle laissait la persécution sur la rive insulaire. Mais une foule d'observateurs invisibles suivront partout ses traces, et pour complaire à leur maître, ne manqueront pas de faire de sa conduite une peinture au gré de ses caprices ou de leur ambition. La faveur du

prince régent est à ce prix. Ainsi se réunirent les éléments
de ce journal dont nous avons cité les premières pages, et
auquel nous allons continuer d'emprunter, journal de vérités selon ses détracteurs, d'infamies et de mensonges
selon les amis de la reine, mais qui, reproduit plus tard
par les organes de la justice, deviendra la plus humiliante
des accusations lancées contre une épouse, contre une
tête couronnée.

Les voyages de la princesse embrassèrent une vaste
étendue de pays. Elle visita Gênes, l'île d'Elbe, la Sicile,
et successivement la Palestine, Jérusalem, Carthage,
Utique et Athènes. Enfin elle retourna par Syracuse en
Italie. Là seulement il importe de la suivre dans ses excursions; là surtout se recueillirent les détails qui devaient
la transformer en coupable et en accusée.

De Naples la princesse se rendit à Rome et à Gênes.
Bergami la suivait partout; on lui préparait un appartement à côté du sien. Rarement elle paraissait avoir couché dans son lit, à ce point que la personne chargée de le
faire ne s'en occupait presque pas. Quelquefois il avait
été foulé dans l'intention de faire croire qu'elle y avait
passé la nuit; on touchait seulement à la couverture.
Celui de Bergami portait les traces que deux personnes
y avaient couché.

A Milan, la famille du courrier avait envahi la maison
de son altesse. D'abord y vint une petite fille de trois
ans, appelée Victorine; puis un frère dont il avait dissi-
mulé le nom : enfin une sœur décorée du titre de comtesse Oldi devint la seule compagne de la reine dans ses

voyages. Elle voulait que tout se passât désormais en famille, et n'avait plus un seul Anglais à son service. Elle semblait redouter les regards étrangers.

Elle visita successivement le mont Saint-Gothard, Madona del Monte, les îles Borromées, Bellinzona ; et partout, au milieu des traits nombreux d'une familiarité toujours croissante, se faisait remarquer le soin le plus minutieux dans la disposition du coucher. Enfin cet habit de courrier, ces galons, insignes de la domesticité, commençaient à choquer les regards de son altesse. Ils avaient servi d'abord à écarter le soupçon de relations honteuses, à en protéger le mystère par la pensée naturelle que la distance entre une princesse et la livrée était trop grande pour être franchie. Maintenant ils pouvaient disparaître. Les services de Bergami méritaient une récompense et un grade élevé. Elle en fit un chambellan, titre qui, en sauvant le décorum, l'attachait à sa personne. Dès ce moment la princesse parut à table entre son chambellan et la comtesse Oldi, sa dame d'honneur, entre la sœur et le frère ; et dans sa visite à la cour de Salerne, Bergami l'accompagna, revêtu d'un magnifique uniforme de hussard anglais.

La comtesse Oldi servait à cacher leur intimité. Sa chambre à coucher s'établissait entre celle de son altesse et celle de Bergami ; mais la femme de chambre entendait souvent leurs causeries et les noms de *mon ami*, *mon cœur*, que la princesse lui donnait. Le scandale de cette vie, étalée comme à plaisir aux regards des différents peuples qu'elle visitait, l'exposait à d'insultants mépris, à des humiliations inouïes. Le 6 janvier 1815, lorsqu'elle vou-

lut s'embarquer sur *la Clorinde*, le capitaine dit : « J'ai
» déjà eu l'honneur de recevoir son altesse à mon bord
» et à ma table ; Bergami se tenait debout la serviette à
» la main, je me déshonorerais si je lui permettais d'y
» paraître assis. Je l'ai vu derrière moi, je ne le verrai
» pas à mes côtés. » Pesons ces paroles. Comment la princesse reçut-elle cette leçon de dignité ? S'en offensa-t-elle ?
Fit-elle répondre : « L'homme que je ne crois pas indigne
» de ma société peut être admis dans toutes les autres.
» Je suis insultée, ainsi que la nation qui me fournit des
» bâtiments de guerre pour voyager à l'étranger. Je me
» plaindrai à l'autorité suprême. Je ne mettrai le pied à
» bord qu'après avoir reçu satisfaction. » Non, elle ne
sut pas recourir au langage qu'aurait dû lui inspirer un
pareil refus et autorisé par sa haute position. Elle demanda
deux jours pour délibérer. Le troisième, elle ordonna une
table séparée de celle du capitaine, et sacrifia à sa passion
jusqu'aux simples convenances.

Elle venait de débarquer à Catane, et le lendemain,
quelle ne fut pas la surprise des filles de chambre qui
avaient veillé au delà de l'heure accoutumée ! Le jour allait paraître ; elles entendent un bruit léger, s'avancent et
voient la porte de Bergami ouverte. La reine en sortait
dans son déshabillé du soir, portant sous le bras l'oreiller
sur lequel elle avait l'habitude constante de reposer. Lorsqu'elle approcha de son lit, la petite Victorine, qu'on y
avait couchée, s'éveilla toute en pleurs et l'appela maman
à plusieurs reprises.

Plus elle s'abaissait par sa conduite jusqu'au ci-devant

LA REINE D'ANGLETERRE.

courrier, plus elle semblait vouloir l'élever jusqu'à elle par les distinctions qu'elle lui accordait. A Augusta, elle lui conféra le titre de baron della Francini, fit faire plusieurs fois son portrait, tantôt en Madeleine, la poitrine découverte, tantôt avec le costume turc, et elle les donna tous au baron bien aimé. Il est inutile de les suivre dans chacun des lieux témoins de ces distinctions, de ces libertés réservées pour un amant ou pour un époux : à Ephèse, où ils se couchent tous les deux dans le vestibule d'une vieille église entourée d'arbres; à Aum en Syrie, où leurs deux lits se dressent à côté l'un de l'autre sous la même tente, et où, à travers les plis flottants des rideaux, on les aperçut à demi déshabillés et l'un près de l'autre mollement étendus. La princesse créa tout exprès pour lui un nouvel ordre de chevaliers.

Il devint successivement chambellan, chevalier de Malte, chevalier du Saint-Sépulcre, grand maître de l'ordre de Sainte-Caroline de Jérusalem et baron della Francini. Et pour quels exploits tant de cordons lui furent-ils prodigués? Pour s'être enfermé dans la même tente, sur le bâtiment qui les ramenait en Italie, pour rester seul avec son altesse et la soigner dans le bain, pour recevoir des fêtes le jour de la saint Barthélemy, son patron, quand un équipage confondait dans ses toasts les noms de Caroline et de Bergami. Tout désormais prenait en sa faveur un aspect inconnu et des appellations nouvelles. Son frère fut créé préfet du palais; sa mère dut se nommer à l'avenir madame Labrie.

Il ne manquait à ces licencieuses amours que de se

CAUSES CÉLÈBRES.

produire sur le théâtre et de s'y faire applaudir. A la villa d'Este, on représenta des pièces où la princesse jouait le rôle d'amante vaincue par l'amoureux Bergami. Des battements de mains signalèrent le moment de la défaite, dans laquelle on remarqua qu'elle succombait avec un naturel et une grâce accomplis. Après une de ces pièces, Bergami envoya un courrier à Milan. De retour de grand matin, le courrier croit faire preuve de zèle en entrant dans la chambre du baron. Il ne s'y trouvait pas, et on le voit quelques instants après sortir en robe de chambre de l'appartement de son altesse, chez laquelle, dit-il, l'enfant qui criait avait eu besoin d'être calmé.

Jusque-là tout s'était passé chez les étrangers; de fréquents voyages le voulaient ainsi. Il était temps de se fixer. Son altesse acheta pour M. della Francini une magnifique villa qui reçut son nom et bientôt répondit dignement au vœu de la donatrice. Pendant le carnaval de 1817, les plus vils habitants de l'endroit y furent admis; les débauches s'y prolongeaient bien avant dans la nuit. C'était la maison d'une fille de joie et non le palais d'une princesse anglaise.

Une commission d'enquête fut organisée à Milan par les ordres du cabinet de Saint-James, à la tête de laquelle figurait le chevalier d'Empteda, ministre de Hanovre. De nombreux émissaires furent attachés aux pas de la princesse et la suivirent dans ses voyages; ils faisaient chaque jour le rapport de ce qu'ils pouvaient apercevoir eux-mêmes ou surprendre à l'indiscrétion des domestiques. Dans les diverses excursions, ils se mêlaient aux fêtes et à la foule

LA REINE D'ANGLETERRE.

des curieux. Comme on n'eût pas payé leur silence, ils s'acquittaient de leur office en espions intéressés, inventant s'ils ne savaient pas, exagérant s'ils savaient. L'époque n'était pas éloignée où, non plus par de mystérieux récits, mais sur la foi du serment et à la face de l'Europe, ils allaient jeter à pleines mains sur une tête royale l'infamie la plus dégradante dont l'histoire nous ait conservé le souvenir.

Sa fille, la princesse Charlotte, objet d'amour et de vénération en Angleterre, venait de mourir. Le roi George III, privé de la raison depuis nombre d'années, l'avait suivie de près au tombeau, et le sceptre était passé aux mains du prince régent. Le premier usage de son autorité suprême fut d'effacer le nom de son épouse, devenue reine, de la liturgie, et de donner à tous les ambassadeurs l'ordre de lui refuser ce titre.

A cette nouvelle, la reine écrivit à lord Liverpool, premier ministre du roi, afin de connaître les motifs de cette suppression insultante. Cette lettre resta sans réponse. « Eh bien, dit-elle, j'irai la chercher. » Et le retour en Angleterre fut résolu.

Les journaux français avaient annoncé dès le 1er juin 1820 que sa majesté, traversant Saint-Denis sans passer par Paris, avait immédiatement continué sa route. Le 5, on apprit à Londres la prochaine arrivée de la reine, qui devait débarquer à Douvres. Grande rumeur dans le monde politique. Le parlement suspend ses délibérations ; un conseil de cabinet est convoqué pour affaire urgente. Lord Brougham, conseiller officiel de sa ma-

jesté, et lord Hutchinson, envoyé du roi, partent aussitôt pour Saint-Omer, à l'effet d'interposer leurs bons
offices et d'empêcher ce retour tant redouté. La reine
répond : « Je ne recevrai de propositions qu'en Angle-
» terre. »

Lord Hutchinson écrit à M. Brougham : « Il est es-
» sentiel que la reine soit informée confidentiellement
» que si elle est assez mal conseillée pour venir dans ce
» pays, tout arrangement sera rompu. Il sera procédé
» contre elle, c'est chose arrêtée, dès qu'elle aura mis le
» pied sur le rivage britannique. »

Cette lettre précipita encore le départ de la reine ; indignée, elle redoubla d'activité dans tous ses apprêts, et
bravant la menace du roi, toucha le sol de l'Angleterre
et débarqua à Douvres. Le commandant, qui n'avait pas
reçu d'ordre contraire, se conformant à l'usage, fit tirer
le salut royal et placer une garde d'honneur devant l'hôtel
où la reine était descendue. Parmi les personnes qui
l'accompagnaient, on remarquait le jeune Austin, son
enfant adoptif ; Bergami, l'homme de sa prédilection. Ils
fixaient l'un et l'autre tous les regards. Elle n'avait pas
voulu s'en séparer, afin de prouver précisément qu'elle
était au-dessus de la calomnie. Accusée d'avoir donné le
jour à Austin, elle avait été traduite devant des juges et
reconnue innocente ; elle venait en demander de nouveaux
et de plus élevés encore, afin de démontrer qu'elle n'é-
tait pas coupable de sa confiance en Bergami.

Elle se hâte d'arriver à Londres, où lord Hutchinson
la devance de quelques heures et annonce au roi l'inuti-

lité de son message. A l'instant la menace de procéder
se réalise par la déclaration suivante, que lord Liverpool
est chargé de présenter à la chambre des pairs :

« Georges, roi.

» Le roi, en conséquence de l'arrivée de la reine,
» juge nécessaire de communiquer à la chambre des pairs
» certains documents relatifs à la conduite de sa majesté
» depuis son départ de ce pays, documents que le roi
» recommande à la considération sérieuse et immédiate
» de la chambre.

» Le roi a vivement désiré de détourner par tous les
» moyens en son pouvoir une nécessité aussi pénible
» pour son peuple que pour ses propres sentiments ; mais
» la démarche de la reine ne lui laisse aucune alternative.

» Le roi, en faisant cette communication, est dans la
» confiance que la chambre des pairs adoptera en cette
» occasion la marche de procéder requise à la fois par la
» justice de la cause du roi et par l'honneur de sa cou-
» ronne. »

Tandis que son royal époux la repoussait avec la froideur et la dureté des formes parlementaires, le peuple,
plus généreux, accueillait la reine avec enthousiasme ;
elle faisait son entrée à Londres au milieu d'une foule
immense qui répétait à l'envi : *Vive la reine Caroline !*
Les voitures des curieux s'étaient rangées à la suite de
celles de la reine ; des jeunes gens à cheval précédaient
le cortége et faisaient retentir l'air de cris d'amour et
d'allégresse. Elle pénétra avec une extrême difficulté chez
l'alderman Wood, qui lui avait offert son hôtel, car on lui

avait refusé une résidence royale. On lisait sur un tapis
étendu devant la porte d'entrée : *Dieu bénisse Caroline !*
Dieu bénisse l'innocence !

Profondément émue de ces témoignages d'affection,
la reine s'était plusieurs fois offerte aux regards de la
multitude ; mais, juste encore envers son époux, elle
disait : « Puisque vous m'adressez vos cris de félicita-
» tion, mes amis, je vous invite à respecter votre roi et
» à crier avec moi : *Vive le roi Georges IV !* » Sur toute
sa route suivie de ce cortége improvisé, les travaux de l'a-
griculture avaient cessé, les cloches sonnaient dans tous
les villages, et l'arrivée des rois alliés en 1814 n'avait
pas causé un mouvement pareil.

Quelle lutte énergique s'engageait entre le roi et
le peuple ! D'un côté l'aversion irritée, l'orgueil excité
par la résistance, l'aristocratie avec ses flatteries et ses
encouragements ; de l'autre, l'attachement exalté par les
dédains et la persécution converti en fanatisme populaire
et en démonstrations tumultueuses. L'Angleterre fut agitée d'un mouvement convulsif, et se partagea passionnément entre l'accusateur et l'accusée, les uns voulant
imposer leur amour et les autres leur mépris.

La reine sentit que sa dignité était intéressée à
faire cesser les émeutes populaires dont son retour avait
comme donné le signal. Elle quitta la maison de l'alderman Wood, se retira chez lady Anne Hamilton, et fit
remettre à lord Liverpool une note qui exprimait l'intention de recevoir toutes les propositions compatibles avec
son honneur et ses prérogatives. La ville de Londres ap-

porta la première à ses pieds le tribut de ses félicitations pour cette conduite noble et franche. Elle exprima le vœu d'une transaction digne des deux parties. Mais celle dont le roi lui fit communiquer les bases n'était autre que sa propre condamnation soumise à sa signature. Il fallait renoncer au séjour dans une partie quelconque du territoire britannique, au titre, au privilége de reine.

Caroline reçut la députation de la chambre des communes avec beaucoup d'égards ; mais, au lieu de s'exprimer de vive voix, elle remit sa réponse écrite à lord Brougham, lui ordonnant de la lire. Portée à la chambre, elle fut lue en séance, provoqua la réunion d'un comité secret, et enfin une résolution par laquelle « la fami- » liarité, la liberté indécente, le commerce licencieux de » la reine avec un certain Bartolomeo Bergami, ayant » causé un grand scandale et répandu le déshonneur sur » la famille de sa majesté et sur le royaume, les très- » loyaux et très-respectueux serviteurs de sa majesté les » lords spirituels et temporels et les communes, assem- » blés en parlement, supplient sa majesté qu'il puisse » être décrété que sadite majesté Caroline Amélie Éli- » sabeth sera rendue incapable et inhabile de partager le » trône, etc., et que le mariage est à jamais dissous. »

De part et d'autre on pressa l'arrivée des témoins d'Italie. Quelle abjection dans ceux produits contre la reine et dans l'accueil qui leur était réservé ! Le 7 juillet, douze Italiens, onze hommes et une femme, débarquèrent à Douvres ; c'étaient des témoins à charge. Une foule considérable s'attroupa autour d'eux et les maltraita de la manière la plus cruelle. Il leur fallut se réfugier à la douane. Leurs manières annonçaient qu'ils appartenaient à la dernière classe de la société, et le peuple les accusait de s'être vendus. Il manquait à leur tête le procureur de Milan, enrichi par la mission secrète du cabinet de Saint-James, et qui avait coutume de dire : « J'ai la couronne d'Angleterre dans ma poche. »

La procédure allait s'ouvrir ; la veille la reine écrivit à son auguste époux une lettre qui doit être reproduite, si l'on veut conserver à la vérité sa force, aux personnages leur caractère.

« Sire, après la persécution sans exemple et sans motif
» exercée contre moi depuis plusieurs années, sous le
» nom et l'autorité de votre majesté, persécution que le
» temps, au lieu de l'adoucir, a rendue plus dure encore et
» plus obstinée, c'est au prix d'un grand sacrifice, celui
» de mes sentiments particuliers, que je me décide à
» adresser, sous la forme de remontrances, cette lettre
» à votre majesté. La royauté s'appuie sur la base du bien
» public. Cette considération de premier ordre domine
» toutes les autres. Prévoyant les conséquences funestes
» d'une procédure inconstitutionnelle, illégale, inouïe,
» je dois mettre sous les yeux de votre majesté les torts
» et les injures accumulés contre moi. Si la perfidie des
» conseils et la malice des intentions l'emportent, si la
» justice est refusée à une épouse fidèle et victime d'une
» horrible machination, peut-être l'honneur de votre
» couronne, la stabilité de votre règne, la tranquillité de
» vos états, le bonheur et la sûreté d'un peuple aussi

LA REINE D'ANGLETERRE.

» équitable que loyal, parleront-ils plus haut que mes
» ennemis.

» Mon caractère et mon sexe me défendent de détailler
» les causes réelles de notre séparation domestique, les
» nombreuses insultes à moi prodiguées avant cette épo-
» que. Laissant à votre majesté le soin de concilier avec
» le vœu du mariage l'action de chasser par de pareils
» moyens une épouse portant son enfant dans ses bras,
» je me permettrai du moins de rappeler que vous seul
» en êtes coupable. La séparation fut une sentence pro-
» noncée contre moi sans allégation d'autre cause que
» des inclinations, vous avez bien voulu le dire, hors de
» votre pouvoir.

» Fallait-il me montrer insensible à votre décision, ne
» pas verser une larme sur la perte de cet enfant bien-
» aimé, me soumettre en silence? On m'aurait appelée
» reine sans dignité, mère sans cœur, épouse coupable.
» La situation tranquille (*confortable*) que m'offrit votre
» majesté était une bien faible compensation du mal.
» Lorsque je considérais et la blessure faite à la morale
» publique par la facilité de votre majesté à céder à *ses*
» *inclinations*, et ce désenchantement de toute une
» nation qui avait déployé tant de munificence lors
» d'une union sur laquelle semblaient reposer de si bril-
» lantes promesses de bonheur, hélas! ce bonheur n'é-
» tait pas fait pour moi. Du seuil même de la résidence
» de votre majesté partaient des espions, des piéges,
» des complots contre la réputation et la vie de la mère
» de votre enfant, de celle que vous veniez, par un vœu

» solennel, de promettre d'honorer, d'aimer, de chérir.

» En m'arrachant aux embrassements de mes parents,
» en donnant ma main au fils de Georges III, à l'héritier
» présomptif du trône d'Angleterre, je me disais : Une
» voix descendue du ciel peut seule désormais me faire
» redouter une injustice ou le moindre tort. Quelle fut
» ma douloureuse surprise ! Des trahisons ourdies dans
» l'ombre contre moi, un tribunal secret jugeant mes ac-
» tions, les flétrissant, les condamnant sans m'instruire
» de la nature de l'accusation, sans me faire connaître
» un seul des témoins. Quels mots pourraient exprimer
» mon émotion profonde quand j'appris que cette procé-
» dure était fondée sur la demande du père de mon en-
» fant, les témoignages fournis par mon protecteur même,
» mon défenseur dans l'ordre de la nature et des lois !

» Cependant, malgré la conduite inouïe de ce tribu-
» nal, conduite flétrie depuis au sein du parlement par
» des reproches sévères, censurée sur les registres du
» conseil privé, malgré le mystère des procédures, et par
» là même la tentation chez les témoins de donner de
» fausses déclarations contre moi ; eh bien, malgré tant
» de circonstances favorables à mes ennemis, ce tribunal
» m'acquitta de tout crime, et aussi convainquit mes
» principaux accusateurs du parjure le plus criminel. En
» ont-ils été punis ? Non. Par l'effet d'une merveilleuse
» découverte, ce faux serment ne se trouva pas criminel
» légalement.

» Ainsi, à la suggestion, à la demande de votre ma-
» jesté, vient de se créer par rapport à moi seule un tri-

LA REINE D'ANGLETERRE.

» bunal compétent pour recevoir des serments, compé-
» tent pour interroger des témoins à serment, compétent
» pour suivre une procédure, compétent pour acquitter
» ou condamner, et compétent par-dessus tout pour sous-
» traire les calomniateurs et les parjures à la peine dé-
» cernée par les lois. Mon indignation était au comble
» contre cette manière infâme d'éluder ce qu'il y a de plus
» sacré ; elle a cédé néanmoins à la pitié pour celui qui
» pouvait rabaisser son panache de prince dans la pous-
» sière en appuyant, en favorisant les imposteurs les plus
» décriés.

   » Il existait encore un de ces êtres dont rien ne peut
» corrompre l'esprit, dans le sein duquel l'injustice n'a
» jamais trouvé place, dont la main était toujours prête
» à relever l'infortuné et à délivrer l'opprimé. Pendant
» aussi longtemps que ce bon et gracieux père et sou-
» verain resta dans l'exercice de ses fonctions royales,
» son innocente (*inoffending*) belle-fille n'avait rien à
» craindre. Aussi longtemps que la main protectrice de
» ce père digne d'éternels regrets s'étendit sur moi, j'é-
» tais en parfaite sécurité. L'événement qui l'a ravi à la
» nation m'a enlevé un ami, un protecteur et tout espoir
» de repos. Diffamer votre épouse était la voie la plus
» courte à la faveur royale ; la trahir, le moyen le plus
» sûr d'obtenir des distinctions honorifiques. Auprès de
» titres pareils, le talent, la vertu, de longs services,
» votre amitié personnelle, vos engagements royaux,
» vos promesses écrites et verbales, tout s'est évanoui !
» Votre cabinet était formé sur ces bases. Vous avez

» pris dans vos conseils des hommes dont la personne
» et les principes vous avaient inspiré sans cesse une
» aversion non déguisée. Les intérêts de la nation et vos
» propres sentiments à d'autres égards ont été sacrifiés
» au besoin d'aggraver mes souffrances et d'assurer mon
» humiliation. Vous avez admis dans vos conseils et dans
» votre cabinet des hommes haïs, méprisés de vous, mais
» qui avaient le suprême mérite de m'avoir abandonnée
» et d'être prêts à me livrer. Aussi, une fois revêtus du
» pouvoir, l'ont-ils exercé d'une manière digne de son
» origine.

» De cette association contre nature sortirent les maux
» innombrables qui accablent la nation, cette masse de
» misère, de dégradation, de tyrannie et de cruauté ac-
» cumulées, spectacle si déchirant pour le cœur de votre
» royal père, qu'il eût préféré périr à la tête de son
» peuple, si industrieux, si fidèle, si brave et si mal-
» traité.

» Les traîtres manquent-ils jamais où une prime d'en-
» couragement leur est assurée? Votre cour devint donc
» un théâtre de basses intrigues et de plates railleries,
» au lieu d'être l'asile de la politesse et des convenances ;
» des espions, des jongleurs, des buveurs, des conspira—
» teurs se répandirent partout et occupèrent les lieux qui
» auparavant étaient le rendez-vous de la sobriété, de la
» vertu et de l'honneur. Énumérer toutes les privations,
» les mortifications, les insultes imaginées contre moi
» depuis le jour de votre élévation à la régence jusqu'à
» mon départ pour le continent, ce serait faire la descrip-

LA REINE D'ANGLETERRE.

» tion de toutes les offenses, de toutes les peines qu'on
» peut faire subir à un être humain.

» Mon père, mon frère et mon beau-père enlevés par
» la mort à ma tendresse, mon mari déclaré mon ennemi
» le plus cruel, ceux qui m'avaient promis leur appui
» achetés pour passer dans les rangs de mes persécuteurs,
» j'aurais pu accuser mes ennemis à la face du monde.
» Les égards dus au père de mon enfant, le désir de mé-
» nager le bonheur d'une fille chérie, m'ont seuls arrê-
» tée. Dans mon abandon, dans l'obscurité de ma soli-
» tude, une chose m'aurait consolée, l'amour de cette
» adorée et unique fille : me permettre d'en jouir eût été
» un excès d'indulgence. Voir ma fille, la presser dans
» mes bras, mêler mes larmes aux siennes, recevoir ses
» innocentes caresses, entendre de sa bouche les assu-
» rances d'un attachement éternel, être ainsi consolée,
» soutenue et bénie, c'était trop pour l'obtenir. Jusque
» sur le marchés d'esclaves, les cris *ô ma mère, ma mère !*
» *ô mon enfant, mon enfant !* ont empêché la séparation
» de ces victimes de l'avarice. Vos conseillers, plus inhu-
» mains, ont arraché sans remords la mère des bras de
» son enfant.

» Ainsi privée de la société de ma fille, réduite à la
» nécessité de répandre de l'amertume sur sa vie si je
» luttais pour m'unir à elle, j'ai pris la résolution cruelle
» de m'éloigner, dans l'espoir que le temps me rendrait
» des jours plus heureux. Ces jours, hélas ! ne devaient
» jamais arriver. C'est aux mères, à ces mères séparées
» tout à coup de la meilleure des filles, d'une fille unique

» et bien-aimée, à apprécier mes souffrances et mes mal-
» heurs. Ces mères jugeront de mon affliction lorsque,
» apprenant la mort de mon enfant, je rappelai à ma
» mémoire son dernier regard, ses derniers mots, ses
» derniers adieux. Ces mères verront quelle fut la pro-
» fondeur de mes chagrins, et la plus insensible versera
» une larme de sympathie pour moi.

» Cet événement, le plus capable d'adoucir un cœur
» inhumain, fut le signal de conspirations nouvelles et
» d'infatigables efforts pour détruire cette mère affligée.
» Sire, vous m'avez arraché mon enfant, vous m'avez
» ravi le bonheur de la secourir, d'entendre ses dernières
» prières; vous m'avez vue abandonnée et le cœur brisé
» de douleur; c'est le moment que vous avez choisi pour
» redoubler vos persécutions.

» Que le monde porte sa sentence sur l'établissement
» d'une commission à l'étranger, composée d'inquisi-
» teurs, d'espions et de dénonciateurs, pour découvrir,
» recueillir et disposer des matières d'accusation contre
» votre épouse; sur l'intervention d'ambassadeurs et la
» part de cours étrangères dans cette entreprise. C'est à
» moi de parler des mesures adoptées pour le succès de
» ces procédures préliminaires; à moi de faire connaître
» ma détermination.

» J'ai toujours demandé une procédure publique, je la
» demande encore, et on me la refuse. A un procès pu-
» blic on substitue une sentence du parlement passée en
» forme de loi. Je proteste contre ce mode. Tout m'a été
» refusé : et un acte d'accusation clair et distinct, et le

LA REINE D'ANGLETERRE.

» nom de chaque témoin, et le nom de chaque lieu où
» s'est commis chaque acte incriminé. L'injustice est
» assez évidente, assez révoltante ; mais c'est contre la
» constitution de la cour elle-même que porte ma pro-
» testation la plus solennelle.

» Quels que puissent être les antécédents quant aux
» bills de peines et de punitions, aucun, excepté ceux
» qui ont rapport à la reine épouse de Henri VIII, ne
» peut s'appliquer en ce cas. Ici votre majesté est le *plai-*
» *gnant* ; ici le bill a l'intention de faire pour vous ce que
» vous croyez bon, et en conséquence de me perdre.
» Vous êtes aussi partie, et la seule partie plaignante.

» Vous avez porté votre plainte à la chambre des pairs ;
» vous avez transmis à cette chambre des pièces écrites
» dans un sac cacheté ; un comité secret de la chambre
» les a examinées ; il a fait un rapport portant qu'il y a
» lieu de procéder ; et sur cela seul, la chambre a pré-
» senté un bill contenant les mensonges les plus outra-
» geants, le projet d'une sentence de divorce et de dé-
» gradation contre moi.

» Bien plus, la majorité est d'avance assurée à vos
» ministres. C'est votre majesté qui nomme les pairs ;
» sous son bon plaisir, ils possèdent des pensions, des
» places, des émoluments, qu'elle peut leur retirer à vo-
» lonté ; plus des quatre cinquièmes se trouvent dans
» cette position. Les ministres de votre majesté ne man-
» queront pas, au besoin, d'user de ce pouvoir alarmant,
» puisqu'on les a vus jusqu'à présent s'abaisser à tout.
» Regarder la chambre des pairs comme une cour de

CAUSES CÉLÈBRES.

» justice, ce serait calomnier ce nom sacré. Par les mêmes
» raisons, la chambre des communes ne m'offre pas plus
» de sécurité.

» Le silence serait un acquiescement tacite à toute
» cette procédure. Je proteste, et je demande des jurés
» pris impartialement parmi le peuple. Je comparaîtrai
» devant tout autre tribunal, mais non volontairement.

» Vous aurez jeté sur moi tout l'opprobre dont une
» femme puisse être couverte. Vous m'avez poursuivie
» avec haine et mépris par tous les moyens capables de
» me détruire. A l'aide d'un simulacre de justice, vous
» voulez me ravir jusqu'à la réputation d'être innocente.
» La coupe empoisonnée et le poignard sont des moyens
» plus nobles que des témoins parjures et des tribunaux
» corrompus. Si ma vie avait pu satisfaire votre majesté,
» elle l'aurait eue, à la condition de m'accorder une
» place dans le cercueil de ma fille. Mais puisque vous
» voulez m'envoyer au tombeau déshonorée, je résisterai
» de toute la force qu'il plaira à Dieu de me laisser.

» *Signé* CAROLINE. »

Cette lettre demeura sans réponse. Depuis longtemps
le roi avait élevé entre la reine et lui une barrière qu'à
aucun prix, en aucun cas, par aucun moyen, il ne voulait franchir. On apprit que la reine avait l'intention de
se rendre en personne à la chambre des pairs, et on dé-
ploya une force menaçante.

Enfin allaient s'ouvrir ces débats où la reine de l'une des
premières nations du monde paraîtrait en accusée ; et ce

LA REINE D'ANGLETERRE.

scandale, l'Angleterre, avec son ambition de passer pour le
pays le plus civilisé du monde, le donnera. Que devenaient,
à une époque de risée et de moquerie, le prestige et la
majesté du trône? Pour la quatrième fois, la vie privée
d'Amélie de Brunswick était soumise à l'investigation du
parlement. Il s'assemblait pour trouver indigne l'épouse
d'un roi, et brisant la fiction de l'infaillibilité quand même,
dégradait, par l'appareil seul de formes inusitées, celle
dont il aurait dû se porter caution; monstruosité sociale,
nouvelle anomalie dans ce dix-neuvième siècle si fécond,
en procès et en scandales.

Le 17 août 1820 commença le procès. La reine parut
aux premières séances, où s'agita vivement la question
de savoir si la procédure aurait lieu suivant le mode ordinaire, s'absenta pendant la lecture de l'acte d'accusation,
et se représenta pour l'audition des témoins. Elle prit place
auprès de ses conseils. Si vous retranchez des débats cette
grave considération qu'une reine était accusée d'adultère
et que ses sujets allaient la juger, leur physionomie n'a
rien offert de vraiment remarquable. Un avocat général
racontant froidement les faits, des témoins suspects, déconcertés, les hommes les plus illustres du barreau anglais,
et à leur tête M. Brougham, tantôt se jouant avec une rail-
lerie fine et mordante de l'embarras de ces Italiens, de
leurs contradictions, tantôt s'indignant de leur bassesse
ou de leur vénalité, tantôt s'élevant aux considérations de
l'ordre le plus élevé, et donnant des preuves de talent et
d'éloquence. Mais aucun incident saillant et hors ligne ne
s'est produit dans la longue suite des audiences, presque

toutes réduites le plus souvent aux proportions d'un débat particulier.

M. Denman, le défenseur chargé de résumer la procédure, parut seul s'élancer un moment hors du cercle ordinaire de la discussion, lorsque, s'inspirant du génie de Tacite, il s'écria :

« L'histoire d'Angleterre n'offre aucun exemple de » persécution aussi atroce. Il faut remonter jusqu'à celle » de la vertueuse Octavie par Néron. En 1817, la reine » déjà privée de l'appui d'un père et d'un frère, perdit » cette fille chérie l'espoir des Anglais. Elle était aban- » donnée de tous. Dans cette situation, elle ose renvoyer » la Dumont, les Majocci avec leurs terribles secrets. » Est-ce la conduite d'une femme coupable ? N'est-il pas » plus naturel de croire que précisément ces domestiques » renvoyés ont inventé par vengeance tous les bruits que » dès lors on essaya de faire circuler ? Octavie eut aussi » le malheur de déplaire à Néron dès les premiers jours » de ses noces ; elle fut répudiée sous un prétexte fri- » vole ; elle vit une maîtresse occuper son lit conjugal. » Une conspiration se forma pour attaquer son honneur ; » et pour prouver qu'elle avait une intrigue d'amour avec » un esclave, on employa, non pas les présents corrup- » teurs, mais les horreurs de la torture, pour arracher » aux autres esclaves des aveux qui pussent la compro- » mettre. La plupart d'entre eux lui restèrent fidèles au » milieu des tourments. Son innocence fut reconnue. Le » peuple entier y crut, son ancien époux seul persista à » l'accuser. Des flots de peuple l'accompagnaient ; les

LA REINE D'ANGLETERRE.

» cœurs du peuple conservaient ces sentiments généreux
» qui auraient dû exister dans celui du souverain. On in-
» venta alors un second complot ; on réussit enfin à la
» faire condamner. Bannie dans une île de la Méditer-
» ranée, la seule pitié qu'on lui montra fut de terminer
» ses jours par le poison ou par un coup de poignard. »
L'application était terrible, l'impression fut profonde.

Après les débats, la chambre des lords, ajournée à
quelques jours, reprit le cours du procès. Le lord chancelier, dans un discours long et brillant, demanda la seconde lecture du bill des peines et amendes, et termina
par ces paroles remarquables : « Soyons justes et ne crai-
gnons rien. » Cinq heures furent employées à la question
de savoir si la seconde lecture du bill aurait lieu ou non.
La chambre décida l'affirmative à une majorité de vingt-
huit voix. La reine, par l'organe de lord Dacre, remit
une protestation. Lorsqu'elle l'eut entendue, la chambre
se forma en comité secret. A la séance du lendemain, le
lord chancelier proposa la troisième lecture du bill. Elle ne
fut adoptée qu'à une majorité de neuf voix. Les avocats de
la reine demandèrent sur-le-champ à parler contre le bill.

Alors lord Liverpool déclara qu'une aussi faible majorité l'engageait à demander l'ajournement de la lecture
du bill à six mois, c'est-à-dire, en d'autres termes, le
retrait. Cette motion, accueillie au milieu des plus vifs
applaudissements, reçut bientôt l'approbation du parlement, et le peuple, réuni autour du palais, se répandit
dans Londres en criant partout : « Illuminez ! illuminez !
» voici la reine Caroline en dépit d'eux. »

CAUSES CÉLÈBRES.

Ainsi se termina ce procès honteusement célèbre. Point de condamnation, point d'absolution formelle. La postérité jugera. Les lords cédaient-ils à la menace des séditions prêtes à éclater ? Une accusation qui avait coûté dix années et plusieurs millions n'avait-elle plus à étaler que de tristes et impuissants débris ? Le roi était-il assez vengé ou ne redoutait-il pas un échec ? N'importe la cause de l'ajournement ; la faute était irréparable. Déjà deux fois l'Angleterre avait donné au monde ce grand scandale. Édouard II en 1339, Henri VIII en 1527, répudièrent leurs épouses ; mais si la conduite d'Édouard fut pour ainsi dire légitimée par les débordements d'Isabelle de France, rien ne justifia jamais celle de Henri VIII. Catherine d'Aragon était aussi vertueuse que douce, et ses rares qualités ne purent fixer l'inconstance de son époux. Un rapprochement entre sa conduite et celle de Georges IV offrirait, si c'était le lieu, bien des ressemblances.

On s'occupait des préparatifs du couronnement. Après un premier échec, il fallait au moins écarter la reine de cette imposante solennité. Ses partisans entrèrent de nouveau en lice et refusèrent de voter les dépenses, si la cérémonie ne rétablissait sur le trône d'Angleterre leur souveraine, qui devait y siéger à côté du roi, aucune décision législative ou judiciaire ne l'ayant déclarée indigne de partager le sceptre. Cette fois la volonté ministérielle prévalut ; les chambres votèrent les dépenses, présumées s'élever à trois millions de francs, et le conseil privé déclara que la reine ne serait pas admise aux honneurs du couronnement.

LA REINE D'ANGLETERRE.

Nouvelle protestation de la reine, et elle eut le sort de toutes celles adressées à son illustre époux. Alors elle résolut de se présenter à Westminster, afin d'être témoin d'une fête dont, pour sa part, elle aurait dû être l'objet. Conduite à cette abbaye par Deans-Yard, elle ne parut pas plus tôt, qu'un cri, *fermez les portes !* se fit entendre à l'instant. Les soldats reçurent ordre de croiser les baïonnettes et de former une double file.

La reine se rendit alors sur l'endroit appelé le Coin-des-Poëtes ; les deux portes en furent fermées à son arrivée. Comme elle se réfugiait sur une plate-forme, un officier de police l'arrêta jusqu'à ce qu'un officier des gardes lui permit de traverser par la plate-forme, d'où elle entra dans la cour du vieux palais et dans le passage de Cotten-Garden.

Après avoir parcouru le chemin couvert qui conduit au Coin-des-Poëtes, elle arriva à la porte. On lui demanda son billet ; lord Hood en montra un pour une seule personne, remarquant qu'il n'en fallait pas pour la reine ; mais on lui fit observer qu'on ne connaissait pas la reine. Elle ne put entrer, et sir Robert Ingles vint lui dire qu'il n'y avait pas de place pour elle. Le peuple chercha à la dédommager par ses vivats et fit de son retour une espèce d'ovation.

L'insultant refus des ministres porta un coup mortel à la reine. Son âme ne pouvait toujours souffrir seule. Le 12 août, quatorze jours après le couronnement du roi d'Angleterre, une maladie subite la força de se mettre au lit. Dans la même journée, deux bulletins parlèrent

CAUSES CÉLÈBRES.

de sa santé en termes si précis, si effrayants, qu'ils semblaient annoncer en même temps et le mal et la dernière heure. La mort suivit le procès de si près, qu'elle semble, pour ainsi dire, en faire partie. N'est-ce pas le procès avec ses scènes d'humiliation cent fois répétées, avec ses luttes irritantes et ses émotions imprévues, qui développa chaque jour le germe d'une destruction dont le progrès, d'abord invisible, tourna en un jour à la mort ?

Les amis de la reine comptaient sur son rétablissement; elle seule n'y croyait pas. Le docteur Wilde voulant s'éloigner un moment, elle le pria de rester. Vers midi éclatèrent des symptômes funestes et de violentes douleurs. Le courage qui l'avait soutenue dans l'exil et en Angleterre contre la persécution ne l'abandonna pas. Elle souffrit cruellement, mais souffrit sans se plaindre. Au milieu des cris des personnes qui l'entouraient, elle parlait avec calme de sa fin prochaine, remerciait ses amis, regrettait de ne pouvoir les récompenser, leur annonçait froidement que dans peu d'heures elle ne serait plus. Elle recommanda son âme à Dieu, et dit : « J'espère trouver » dans l'autre monde la justice qu'on m'a refusée dans » celui-ci. L'Angleterre a sans doute été pour moi la terre » des chagrins et des persécutions; mais je sais aimer les » fidèles Anglais qui ont toujours pris part à mes dou- » leurs et se sont opposés de tout leur pouvoir à la mé- » chanceté de mes ennemis. »

Elle ajouta un codicille à son testament. « Mon pre- » mier désir, dit-elle, avait été d'être renfermée dans le » même tombeau que ma fille bien-aimée; mais le gou-

LA REINE D'ANGLETERRE.

» vernement n'y consentira pas. Je ne puis l'espérer. Je
» désire donc être enterrée dans le même caveau que
» mon père et mon frère, à Brunswick.

» Qu'on ne me fasse pas voir après ma mort ; j'ai été
» assez en spectacle pendant ma vie. En vérité, il y a des
» personnes qui se sont éloignées de moi pendant mon
» existence et qui ne seraient peut-être pas fâchées de me
» voir quand je ne serai plus. Je ne crois pas devoir per-
» mettre de satisfaire leur curiosité. »

Vers quatre heures, un accès de fièvre agit fortement
sur son corps déjà épuisé, et produisit quelque temps une
grande exaltation d'esprit. Elle parla d'un ton véhément,
mais avec des expressions toujours modérées, des conspirations cruelles de ses ennemis. La fièvre cessa bientôt, et
elle reprit sa douceur ordinaire, son calme, sa fermeté :
sa résignation fut complète. Alors survint une léthargie
qui dura jusqu'à près de huit heures. En se réveillant elle
aperçut près du lit le docteur Holland, qui, pendant sa
maladie, avait souvent manifesté l'espoir de son prompt
rétablissement : « Eh bien, mon cher docteur, mainte-
» nant que pensez-vous ? » lui dit-elle avec un sourire
gracieux. Peu après elle perdit tout à fait connaissance,
mais vécut encore deux heures.

Le 8, à dix heures et demie du soir, espérance, crainte,
inquiétude, tout était terminé ; la reine d'Angleterre
n'existait plus. Les voûtes du palais d'Hammersmith re-
tentirent d'un cri d'alarme, suivi d'un profond silence
que chacun craignait d'interrompre. La fatale nouvelle
ne fut pas connue à Londres avant minuit, et le lende-

main tout le monde portait sur le visage l'empreinte de la douleur.

Les honneurs refusés à Caroline vivante le furent aussi à Caroline inanimée. La population entière de Londres se chargea de ses funérailles, et la vengea des superbes dédains comme des injures grossières et vénales. Le cercueil même fut traité en suspect, et les exécuteurs testamentaires furent contraints, pendant la marche du cortége, de le disputer plus d'une fois aux agents du pouvoir. Aussi, à l'arrivée du convoi sur la route de Kinnington, on s'aperçut que le peuple avait complétement barricadé le passage au moyen des voitures dételées. On attendit deux heures inutilement; il fut impossible de passer. On se dirigea vers l'église. Un fossé de dix pieds de largeur et très-profond fermait la route. Vers les portes du parc, à Kinnington, nouveaux obstacles. La troupe voulut forcer le passage et enfoncer les portes; le peuple triompha à la fin. Un magistrat tenait un papier à la main, probablement une copie de l'acte de rébellion; il voulut plusieurs fois le lire, mais vainement.

A Westminster, la troupe fut assaillie par les cris de *la reine ! la reine assassinée !* Quand le convoi traversa la Cité, les corporations de charpentiers, de tonneliers, de fondeurs, marchaient en rang avec des bannières et des emblèmes de leur profession, avec des devises en grandes lettres noires : l'une, *Puissance de l'opinion publique;* l'autre, *La justice triomphera;* une troisième, *Amis de l'humanité*.

LA REINE D'ANGLETERRE.

Dans l'église, les exécuteurs testamentaires firent clouer sur le cercueil une plaque portant l'inscription mentionnée dans l'un des codicilles du testament : *A la reine d'Angleterre outragée.* M. Thomas, ordonnateur officiel de cette cérémonie, se présenta pour y substituer celle du gouvernement. Là, dans le lieu saint, sur ces froides dépouilles, en présence de la mort, qui passe sur tout le niveau de son indifférence, et qui commandait aux partis quelques minutes de trêve, de recueillement, la passion engagea une querelle au sujet du vain titre dont les uns croyaient décorer, les autres déshonorer un cercueil. La force l'emporta.

Cependant des ordres précis hâtaient la marche funéraire ; on venait de quitter Colchester ; le cercueil était au bord de la mer. William Austin, ce fils adoptif, premier prétexte des persécutions, et les autres personnes de la suite, étaient à peine arrivés à temps. *Le Pioner*, brick de guerre, reçut les restes de la reine et les transporta rapidement sur la frégate *le Glascow*, qui mit aussitôt à la voile par un vent favorable. La ville d'Harwick, la plage et toutes les hauteurs voisines étaient remplies d'un concours immense de spectateurs, la mer couverte de vaisseaux et d'embarcations de toute espèce. Fidèle à son culte, le peuple demeura triste et silencieux sur le rivage aussi longtemps qu'il put apercevoir *le Glascow*. Enfin disparurent ces restes inanimés d'une princesse sur une mer déjà deux fois traversée avec des destinées si diverses, l'une pour venir s'asseoir sur les premiers degrés du trône, l'autre pour comparaître sur les bancs de la

CAUSES CÉLÈBRES.

justice ; fatal intervalle que comblèrent tristement la ré-
pudiation, l'exil, l'humiliation.

Que de reines et de princesses plus justement pour-
suivies pour adultère ont excité l'intérêt des peuples ! Leur
punition est encore un sujet de blâme contre ceux qui
vinrent la demander aux lois. Marie Stuart, Caroline-
Mathilde, l'électrice Dorothée, subissant le reproche d'a-
voir aimé Rizzio, Struensée, Konigsmarck, descendirent
dans la tombe moins déshonorées peut-être que leurs im-
placables accusateurs.

Cette année devait être funeste aux grandeurs déchues ;
la mort de Napoléon n'avait précédé que d'un mois celle
de la reine Caroline. Presque en même temps l'Angleterre se trouva délivrée du soin d'entretenir des inquisi-
teurs et des geôliers. On ne manqua pas d'appliquer à la
reine la belle strophe de lord Byron, ce premier cri de la
postérité par l'organe du poëte : « Depuis ce temps la
» grande victime a succombé. J'ai vu commencer ses tor-
» tures, d'autres m'ont transmis les angoisses de sa
» longue agonie. Elle a expiré!... et l'on n'a cessé de
» frapper constamment au nom du prince ! Aussi l'im-
» mortelle victime a-t-elle légué de sa propre main ces
» mots terribles : « Je lègue l'opprobre de ma mort à la
» maison régnante d'Angleterre. »

L'ARCHIPRÊTRE.

Un jour de l'année **1784**, Barthélemy Estinès, habitant de Cazaux, dans le comté de Comminges, disait à sa
fille : « Catherine, la provision de M. l'archiprêtre vient
» d'arriver ; porte-lui sa viande sur-le-champ. — Mon
» père, j'aimerais mieux faire autre chose. — Pourquoi ?
» reprit Estinès ; quel caprice ! tu y vas bien tous les jours ?
» qu'as-tu donc à craindre de notre pasteur ? — Je ne
» veux pas le dire ; mais je n'irai plus. — Sottise ! s'écria
» Dominiquette Fontan, sa belle-mère ; amour-propre de
» jeune fille, calomnie ; je ne crains rien, moi, je ferai la
» commission. » Et elle partit.

Depuis ce jour Catherine tint parole ; elle opposa un
refus constant aux invitations de son père, et chaque fois
Dominiquette la remplaça. Un peu plus tard, les courses
ne se bornèrent pas à déposer les provisions et à revenir ;
on causait au presbytère, on y passait souvent des heures
entières. La longueur de ces visites inquiéta plus d'une fois
le mari et fit éclater entre lui et Dominiquette des orages

CAUSES CÉLÈBRES.

domestiques calmés par son adresse, mais trop souvent renouvelés. De son côté, la jeune fille se permettait des plaisanteries sur le courage de sa belle-mère et lui répétait malicieusement ces paroles : « Moi, je ne crains rien. » Dominiquette les recevait avec colère, et plus elle s'emportait, plus Catherine insistait et lui lançait des traits piquants.

Mais expliquons la cause des refus obstinés de l'une et du zèle empressé de l'autre à se rendre chez l'archiprêtre, et la sourde inimitié qui divisait ces deux femmes.

Barthélemi Estinès faisait un commerce assez lucratif. Il tenait cabaret, boucherie, bureau de tabac, magasin de grains. Les profits de son industrie, joints aux revenus de ses biens-fonds, lui donnaient presque de la richesse et rendaient sa maison la plus considérable du lieu. De son premier mariage avec Josephine Bielça, il eut cinq enfants, trois garçons, dont deux établis en Espagne depuis environ onze années, et deux filles, l'aînée mariée avec Anicet Paduron, la cadette, Catherine Estinès, encore fille.

Celle-ci avait atteint sa vingt-deuxième année lorsqu'elle perdit sa mère. Jolie, agaçante, d'une taille souple et dégagée, elle réunissait tous les agréments qui font les coquettes ; mais un grand fonds d'honneur et son caractère la préservèrent des écarts et des fautes de son âge. Elle était l'enfant chéri de son père, qui la comblait de tendresse. Pendant la vie de la mère, cette douce affection réciproque ne s'altéra pas. Mais Barthélemi Estinès se remaria avec Dominiquette Fontan, à peine majeure. De ce jour tout changea de face dans la maison paternelle. Peu satisfaite d'être à la tête du ménage, la nouvelle épouse pré-

L'ARCHIPRÊTRE.

tendait à une domination despotique et exclusive sur le cœur de son époux sexagénaire ; elle en bannit par degrés sa fille, la calomniant sans cesse et faisant naître les occasions d'exciter le courroux paternel.

Perpétuellement grondée, parfois battue, Catherine fut réduite à chercher du travail au dehors. L'aisance dans laquelle elle avait vécu dégénéra tout à coup pour elle en pauvreté, comme la tendresse en persécution. Elle ne prenait plus la nourriture chez son père que les jours où l'occupation lui manquait chez les étrangers. Cette espèce d'expulsion ne contenta pas la marâtre ; elle revenait encore trop souvent dans la maison ; son but était de l'envoyer en Espagne joindre ses frères, et de rester unique maîtresse au logis. Mais seule elle n'avait pas assez de puissance ; il fallait associer à ses projets et à sa haine un homme capable de les seconder.

Le sieur Loustal avait été quelque temps vicaire du village de Venasque, à trois lieues de Toulouse. Son nom n'y était prononcé qu'avec horreur ; il en fut chassé pour un scandale accompagné de circonstances infâmes qui ne tiennent ni à la fragilité ni à la faiblesse. Le vicaire n'était ni galant ni tendre ; il était lascif et cruel. Assez adroit pour dérober à ses supérieurs, dans le Comminges, les motifs de son expulsion du diocèse de Toulouse, il parvint à obtenir le bénéfice de Cazaux. Sa conduite dans sa nouvelle paroisse fut la même qu'à Venasque. Combien d'infortunées devinrent victimes de sa lubricité ! C'est le complice que Dominiquette Fontan s'était choisi.

Voilà donc l'archiprêtre placé entre la belle-fille et la

CAUSES CÉLÈBRES.

marâtre, entre celle qu'il avait corrompue, tout le faisait présumer, et celle qu'il convoitait. Il disait à l'une : « Femme » Estinès, vous avez raison ; cette jeune fille peut nous » perdre : vous lui inspirez du dépit et de la jalousie. On » m'a rapporté plusieurs fois certains propos qui nous » compromettent et nous livrent à toutes les médisances » de la paroisse. Elle nous rendrait victimes, vous de » votre mari moi, de mes supérieurs ; il faut l'éloigner à » tout prix. » Il disait à l'autre : « Que je vous plains, » pauvre Catherine ! Quelle folie à votre père de se rema- » rier dans un âge si avancé ! Que lui manquait-il ? Comme » sa maison était tenue et comme elle est négligée ! Qu'a- » vez-vous donc fait à votre belle-mère ? elle voudrait déjà » vous voir en Espagne avec vos frères. Ce n'est pas la » tendresse de votre père qui la tourmente ; elle est bien » sûre de lui depuis qu'elle vous a presque chassée de la » maison en vous forçant de travailler pour vivre. Voulez- » vous savoir la vérité ?... elle vous trouve trop jolie. »

L'archiprêtre répétait souvent ces derniers mots et les accompagnait de quelques familiarités, d'un serrement de main, d'une caresse sur les joues. Catherine y répondait tantôt par la moquerie, tantôt par un froid dédain, tantôt même par des réflexions pleines de force et d'une certaine dignité. Elle les terminait toujours par ces mots destinés à lui rappeler son caractère sacré : « Monsieur le curé, Dieu » nous voit. » Elle rompait l'entretien et prenait légèrement la fuite.

Un jour, elle s'acheminait vers le presbytère avec son panier sous le bras, mieux vêtue et plus gracieuse qu'à

L'ARCHIPRÊTRE.

l'ordinaire. L'archiprêtre était par hasard à sa fenêtre ; il l'aperçoit, s'arrête à la contempler, admire cette démarche vive et légère, cette tournure séduisante. A chaque pas qu'elle fait vers lui, le démon lui souffle par degrés des désirs impurs ; ses yeux brillent d'un feu profane ; une ardente lubricité s'empare de ses sens : ce n'est plus le serviteur de Dieu, c'est un satyre. A peine entend-il le bruit de ses premiers pas franchissant le seuil de sa porte, que du premier étage où il se trouvait, il lui crie : « Catherine, j'ai une lettre pour votre père ; venez la » chercher. » Elle ne soupçonne pas le piége et monte à l'instant.

L'archiprêtre ferme rapidement la porte sur elle, prend la clef, et se dirigeant vers la fenêtre, appelle sa servante pour l'envoyer, sous un prétexte quelconque, chez un paysan à l'extrémité du village. Catherine l'a deviné ; elle se voit prisonnière, redoute une violence, dépose doucement son panier, s'empare d'un couteau placé sur la table et se dispose à vendre cher son honneur. Mais pendant qu'il balbutie à sa servante l'objet de son prétendu message, elle aperçoit une autre petite porte entr'ouverte ; c'était celle qui de la chambre communiquait au grenier par un escalier rapide. Elle s'élance : le curé l'entendit, se mit à sa poursuite ; mais déjà parvenue au grenier, elle en avait refermé la porte, tiré la clef, et à l'aide d'un long morceau de bois posé entre le plancher et la serrure, elle s'était barricadée.

Furieux d'abord de voir sa proie s'échapper si vite du piége où déjà il la croyait captive, le curé éclate en reprochcs, en menaces, et se consume en vains efforts pour renverser la barricade. « J'ai un couteau, s'écrie-t-elle ; » si vous entrez, je vous tue. » Bientôt il prend une voix douce, un ton paternel : « Que t'ai-je donc fait, mon » enfant, pour fuir ainsi et te cacher?... redescends, je » vais me retirer. — A la bonne heure, reprit-elle alors » d'une voix que la moindre émotion ne semblait plus » troubler. Quand je vous verrai par la serrure au bas de » l'escalier, et quand vous m'aurez bien juré devant Dieu » de ne pas me toucher, je sortirai. » L'archiprêtre accepte le traité, et en faisant retraite, affecte de donner du retentissement à chacun de ses pas.

Cependant Catherine avait trouvé dans le grenier des cordes qui le traversaient dans tous les sens et servaient à étendre le linge. Elle les enlève, les réunit, les attache à une poutre, et pendant que le curé descend les marches une à une et se prépare, du bas de l'escalier, à renouveler ses promesses, elle se laisse glisser par la fenêtre le long du mur, jusque dans le jardin, en franchit d'un saut la clôture et arrive tremblante à sa maison.

Révélerait-elle cette scène à son père? la raconterait-elle à ses amis? n'y aurait-il pas trop de danger pour elle? Le parti le plus sage lui parut le silence, et l'invariable résolution de ne retourner jamais au presbytère. Elle l'accomplissait, lorsque, pressée par son père, elle refusa avec fermeté la commission dont la belle-mère se chargea.

Les outrages et les persécutions redoublaient pour Catherine. Unis par une haine commune, la marâtre et l'archiprêtre ne se trouvaient pas néanmoins assez forts, et longtemps ils agitèrent entre eux le moyen de se donner un aide ou plutôt un complice. Catherine allait parfois chez la nommée Jeanne Minotte se consoler de ses chagrins domestiques, et, chassée du foyer paternel, s'asseoir à celui de cette voisine, qui se rendait souvent à l'église pour ses exercices de dévotion. Un soir, après la confession, le curé l'appelle dans la sacristie et lui dit : « Femme Minotte, je ne » puis vous taire plus longtemps un secret qui intéresse » votre ménage. Vous avez tort de recevoir ainsi presque » tous les jours Catherine Estinès ; votre charité est une » cause de désordre. Vous me devinez?... ce n'est pas » pour vous qu'elle fait des visites si fréquentes ; le village » en parle déjà : croyez-moi, fermez-lui l'entrée de votre » maison. »

Cet avis perfide trouble la tête et le repos de Jeanne Minotte ; elle croit Joseph Soudane, son mari, amoureux de Catherine, et se ligue avec l'archiprêtre et la Fontan. Celle-ci, en confidente rusée, profite des plaintes indiscrètes de la voisine pour abuser de la crédulité d'Estinès et l'exaspérer contre sa malheureuse fille. Elle ne se borna plus bientôt à l'accuser de déréglements, les faits les plus naturels servirent de prétexte à d'infâmes imputations.

Le 25 juillet, jour de la fête du lieu, Dominiquette Fontan eut une indigestion occasionnée par une espèce de bouillie. Là-dessus elle bâtit une histoire digne de sa méchanceté ; elle se plaint à son mari que Catherine avait jeté de l'arsenic dans le chaudron. Quoique tous les gens de la maison, et même quelques convives étrangers, eussent mangé de cette bouillie sans en être incommodés,

CAUSES CÉLÈBRES.

Estinès eut la faiblesse de croire cette fable, dont la santé de Dominiquette démontra le lendemain l'absurdité, mais dont l'atrocité semblait le prélude d'une terrible vengeance. Cette trinité de méchants y préparait par degrés les esprits chacun dans l'ordre de ses ressentiments et de ses inspirations.

La marâtre, qui ne lui pardonnait ni d'être toujours là ni de soupçonner sa liaison adultère, la poursuivait des inventions de sa haine irréconciliable. Elle répandait que Catherine provoquait perpétuellement la colère de son père par l'insolence de ses propos et par la menace de le faire mourir. Jeanne Minotte, agitée d'une fureur jalouse, débitait à tout venant les prétendues infidélités de son mari et les infâmes mensonges employés pour le séduire. L'archiprêtre, le plus dangereux, parce que sa vanité était blessée, jurait chaque jour de la punir de ses mépris humiliants, et ce que les autres exhalaient avec colère, il le faisait circuler avec une sainte adresse, par tous les moyens en son pouvoir.

Lorsque l'opinion du village semble assez façonnée et que l'indignation se soulève déjà de toutes parts, l'archiprêtre juge le moment favorable d'y mettre le comble par une action d'éclat, par un anathème public. Un certain dimanche du mois de novembre 1784, étant au pied de l'autel, prêt à commencer la messe, il appelle à lui les consuls de Cazaux, et après avoir conféré avec eux d'un air mystérieux à la fois et animé, il leur ordonne de mettre dehors Catherine Estinès. Jean Fonder, l'un de ces consuls, fut assez faible pour obéir, et Catherine se vit

L'ARCHIPRÊTRE.

honteusement chassée de l'église, au grand scandale des
assistants venus ce jour-là de plusieurs communes voisines.

Plus humiliée que surprise de cet acte de violence de
la part d'un prêtre dont elle connaissait l'âme vindicative,
Catherine alla se jeter aux genoux de son père, et par
ses pleurs, par la vérité, tâcha de l'intéresser à son juste
ressentiment. « Je n'ai commis aucune faute, Dieu m'en
» est témoin ; le curé m'a chassée parce que je n'ai pas
» voulu lui céder. — Assez, misérable, s'écria le père ;
» tu mens ; va-t'en causer avec Soudane ! » et il la repoussa durement. Il fallut dévorer cet affront, ne plus
compter désormais que sur son innocence, et affermir son
courage contre toutes les chances d'un avenir menaçant.

Barthélemi Estinès était sujet à de fréquentes douleurs
d'entrailles occasionnées par l'usage immodéré du vin et
des liqueurs fortes. Un jour qu'il était pour affaires dans
la ville de Monrejeau, on l'entendit se plaindre et dire :
« Je me trouve incommodé ; je sens un si grand feu dans
» les entrailles, que je crains de mourir avant d'arriver
» chez moi. » Il y arriva cependant, mais dans un état
déplorable, et se mit au lit pour n'en plus sortir. Sa
maladie dura cinq ou six jours, pendant lesquels il fut
exclusivement servi par sa femme, qui ne voulut pas que
Catherine Estinès donnât ses soins au malade, malgré ses
vives instances ; le soir seulement, au retour du travail,
il lui était permis d'approcher du lit de son père.

Il était nuit ; sept heures venaient de sonner. La Fontan présenta un bouillon à son mari ; à peine l'eut-il bu,
qu'elle envoya chercher le barbier d'un village voisin, ap-

CAUSES CÉLÈBRES.

pelé Mounic, avec prière d'apporter avec lui du contre-
poison. Ce Mounic, le plus ignorant et le plus imbécile
de tous les hommes, accueille avidement mille contes ab-
surdes au sujet du poison trouvé, disait-elle, dans le pot
de la viande. Sur la foi de cette déclaration mensongère,
il fait prendre du lait et de la thériaque au moribond.

En même temps l'archiprêtre et sa complice se rappro-
chaient du lit et répétaient assez distinctement pour être
entendus : « Pauvre Barthélemi, il était si fort! sans
» quelque drogue jetée à dessein dans le bouillon, il au-
» rait vécu longtemps encore. Misérable Catherine! une
» fille empoisonner son père! qui l'aurait cru? » Et la
Fontan se lamentait, et le curé levait les mains au ciel;
ils s'efforçaient de lui inspirer l'idée du crime, de lui arracher quelque plainte, quelque parole accusatrice, de lui
suggérer une sorte de testament parricide.

La mort, qui approchait, trompa leurs efforts et leurs
espérances. Rien ne retentissait plus à l'oreille du mourant; sa dernière pensée était pour le vin, cause réelle de
sa maladie; ses dernières paroles furent une invitation de
boire. « Voulez-vous un verre de vin? dit-il d'une voix
» expirante à l'archiprêtre. — Donnez, » répondit celui-
ci. Le malade fit un signe de tête et rendit l'âme.

Dans la nuit, le curé Lourtal dépêche à Monrejean le
nommé Pébenque, consul du lieu, avec une lettre pour
Me Lagus, son ami intime, fils du substitut du siège
royal de Rivière et substitut lui-même en survivance, afin
de lui dénoncer que Barthélemi Estinès venait de mourir
empoisonné. Le messager, suivant l'ordre donné, remplit

sa mission avec le plus grand mystère. M° Lagus se garda bien de faire part de sa lettre au juge de Rivière; il trouva plus simple de prendre sa place; et quoique le juge, M° Barre, ne fût ni malade ni absent, il se fit requérir par son propre père de faire une descente à Cazaux. Ainsi M° Lagus père, substitut, requit M° Lagus fils de se transporter; les choses se passaient en famille.

Tous les deux, accompagnés du greffier Pourthé, partent le 22 de Monrejean, arrivent à Cazaux le 23 et trouvent le cadavre dans le lit. Leur première opération est de mander le barbier Mounic et un autre barbier de même force qu'ils qualifient de chirurgiens, et auxquels ils enjoignent de procéder à l'ouverture du cadavre. Ouverture, examen, appréciation, tout fut l'affaire d'un clin d'œil. De la chambre ils se rendent au jardin, où le greffier Pourthé, assis sur une pierre, écrit sur ses genoux leur rapport et déposition, ou plutôt, profitant de l'ignorance des deux fraters, forme à son gré un corps de délit et le couche dans son procès-verbal, à la rédaction duquel le juge Lagus n'assiste même pas. Le pillage de la maison lui importe plus que les dires des experts; il fait main-basse sur tous les objets à sa convenance, laissant au greffier le soin de rédiger dans le jardin le bavardage des chirurgiens de sa façon.

Ceux-ci déclarèrent le poumon calciné, un grand engorgement de foie, donc la mort par un poison corrosif; cette déclaration fut appuyée de celle de deux témoins d'office, aussi peu instruits du fait que les prétendus chirurgiens de leur art, et sur cette information légère, passionnée, imparfaite, Catherine fut décrétée de prise de corps. Des cavaliers, ayant à leur tête l'archiprêtre de Cazaux, vinrent l'arrêter. Il aurait pu s'épargner cette honte. Tranquillement assise devant sa porte, elle ne les eut pas plus tôt aperçus, qu'elle alla à leur rencontre et leur dit avec une fermeté qui ne s'est jamais démentie : « Si » c'est moi que vous cherchez, me voici. »

Certes, il n'avait tenu qu'à Catherine de prendre la fuite ; cinq jours s'étaient écoulés entre la visite des officiers de Rivière et le décret. Dans cet intervalle ses amis et ses ennemis n'avaient rien épargné pour l'effrayer ; mais, inébranlable, elle resta dans la maison paternelle jusqu'au moment où l'on vint la saisir pour la conduire à la prison de Saint-Gaudens. Du 28 janvier au 10 mars suivant la justice demeura inactive ; mais le substitut Lagus continuait son pillage, faisait vendre les effets, en gardait le produit. L'archiprêtre cherchait partout des témoins, ou plutôt, craignant de se compromettre, mettait à la tête des recruteurs le consul Cornuet, son protégé. Cet homme n'y entendait pas finesse, et croyant gagner le ciel en suivant les ordres de son pasteur, faisait les choses sans le moindre mystère ; il battait la caisse à la porte des églises, et annonçait hautement qu'il fallait surtout assigner ceux qui voulaient du mal à Catherine.

Ainsi la marâtre et la Minotte, ces deux mégères acharnées, furent entendues avec une partialité qui révolte, la procédure rédigée avec une précipitation qui fait frémir, et par qui ? Bertrand Lagus, d'abord juge de l'affaire, ensuite partie publique, assignant les témoins, donnant des

L'ARCHIPRÊTRE.

conclusions, assistant à tous les récolements, se mêlant aux débats entre l'accusée et ceux qui venaient exprès pour la charger, enfin cumulant tous les offices et insinuant toutes les méchancetés ; et cela si rapidement, que les signatures furent oubliées sur plusieurs pièces importantes. Tels furent les éléments irréguliers, mensongers, criminels, sur lesquels le juge de Rivière ne trembla pas d'asseoir la sentence définitive, laquelle, le 25 mai 1785, « condamne Catherine Estinès à avoir le poing coupé et » à être brûlée vivante, ses cendres jetées au vent. »

Un cri général d'indignation s'éleva contre cette effroyable sentence : déconcertés par l'espèce de soulèvement excité dans le pays, les officiers de Rivière n'osaient plus se montrer. Bientôt les moteurs tant publics que secrets de ce jugement sanguinaire s'effrayèrent de l'appel interjeté, et ne virent pour eux d'autre ressource que la fuite de leur victime. Déjà ils avaient essayé sur elle cette terreur dont ils étaient frappés ; ils lui avaient fait donner avec instance et les conseils et les moyens d'une évasion. Au moment où ils sentirent que leurs iniquités allaient tomber sous la justice de la cour, ils redoublèrent d'efforts. Les gardiens ne la surveillaient plus, lui adressaient des signes d'intelligence, et le principal auteur de sa captivité, M° Lagus, alla jusqu'à reprocher avec humeur à un des huissiers de ne l'avoir pas encore fait évader.

Catherine Estinès, seule et dans les fers, était déjà plus forte avec son innocence et sa fermeté que ses persécuteurs avec les calculs de leur iniquité et l'appareil de leur pouvoir. Que de fois, lorsque ses amis la pres-

CAUSES CÉLÈBRES.

saient de se dérober à un supplice inévitable, n'a-t-on
pas entendu ces réponses qui témoignaient d'une noble
sécurité et d'une rare élévation de l'âme : « Pourquoi
» me traiterais-je comme coupable quand ma conscience
» ne me reproche rien ? Au-dessus des juges qui m'ont
» condamnée, n'en reste-t-il pas pour les condamner à leur
» tour ? Moi ! avoir empoisonné mon père ! fuir accablée
» de ce soupçon ! j'en mourrais de honte. J'aime mieux
» périr injustement entre leurs mains. Moi parricide ! Ah
» si j'avais été capable de donner du poison à quelqu'un,
» mon choix n'était pas douteux ; mon père m'aimait, et
» ma marâtre me persécutait sans cesse. » Voilà les raisons simples et concluantes qu'elle opposait à des instances
réitérées.

Plus elle se montrait inébranlable, plus ses ennemis
devenaient tremblants. Le sentiment du danger commençait à porter le désordre dans leurs idées : de la froide
combinaison du crime, ils en vinrent à une recherche
exaltée de tous les moyens possibles. Le délire les égara
au point de songer à un extrait infidèle de la procédure.
La famille Lagus se chargea seule de tromper la religion des juges souverains. Le père et deux de ses fils se
changèrent en greffiers ; et à leur fantaisie, sans la parti-
cipation du greffier en titre, qui se contenta de le colla-
tionner, fabriquèrent un faux.

L'infernale manœuvre consommée, la prisonnière fut
conduite à Toulouse, et toujours avec la facilité de s'é-
chapper si elle en avait eu l'intention. Le courage dont
elle avait déjà donné tant de preuves dans les prisons de

L'ARCHIPRÊTRE.

Saint-Gaudens ne l'abandonna pas dans celles de la cour. Le rapport de la maréchaussée jeta de l'intérêt sur son sort ; le commissaire des prisons voulut s'assurer par lui-même de la vérité des récits faits sur cette fille extraordinaire. Son air modeste et tranquille, la sérénité de son visage, le ton de franchise de ses réponses, tout en elle le frappa de surprise et lui inspira une douce commisération, tant l'innocence a un langage que le crime contrefait bien quelques jours, mais qu'il ne peut soutenir longtemps.

Bientôt la magistrature entière reconnut que l'affaire méritait le plus sérieux examen. Il se répandait à Toulouse un bruit sourd sur la machination des Lagus, sur les altérations dans l'original de la procédure. Catherine, par une requête, demanda la descente d'un commissaire ; elle souffrait des objections ; un jeune conseiller, M. de Rigaud, offrit de la faire à ses frais. D'autres magistrats avec lui rivalisèrent de justice, d'humanité, de bienfaisance.

Un réquisitoire de M. l'avocat général de Resseguier autorisa la descente du généreux commissaire, M. de Rigaud. La comparaison de l'extrait et de l'original de la procédure lui découvrit des horreurs : presque à chaque ligne, des différences, des altérations, des additions, des faussetés ; preuve terrible du danger que couraient la vie et l'honneur des sujets du roi par la confiance accordée aux juges inférieurs. Aussi, bientôt, arrêt de la cour qui ordonne que les deux Lagus seraient pris et saisis au corps. Ils se hâtent de fuir, et la marâtre les suit de

CAUSES CÉLÈBRES.

près, avant que la procédure ne démasque son infamie.

Cependant Catherine, non satisfaite de voir sa justification s'avancer à chaque pas de l'instruction, poursuivait à son tour ses ardents persécuteurs, et par un éloquent organe, s'écriait : « Quelle réparation pourra jamais être » proportionnée à tant de pertes, de maux, de périls, de » vexations, d'humiliations de tout genre auxquelles j'ai » été en butte? Je ne parle point du pillage de ma mai» son, de la vente frauduleuse des effets de mon père, de » la soustraction de l'argent et des billets; ce sont là mes » moindres titres à un dédommagement. Mais qui osera » mettre un prix aux tortures de mon cœur, aux angoisses » douloureuses de mon âme depuis le moment où, donnée » en spectacle à mon pays comme un monstre, je fus » traînée de prison en prison avec le cortége d'ignominie » réservé aux plus grands criminels ? Si je n'ai pas trem» blé pour ma vie, je n'ai pas moins senti l'horreur de » ma situation. L'atteinte portée à ma santé, en abré» geant mes jours, ne m'en promet que de tristes ; est» elle appréciable par de l'argent?

» Serai-je blâmée de quelques vœux pour la punition » de la cabale de Cazaux? Ma marâtre et ses complices » Lagus se sont fait justice en s'expatriant ; mais l'ar» chiprêtre, l'infâme jouira-t-il tranquillement dans ses » foyers du plaisir si doux pour lui d'avoir causé tant de » maux sans se compromettre? en sera-t-il quitte pour l'op» probre d'une dénonciation? Serai-je condamnée à vivre » encore sous la garde d'un pareil pasteur, à voir perpé» tuellement devant mes yeux l'odieux artisan de mon

» infortune? Il m'a dénoncée comme une fille parricide,
» je le dénonce comme un monstre de barbarie et d'im-
» pudicité. Ah! si l'on commençait seulement une en-
» quête sur les désordres de sa vie, il fuirait lâchement
» et irait rejoindre ma marâtre et ses amis Lagus. »

Cette protestation de l'innocence ne fut pas entendue
comme elle devait l'être : l'instruction n'avait enveloppé
que les Lagus et le greffier. Arrêt du parlement de
Toulouse, du 20 mars 1787, lequel condamne Lagus
père et fils aîné, contumaces, « à servir sur les galères en
» qualité de forçats pendant dix années, iceux préalable-
» ment flétris par l'exécuteur de la haute justice, avec
» un fer ardent, des trois lettres G. A. L., sur l'épaule
» droite, etc., et le greffier Pourthé au bannissement. »
Mais l'archiprêtre, paisible dans sa cure, n'y subissait pas
même les premières atteintes du remords, et étalait au-
dacieusement dans les promenades et dans la chaire toute
la liberté d'un front innocent, faisant douter à ses pa-
roissiens indignés de la justice de Dieu, comme il semblait
avoir intimidé et fait reculer celle des hommes.

Bientôt de terribles et diverses destinées se chargèrent
pour chacun des grands coupables d'absoudre celui qu'on
est si prompt à accuser de toutes les impunités. Catherine Estinès, proclamée innocente, quitta les prisons de
Toulouse, emportant l'estime et l'admiration des magistrats. Ses parents, quelques amis, un assez grand nombre de notables du village, l'attendaient à Monrejean. Son
retour à Cazaux fut un triomphe. Des murmures d'abord,
puis des clameurs, commencèrent à s'élever contre l'archi-

CAUSES CÉLÈBRES.

prêtre. Il n'osait plus franchir le seuil de sa maison ; sous prétexte de maladie, il ne se rendait plus à l'église. Un jour il s'élança tout à coup par une des fenêtres du rez-de-chaussée, traversa son jardin, franchit le mur de clôture et prit sa course à travers la campagne. Sa servante donna l'éveil ; quelques habitants le suivirent et l'aperçurent qui pénétrait dans une grotte de la montagne.

Ils appelèrent le fugitif à grands cris ; il ne répondit pas. On se procura des torches, et après avoir fait une vingtaine de pas on découvrit Loustal adossé à un rocher, les yeux hagards, les vêtements déchirés et presque à demi nu. Il était armé d'un couteau, et menaçait d'en percer le premier qui l'approcherait ; personne n'était assez téméraire pour braver les menaces de ce furieux. Pendant qu'on délibérait sur le moyen de s'en saisir, cette exaltation frénétique se calma tout à coup, son bras immobile retomba à ses côtés et laissa échapper le couteau ; on l'entoura, on s'empara de lui ; il pleurait comme un enfant ; sa raison était égarée. Durant le trajet, sa bouche agitée de mouvements convulsifs murmurait quelques paroles inarticulées, mais qui semblaient une sorte de prière. On entendit enfin assez distinctement *Sancta Catharina*, qu'il ne cessa depuis de répéter avec une ferveur ardente et des signes d'effroi. Ainsi, dans ce cerveau en délire, le sacré se confondait avec le profane, et à l'abattement de sa personne, comme à l'idée fixe de sa supplication, on put croire que sa peine avait commencé par l'implacable cri de sa conscience et par le remords passé à l'état de monomanie. Sa vie se prolongea ainsi

L'ARCHIPRÊTRE.

pendant plusieurs années, sans aucun intervalle lucide, et sans qu'il interrompît sa triste litanie. Vers la fin de son agonie, sa maigreur eût inspiré de la pitié à Catherine elle-même ; et en mourant, ce nom, devenu son supplice, fut le dernier mot que sa bouche murmurait.

Les Lagus père et fils avaient dirigé leur fuite à travers la vallée d'Aure. Arrivés à ce sentier étroit qui conduit en Espagne et borde le précipice au pied duquel coule le Rieumajou, le père sentit ses forces l'abandonner et il s'assit. La nuit s'approchait, et s'ils ne se hâtaient pas, ils ne pouvaient atteindre de jour l'hôpital au haut de la montagne. Le père dit alors à son fils : « Je n'ai plus la force de te » suivre, je vais mourir ; un feu brûlant me dévore les en-» trailles et la poitrine. Par pitié, mon fils, mets fin à » mes tourments ; achève-moi, aide-moi à me traîner » jusqu'au bord du précipice, que je m'y jette ; au moins » je ne serai pas reconnu ; fais-moi rouler et fuis. » Le fils entendit ces mots avec horreur, ses cheveux se dres-sèrent sur sa tête. Dans cet instant suprême il demeura quelques instants immobile ; son père l'était déjà devenu pour toujours.

L'instinct de la conservation rendit bientôt Lagus fils à lui-même. Il se baissa sur ce corps inanimé, s'assura qu'il n'avait plus un souffle de vie, et l'ayant traîné jusqu'au bord de l'étroit sentier, lui donna une légère impulsion, le cadavre roula dans l'abîme, et lui s'éloigna à grands pas. Il arriva bien avant dans la nuit à la frontière ; de là, après quelque repos, il poursuivit sa route jusqu'à l'Aïnza, une des petites villes d'Espagne la plus rapprochée. La

marâtre, qui avait songé la première à éviter les poursuites de la justice, l'y attendait. Il l'engagea à entrer plus
avant dans le royaume; mais elle refusa et le laissa partir
seul; déjà la misère, le déréglement, l'avaient jetée dans
les bras d'un contrebandier de laine nommé Zubrano.

La veuve d'Estinès mena pendant deux années encore
la vie rude et aventureuse de celui auquel elle avait lié son
sort; il devait être des plus tragiques. Par intervalles
quelques habitants de Cazaux traversaient la frontière
pour leur petit négoce, et se livraient même à la contrebande. Elle se fit connaître à eux, et ne semblait pas avoir
perdu tout espoir de retour dans la patrie ; mais, projet
décevant! on apprit un jour sa mort, et la renommée en
rapporta certaines circonstances terribles.

Jeune encore et assez jolie, elle avait attiré les regards
d'un commerçant de l'Aïnza. Ils s'étaient donné rendez-
vous le jour précisément d'une expédition du contrebandier, qu'elle avait coutume d'accompagner. Elle feignit
quelque maladie, se mit au lit, et affectant le frissonne-
ment de la fièvre, demanda à rester cette fois. Zubrano,
le contrebandier, partit seul; mais à l'entrée de la nuit le
soupçon, la jalousie vinrent l'agiter. Cette indisposition était
survenue tout à coup, il avait négligé de s'assurer si c'é-
tait bien la fièvre qui la tourmentait. Il revient sur ses
pas, frappe à sa porte, personne ne répond; une voisine
parut à la fenêtre et dit qu'elle avait entendu ouvrir et
fermer la porte de sa maison. Zubrano en fureur voit
déjà un étranger dans son lit. Il enfonce la porte et se
précipite. Obscurité complète et silence; il va droit à la

Bourdet Del.   Geraud Sculp.

LARCHIPRÈTRE.

L'ARCHIPRÊTRE.

couche et la trouve vide. Où chercher sa maîtresse? Il sort, rappelle sa voisine, il lui fait promettre de se taire, et repart.

Une semaine entière s'était écoulée. Zubrano, revenu en plein jour, avait montré à sa femme le même plaisir de la revoir, la même confiance. Il devait bientôt transporter de la laine, et d'avance l'engagea à faire ses préparatifs. Après une journée de marche, lorsqu'ils étaient parvenus à cette forêt vierge et séculaire qui de ce côté couronne la limite entre la France et l'Espagne, il descendit et alluma du feu, détacha le petit ballot fixé à la croupe du mulet qu'elle montait, en l'invitant à ne pas descendre encore. Alors il paraîtrait lui avoir donné un coup de poignard dans le côté, l'avoir liée sur le mulet avec des cordes, et après avoir suspendu deux ou trois tisons ardents autour du bât de l'animal, l'avoir lancé à travers la forêt. Quelques jours plus tard, la femme et le mulet furent retrouvés à vingt pas du chemin par des voyageurs de Cazaux : l'un et l'autre étaient déchirés et à demi consumés. Les voyageurs s'éloignèrent, et plus tard donnèrent dans le pays de la célébrité à ce supplice nouveau d'une marâtre dénaturée.

Ainsi fut vengée Catherine Estinès ; la folie, l'épuisement et le poignard anéantirent cette trinité coupable conjurée contre son innocence. Lagus fils ne survécut, sans doute, à ses complices que pour subir par le remords une peine plus longue et plus cruelle que la leur.

———

LE SORCIER.

Le curé de la paroisse des Accoules, à Marseille, reçut au mois de février de l'année 1600, un petit cahier in-seize de six feuillets écrits, au bas de chacun desquels se trouvaient deux vers français. L'ouvrage contenait quarante caractères ou chiffres, renfermant les mystères de la magie. C'était le legs qu'en mourant venait de lui faire un vieil oncle, avec la recommandation expresse de le méditer comme très-curieux. Le curé, au premier moment, le considéra avec beaucoup d'attention, puis le plaça dans sa bibliothèque, et durant cinq années ne daigna plus le regarder. Un jour, recherchant parmi ses livres les épîtres de Cicéron, pour les donner à un écolier, son favori, le cahier lui tomba sous la main, et il le lut.

A cette lecture, surtout à celle des vers français, le diable, (le curé l'a depuis ainsi déclaré,) le diable se présenta à lui, et lui dit : « Je suis Lucifer ! » Il avait un habit commun, sans épée, mais l'air distingué d'un homme de condition, où, mieux encore, d'un financier ; ses che-

LE SORCIER.

veux et sa barbe étaient châtains, son visage fort blanc. La frayeur s'empara de ses sens; mais comme il reconnut avoir affaire à un bon diable, ses esprits lui revinrent peu à peu. « Que veux-tu de moi? demanda Lucifer; je » remplirai tes désirs. A ton tour, que me donneras-tu? » — Que veux-tu que je te donne? répondit le curé. — » Tu me rapporteras toutes tes bonnes œuvres, répliqua » Lucifer. » A la réserve des sacrements, le curé destina sur-le-champ au malin esprit toutes ses bonnes œuvres, et en signa la promesse de son sang, voulant bien prendre ses précautions pour son premier traité avec le diable.

Au même instant, il lui vint à la pensée de satisfaire deux passions par l'organe de son nouveau protecteur : la première, d'être en grande réputation de sagesse, et particulièrement parmi les personnes honnêtes; la seconde, de jouir, au gré de ses désirs, des femmes et des filles qui les exciteraient. Le diable, auquel il fit part de ce double vœu, lui jura, en diable d'honneur, de les accomplir, et lui en fit même son billet, dans lequel il expliqua que par la vertu de son souffle il inspirerait de l'amour aux femmes qui lui plairaient.

Ce curé était fils d'un certain Memet Gaufridy, berger du village de Beauveser, auprès des montagnes de Grasse, en Provence. Il y passa son enfance. Étant tombé, à l'âge de sept ans, d'un endroit fort élevé sans se faire aucun mal, on dit que le diable l'avait soutenu et porté à terre. A l'âge de dix ans, il quitta son père, et alla demeurer deux années chez le curé de Pourières, son oncle, qui, le destinant à l'état ecclésiastique, lui donna quelque teinture

CAUSES CÉLÈBRES.

de latinité. Ensuite il passa quatre ans à Arles pour continuer ses études, deux à Marseille pour faire sa rhétorique, et se fit ordonner prêtre sans avoir appris la théologie. Il était enjoué, aimait la bonne chère, et animait les repas des vives saillies d'une gaieté naturelle.

Muni du rare secret de soumettre au gré de son souffle la vertu la plus farouche, Dieu sait comme Gaufridy soufflait. Il n'était pas nécessaire d'ailleurs, s'il faut l'en croire, que ce fût de trop près. Avec une assez faible respiration, à certaine distance, la vertu chancelait; en la redoublant, elle succombait. Il avait accès facile dans la maison d'un gentilhomme, le sieur de Mandols de la Palue, qui avait trois filles d'une grande beauté, chacune distinguée par différents charmes, élevées dans la science du monde, qu'elles savaient allier à la dévotion. Madeleine, l'une d'entre elles, âgée à peine de douze ans, lui parut la plus digne de l'expérience du souffle.

Il lui souffla donc d'abord de le choisir pour son confesseur et directeur, et, à la faveur de ce titre, il eut de grandes privautés avec elle. Il lui donna un *Agnus-Dei* enchanté, assure-t-on, qu'elle portait toujours. La mélancolie fut le premier symptôme de la puissance extraordinaire de Gaufridy : on ne la reconnaissait plus; les médecins ignoraient absolument son mal. Le jour même du présent de l'*Agnus-Dei*, elle visita avec sa mère une bastille auprès de Marseille. Gaufridy vint l'y rejoindre, et dans une allée solitaire du jardin, lui persuada que les pères spirituels avaient le pouvoir de disposer de leurs filles spirituelles : il lui demanda si elle ne consentait

LE SORCIER.

pas à ce qu'il la vouât à qui bon lui semblerait; elle n'eut garde de refuser, et il la donna au démon. Elle était mineure, objectera-t-on, le consentement n'était pas valable; mais le diable n'y regarde pas de si près.

Elle continua quelque temps encore d'habiter la maison de son père et de se confesser au curé ; bientôt elle eut envie d'entrer au couvent des Ursulines, et fut mise en pension dans une maison de cet ordre, à Aix, comme pour y faire un noviciat. Elle y passa trois années avec une grande satisfaction d'esprit, excepté les mercredis et les vendredis, où elle était tourmentée d'une mélancolie noire, qui la rendait insupportable aux pensionnaires et à elle-même.

Durant le cours de ces trois années, Gaufridy la vit deux fois, et la dernière seulement lui adressa des paroles pleines de tendresse. Il voulut lui parler de l'ennui du couvent, elle se montra fort contente. Depuis, il lui fit plusieurs visites. « Vous seriez bien surprise, lui dit-il un jour, » si avant deux mois je vous faisais aller à Marseille. » Et il l'invita à commencer avec lui une correspondance. Peu de temps après, elle en reçut une lettre où il s'exprime en ces termes : « L'amour que je vous porte est si grand, je » vous prie de le croire, que je désire que mon cœur soit » entrelacé et anéanti dans le vôtre. » Après ces paroles, il y avait deux cœurs entrelacés, et deux flèches croisées avec ces mots : « Ma très-chère amie, voilà comme je désire » que votre cœur soit avec le mien, et le mien avec le » vôtre. »

La demoiselle de Mandols présenta cette lettre à la supérieure, qui n'y vit que des caractères où étaient des

CAUSES CÉLÈBRES.

chiffres brouillés et effacés : elle avait seule le pouvoir de
les lire. C'est dans ce temps-là qu'elle sentit croître son
amour pour Gaufridy. Une fièvre assez forte la contraignit
de changer d'air et de retourner chez son père. Pendant
un séjour de trois ou quatre mois, elle s'efforça de combattre un penchant dont la vivacité la tourmentait. Elle
prit sur elle de ne plus écouter Gaufridy ; elle alla jusqu'à
lui faire essuyer des mépris ; mais lui, disait : « Elle gué-
» rira quand je voudrai. » Alors il lui offrit une pêche dont
il mangea avec elle. C'était un charme, qui lui inspira
tant d'amour, que sa fierté s'adoucit, et qu'elle souffrit
certaines familiarités. Après la pêche, il offrit une noix,
charme encore plus fort, dont rien n'égalait la dureté. Elle
eut beau la jeter au feu, la noix était incombustible, et
disparut tout-à-coup. On remarquera cependant qu'il était
forcé de se mettre sans cesse en frais de nouveaux sorti-
léges, malgré la vertu de son souffle.

Gaufridy engagea de plus Madeleine à faire au diable
une cédule dont le style importe assez peu, mais dont les
stipulations étaient vraiment diaboliques. Elle les signa de
son propre sang, qu'il lui tira du quatrième doigt à l'aide
d'un poinçon fort délié. Depuis il lui fit faire sept ou huit
cédules toutes dans le même but. Après tant d'engagements authentiques, elle devait se livrer à lui sans réserve.
La mère semblait bien vouloir mettre quelque obstacle à
ses desseins ; il souffla sur elle, et d'un dragon de vertu en
fit un vrai mouton, à ce point qu'elle finit par conduire sa
fille dans sa chambre. Le sorcier profita de l'occasion.
Plus il soufflait sur elle, plus elle était éprise d'amour.

LE SORCIER.

Elle faisait toutes les avances. Elle était si excitée, si transportée de ce souffle, qu'elle ne pouvait plus supporter la violence de sa passion. Elle venait le chercher partout, jusqu'à l'église : elle l'eût enfermé dans la maison de son père.

Sous le nom d'un gentilhomme, sans preuves de noblesse cependant, Gaufridy lui donna un écuyer qui la suivait. C'était un diable familier à sa disposition. Il gênait parfois mademoiselle de Mandols ; mais elle ne pouvait plus s'en dédire, et il lui fit trouver bon de la transporter sur une montagne auprès de Marseille. Dès qu'elle se vit en l'air, elle eut grand' peur, a-t-elle rapporté ; la malice de son écuyer l'inquiétait et pouvait amener une chute périlleuse. Par bonheur, le trajet fut prompt. Il la déposa saine et sauve sur la montagne, où elle trouva rassemblés des gens de toutes les nations. C'était le sabbat. Elle y vit Gaufridy révéré de tous, comme prince des magiciens, lieutenant de Lucifer ; Belzébuth était assis à ses côtés ; les autres sorciers baisaient ses pieds. Le détail des abominations et des impiétés qui, selon elle, s'y commettaient, souillerait ce récit. Gaufridy la fit marquer à la tête, vis-à-vis du cœur, et à plusieurs autres parties de son corps. Ces signes de la possession du diable s'effaçaient bien, mais revenaient ensuite pour attester le serment prêté d'être son bon et fidèle serviteur.

Quelque pouvoir qu'exerçât ce souffle privilégié de séduction, Gaufridy ne semblait pas s'en prévaloir beaucoup. Son grand plaisir, il l'a avoué, n'était pas tant d'abuser les femmes que de les réduire à l'état qui prouvait son em-

CAUSES CÉLÈBRES.

pire. Quand la prude la plus sauvage était devenue co-
quette apprivoisée, le spectacle lui suffisait. A l'exception
de la Corbie, femme de François Perrin, aubergiste de
Marseille, et de deux ou trois autres qu'il a nommées, il
se souciait peu de régner en maître, et de pousser jusqu'à
l'extrême les conséquences de sa domination. Il cherchait
plus à satisfaire sa vanité que ses désirs, et dédaignant
même de répondre à ceux de la femme Perrin, dont l'a-
mour l a poursuivait nuit et jour et la tourmentait comme
un lutin. Elle voulait sans cesse aller à l'église, laissait son
mari avant l'aurore, de crainte de manquer matines. Gaufridy aurait dû modérer la dose de son souffle; sans doute
il n'en avait pas le pouvoir, et la pauvre possédée avait des
accès qui tenaient de la rage. Elle éprouvait des palpita-
tions diaboliques, ou plutôt sympathiques, qui la faisaient
s'écrier : « Gaufridy passe dans la rue! » Elle courait à
la fenêtre, et l'apercevait ou croyait l'apercevoir.

Gaufridy souffla bien aussi sur la nommée Bouchette, de
Marseille, et sur une femme Pintade, qui faisait auprès
de lui les fonctions de servante; mais sa maîtresse favorite
était Madeleine de Mandols. Il jouit avec elle, au gré de
ses désirs, de tous ses priviléges de magicien, pendant six
années, durée de son règne, en s'efforçant néanmoins de
sauver un peu les apparences. Mais, avec le temps, il eut
à bon droit le renom d'insigne magicien. Lucifer, qui lui
avait promis la réputation d'homme de bien, se lassa de
tenir parole; les extravagances de la demoiselle de Mandols et de la femme Perrin, subjuguées par les charmes de
ce diabolique conquérant, la défaite de quelques autres,

LE SORCIER.

éprises malgré elles de son mérite, lui firent la réputation d'enchanteur.

Le père Michaélis, jacobin, inquisiteur, exorcisa solennellement la demoiselle de Mandols, qu'il avait trouvée à la Sainte-Baume. Elle ne savait pas le latin, et répondit en français à toutes les questions latines; elle tremblait de tous ses membres; quand on lui mettait la main sur la tête, on sentait au-dedans les mouvements d'une infinité d'insectes. Au moment où elle allait renoncer au diable, celui-ci la prenait par le gosier. Elle nomma tous les ordres des anges et vingt-quatre malins esprits. Le dernier, le démon de l'impureté, qui la possédait encore, s'appelait Asmodée; il déclara hautement qu'il ne sortirait pas de son corps que Gaufridy ne fût ou converti, ou mort, ou arrêté en justice. La justice, en effet, à ces dernières paroles consignées sur le procès-verbal de l'inquisiteur, prêta son attention et sentit sa curiosité excitée. Le parlement de Provence voulut connaître à fond cette affaire. L'information commença.

Le 21 février 1611, on interrogea la demoiselle de Mandols, qui fit de la magie de Louis Gaufridy et de son ensorcellement une histoire telle, qu'elle dit au commissaire ce qu'elle savait et ce qu'elle ne savait pas. Elle joua le rôle d'une possédée, renversa ses bras et ses mains, raccourcit ses doigts en forme de croix, fit de son corps toutes sortes de contorsions, prit même des postures très-indécentes, pendant lesquelles elle répétait : « C'est main-» tenant qu'il est homme de bien, et qu'il mérite des au-» tels. » Elle avoua toutes ses libertés avec lui et toutes ses

CAUSES CÉLÈBRES.

prostitutions. Tout-à-coup elle tomba à la renverse, et retira ses jambes : pour les voir, il fallut lever sa robe. Elle jetait les hauts cris, entrecoupés parfois de ces paroles : « Qui aurait cru Madeleine contre Louis ? » C'était un flux et reflux perpétuel d'accusations et de réticences, de vérités et de folies : mais enfin elle persista à signaler Gaufridy comme l'auteur de ses fautes et de ses tourments.

Au second interrogatoire, elle dit en propres termes au commissaire M. Thoron : « Notre-Seigneur m'a fait » grandes grâces. Il m'a mise dans une situation d'esprit où » j'ai pu me confesser au père Michaélis : j'ai tout avoué » à M. Duvair, premier président, et à vous, monsieur, » qui m'avez interrogée. J'espère que la cour sera tou- » chée de ma jeunesse, qu'elle considérera que j'ai été sé- » duite et abusée par un magicien, et qu'elle me dérobera » à la peine de mes crimes. » On lui promit sa grâce, et elle se trouva consolée, remercia les juges présents, confessa avoir été marquée à la tête, aux reins et dans plusieurs endroits de son corps par Louis Gaufridy. A l'instant elle éprouva des tourments d'une extrême violence, ses mains étaient roides, ses doigts crochus et immobiles, elle criait : « Je brûle! je brûle! »

Gaufridy s'était constitué volontairement prisonnier. Il nia tout dans son premier interrogatoire, et se donna pour un homme de bien, mais la suite de l'information fournit bientôt la preuve complète de la corruption de son cœur, de ses déréglements, de la séduction de la demoiselle de Mandols et d'autres femmes qu'il confessait. On voulut entendre le père inquisiteur, mais il refusa de

LE SORCIER.

rien révéler sans la permission de mademoiselle de Mandols : elle la donna, toujours à condition que sa grâce lui
serait accordée. Deux médecins et deux chirurgiens asser-
mentés la visitèrent, mais beaucoup moins avec les lumières d'un art dégagé de préjugés, que sous l'influence
des idées superstitieuses de l'époque. Leur rapport, après
avoir constaté divers mouvements produits dans la tête par
une cause, selon eux, surnaturelle, continue en ces termes : « Procédant plus avant dans notre visite, elle nous a
» dit de regarder dessous son tétin gauche : auquel endroit
» avons aperçu une petite marque de la couleur de celle
» du pied droit; autour de laquelle on a appliqué en plu-
» sieurs endroits la pointe de l'aiguille, et partout l'a-
» vons tenue avec un exquis sentiment : mais à l'endroit
» et au lieu de la marque, ayant enfoncé l'aiguille environ
» un demi-pouce , la demoiselle ne fit plainte d'aucune
» piqûre ni douleur. » Et ils terminaient par déclarer
une maladie surpassant toutes les espèces de maladies qui
arrivent ordinairement au corps humain.

Enfin arriva le moment de la confrontation de mademoiselle de Mandols avec Gaufridy. On lui fit entendre
que si elle avait le courage de dire à Gaufridy ce qu'elle
avait déposé , elle résisterait aux tentations du démon.
Pour se fortifier, elle prit un potage. « Je ne veux point
» parler contre mon grand ami, dit-elle; d'abord c'est un
» homme de bien, tout ce qu'on débite sur son compte est
» imaginaire. » Et elle cherchait avec la tête son ami
qu'elle croyait sentir près d'elle, désirant le voir, le baiser et
lui dire une bonne parole à l'oreille. Elle entendit la messe

et fut tranquille. Après la messe, elle fit une rétractation complète. Sur l'observation qu'elle mentait, elle se mit à rire : on l'exorcisa, puis on fit paraître Gaufridy, qui n'était pas loin, et qu'on soupçonna être la cause de ses nouvelles agitations. Elle parut le voir avec quelque complaisance, mais retomba dans des mouvements si rapides, dans un tel état de lassitude et d'épuisement, que la procédure fut ajournée.

A la seconde séance, comme elle témoignait de l'horreur à se retrouver en présence de Gaufridy, on lui permit de s'asseoir dans la ruelle d'un lit dont les rideaux l'empêcheraient de le voir. L'accusé introduit, et auquel on demanda s'il voulait s'en tenir aux dépositions de la demoiselle de Mandols, refusa sous le prétexte que le malin esprit les lui avait dictées pour le perdre. On les lui répéta néanmoins, et il ne convint que des privautés et familiarités, exhortant la demoiselle à penser au salut de son âme et à la vérité, rejetant tout le reste sur le diable qui avait eu l'habileté de se faire passer pour Gaufridy. Alors elle reprit avec un accent de fermeté et de conviction : « Je » suis sûre de n'avoir pas eu d'illusion. La perte de mon » honneur a été la suite de toutes vos familiarités. N'est- » ce pas vous qui m'avez marquée en plusieurs endroits? » N'est-ce pas vous qui m'avez fait posséder du démon? » Ai-je fréquenté un autre homme que vous? » Il l'interrompit en disant : « Je ne vous charge point, pourquoi me » chargez-vous? — La force de la vérité me fait parler, » poursuivit-elle; j'ai confessé et publié mon crime; je se- » rais bien malheureuse si je vous accusais faussement. Je

LE SORCIER.

» prie Dieu de vous inspirer et le repentir et la confession
» du vôtre. »

Gaufridy, confronté aux témoins, céda enfin aux remords de sa conscience bourrelée, et fit des aveux mêlés de
descriptions du diable, du tintamarre du sabbat, de la
cloche dont le battant de bois rendait un son sourd et lugubre, de remontrances que le démon lui avait adressées
dans son cachot, et de force rêveries. A son tour il fut visité par les médecins et chirurgiens, qui lui firent subir
l'épreuve de la piqûre de l'aiguille, à laquelle il parut insensible. Au reste, à toutes les questions sur les femmes
qu'on l'accusait d'avoir séduites, il opposa une dénégation
nette et tranchante. Enfin il se rétracta entièrement, et
rejeta sa confession sur la crainte de la mort et sur l'espérance de la grâce, s'il paraissait sincère. Interrogé sur la
sellette, il s'obstina dans ses rétractations.

Le 30 avril 1611, arrêt du parlement de Provence, lequel « déclare Louis Gaufridy, originaire de Beauveser-
» lès-Colmar, prêtre bénéficier en l'église des Accoules
» de Marseille, atteint et convaincu des cas et crimes de
» rapt, séduction, impiété, magie, sorcellerie et autres
» abominations, pour réparation desquels le condamne à
» être livré entre les mains de l'exécuteur de la haute
» justice, mené et conduit par tous les lieux et carrefours
» de cette ville d'eux accoutumés, et au-devant de la grande
» porte de l'église métropolitaine de Saint-Sauveur, faire
» amende honorable, tête nue et pieds nus, la hart au col,
» tenant un flambeau ardent en ses mains, et là, à ge-
» noux, demander pardon à Dieu, au roi et à la justice;

» et, ce fait, être mené en la place des Prêcheurs de la
» ville, et y être ars et brûlé tout vif sur un bûcher qui,
» à ces fins, y sera dressé, jusqu'à ce que son corps et os-
» sements soient consumés et réduits en cendres, et icelles
» après jetées aux vents, et tous et chacun ses biens acquis
» et confisqués au roi ; et avant être exécuté, sera mis et
» appliqué à la question ordinaire et extraordinaire, après
» dégradation préalable par l'évêque de Marseille. »

Gaufridy fut appliqué à la question dite l'estrapade ; mais
les plus terribles dislocations ne purent lui arracher le
nom d'aucun complice. Il fut conduit au lieu où s'élevait
le bûcher, chargé de l'exécration publique ; deux capucins
l'assistaient et l'exhortaient à la mort ; son trouble extrême rendit bien équivoques quelques marques de repentir. Il avait prédit qu'à sa mort arriveraient de grands
malheurs : sa prédiction fut accomplie. Pendant le temps
de l'exécution, le sieur Desprades, gentilhomme fiancé à
la fille du président de Brasse, fut assassiné par derrière à
coups de poignard par le chevalier de Montorvus. Quoiqu'il
y eût trois mille personnes dans la place où le crime se
commit, le meurtrier ne put être arrêté. Un enfant tomba
du haut d'un arbre et se tua. Le même chevalier de Montorvus blessa une demoiselle d'un coup de poignard.

On ne manqua pas de dire et de croire que des acci-
dents sinistres devaient accompagner le supplice d'un tel
sorcier, la peste du genre humain. De nos jours, la police
correctionnelle en eût seule fait justice.

LA FAUSSE ADULTÈRE.

Pendant un entr'acte à la Comédie-Française, en 1766, un chevalier de Saint-Louis s'approche d'une dame assez jeune encore, aux traits jolis et réguliers, à la figure vive et spirituelle, et lui dit : « Si je ne me trompe, j'ai l'hon-» neur de parler à madame d'Orby. — En effet, je crois » reconnaître aussi, répondit la dame, monsieur de Bréval, » ami intime de mes beaux-frères, et que j'ai eu le plaisir » de voir souvent chez eux la première année de mon » mariage. — Quel heureux hasard vous a conduite à » Paris ? — Les affaires de M. d'Orby, pour le règle-» ment desquelles j'ai pleins pouvoirs. — Il ne pouvait » les confier à une personne plus active et plus intelli-» gente. »

Après les mille propos d'usage, le chevalier demanda et obtint la permission d'aller rendre ses devoirs à madame d'Orby chez elle ; il devint assidu, et sut gagner sa confiance par les apparences du respect et du dévouement, par des offres de service dont elle n'eut garde alors de soupçonner les motifs et la pureté. La société, pour les femmes surtout, est le premier besoin de celles que l'intérêt ou le plaisir amène du fond de la province dans la capitale. Madame d'Orby l'éprouvait, et le chevalier ne manquait pas de le rendre plus pressant.

« Combien l'ennui pèse sur les journées! qu'elles sont
» longues et vides, lui répétait-il sans cesse, pour la
» femme qui n'a pas de relations! J'en ai formé de si
» charmantes, et entre autres avec une femme de condi-
» tion, d'un certain âge, fort répandue, tenant un état
» considérable et recevant chez elle la meilleure compa-
» gnie! Occasion rare pour une étrangère qui, avec un
» nom, de la figure, et surtout de la jeunesse, a besoin,
» pour se produire décemment dans le monde, d'une
» caution respectable. Si vous le permettez, je vous en
» servirai. » Elle remercie, prend jour et se laisse conduire chez la comtesse d'Avrilly.

En entrant, madame d'Orby fut frappée d'abord de l'air de magnificence qui régnait dans les appartements. Le luxe des lits attira surtout ses regards ; il y en avait un de six pieds de large, en bois sculpté et doré, avec rideaux et courte-pointe de damas cramoisi ; au pied et à la tête étaient des glaces de six pieds carré chacune ; au ciel on en avait placé une autre de quatre pieds de long sur trois et demi de large ; et dans la ruelle une quatrième de six pieds de haut sur cinq de large. Cette somptuosité, unie d'ailleurs à beaucoup de décence, un domestique nombreux et richement vêtu, tout se réunissait pour confir-mer l'éloge de la maison fait par le chevalier. Il ne semblait

LA CONFESSION.

Bordet Del   Girard Sculp

LA FAUSSE ADULTÈRE.

pas exagéré, et la maîtresse ne le démentait pas. Parure, ton, conversation, rien qui ne fût de la personne la mieux née. Madame d'Avrilly combla la nouvelle venue de politesse, se félicita de cette liaison, en remercia le chevalier et la pressa vivement de revenir. Madame d'Orby, charmée, se retira en le promettant.

Par malheur, elle partait quelques jours après pour sa terre d'Eppeville, près de Ham. Elle fit bien un second voyage à Paris en 1767; mais d'autres affaires ou d'autres sociétés avaient déjà effacé la comtesse de son souvenir. Revenue en 1768, elle y pensait aussi peu, lorsqu'au bal de l'Opéra un masque lui glissa dans la main un billet et se perdit dans la foule. Elle se hâta de courir à l'écart et de le lire; il était ainsi conçu :

« Beau masque, je ne t'ai vu qu'une fois, et depuis j'ai
» toujours eu le désir le plus vif de te revoir ; tu laisses
» des impressions bien profondes. Je bénis le hasard qui
» t'offre à moi et le domino qui te permet d'entendre
» sans rougir ce qu'autrefois je n'ai pas osé te dire. Ton
» esprit égale ta beauté, et ta grâce tous les deux ; il fal-
» lait ou ne jamais te montrer à une certaine société, ou
» du moins y reparaître quelquefois. Tu as toute cette
» soirée pour deviner mon nom, et demain toute la jour-
» née pour réparer ta faute. »

Ce billet des plus galants troubla le repos de madame d'Orby durant tout le bal. Dans quelle société avait-elle paru une fois seulement? et puis sur qui avait-elle produit une émotion si durable? Sa mémoire, au lieu de remonter à plusieurs années, cherchait parmi ses visites ré-

CAUSES CÉLÈBRES.

centes celle à laquelle il faudrait précisément s'arrêter.
Une fois, il y avait peu de jours, dans une réunion nombreuse, un jeune homme de tournure élégante et à l'air
mélancolique s'était assis auprès d'elle, s'était levé tout à
coup, était revenu s'asseoir encore et sans lui adresser
une parole ; timide, embarrassé, il s'était permis quelques regards à la dérobée. Nul doute, c'était celui-là ; il
avait chargé de ce message quelque dame de ses amies,
et lui probablement se tenait à l'écart, observant les effets de la lettre. Elle résolut de les lui dérober et s'agita
toute la soirée.

La foule commençait à diminuer, personne ne s'approchait, et déjà madame d'Orby accusait cette réserve qui
lui avait paru excessive la première fois. Elle croyait
même à une de ces mystifications si communes au bal
masqué, si douces tant que l'erreur dure, et quand elle a
cessé si piquante pour l'amour-propre. Elle jetait çà et là
ses regards inquiets, s'élançait avec impatience et reprenait la même place, objet de la curiosité des autres sans
pouvoir satisfaire la sienne. Enfin le dépit l'emporta et la
décida à partir.

Comme elle franchissait le seuil de la porte, un masque
l'arrêta ; c'était une femme. « Eh bien ! renoncer déjà !
» tu as encore un quart d'heure. Rentre, interroge tes
» souvenirs, remonte à plusieurs années. Dans quelques
» minutes je reviens terminer ton embarras, si tu ne peux
» toi-même en sortir. » La pensée de madame d'Orby,
rejetée tout à coup si loin du beau jeune homme, se perd
en mille conjectures et se fatigue à ressaisir les traces du

LA FAUSSE ADULTÈRE.

passé. Le quart d'heure écoulé, le masque parut et termina d'un mot toutes les incertitudes. « Comment ma-
» dame d'Orby a-t-elle oublié la comtesse d'Avrilly ? »
A ce nom elle se confondit en excuses, prétexta des voyages, des affaires. La comtesse insista en disant : « Je
» tiens ce long oubli, cette négligence pour une injure ;
» j'ai droit à une réparation, je l'exige ; la plus prompte
» sera la meilleure. Demain donc à souper. Vous êtes
» trop aimable pour faire mentir le billet. » On se serra
la main en signe de réconciliation, et le souper fut accepté.

De retour chez elle et en réfléchissant sur l'aventure,
madame d'Orby ne manqua pas de soupçonner madame
d'Avrilly d'une certaine complaisance. « Oh ! non, on ne
» pouvait s'y méprendre. Ce n'était pas pour elle qu'elle
» avait parlé. L'écriture, le style, rien n'était d'une
» femme. Vieille ruse de société. Le trop silencieux in-
» connu était le protégé de la comtesse. Il avait aussi
» son invitation pour le souper. » Après l'avoir, en idée,
compté parmi les convives, elle lui donnait une place
tantôt vis-à-vis, tantôt à ses côtés. Il semblait cette fois
moins circonspect, moins avare de paroles. Elle songeait
déjà à ses propres réponses, étudiait sa contenance. La
journée se passa ainsi en pourparlers, en scènes imaginaires, et quand l'heure de la toilette arriva, jamais le
désir de plaire ne l'avait rendue plus grondeuse et plus
difficile.

Enfin madame d'Orby se rendit chez la comtesse. Son
cœur battait vivement, son émotion redoublait à chaque
pas qui la rapprochait du salon. On l'annonce ; du pre-

CAUSES CÉLÈBRES.

mier regard jeté sur la réunion toute composée d'hommes, elle remarque l'absence de celui qu'elle y voudrait ; une sorte de rêverie soucieuse s'empare d'elle à l'instant; elle en sort à peine pour adresser quelques mots à sa nouvelle amie et s'incliner silencieusement aux propos flatteurs de quelques-uns de ces messieurs, dont la mise élégante et les manières distinguées annonçaient des seigneurs de haut parage. Les spirituelles saillies de quelques-uns, la folle gaieté des autres, rien ne put la distraire. Pour elle seule le souper fut long, sérieux, interminable. Il était à peine minuit, qu'elle demanda la permission de se retirer. « Au revoir, dit la comtesse ; ce n'est là qu'une demi-ré-
» paration ; plus tard elle sera complète, je l'espère, j'y
» compte. Soignons ce pauvre cœur; aujourd'hui il nous
» a privés de tout votre esprit. »

Pendant deux mois environ, madame d'Orby n'entendit plus parler de la comtesse; mais le 15 avril, un laquais se présenta avec le billet suivant :

« J'ai voulu vous distraire il y a deux mois, et je n'ai
» pas réussi. Peut-être aujourd'hui serai-je plus heureuse ?
» J'ai à vous communiquer une chose importante ; quand
» vous la connaîtrez, la tristesse, j'ose le croire, n'est
» pas le sentiment que vous emporterez de notre entre-
» vue. Je vous prie ; non, je veux être plus vraie, je vous
» conseille de passer chez moi entre six et sept heures ;
» nous serons seules aussi longtemps du moins que vous
» consentirez à l'être.

» La toute vôtre,
» JENNY D'AVRILLY. »

LA FAUSSE ADULTÈRE.

Le billet était de la même main que celui de l'Opéra. Comme tout ce qui est vague et mystérieux, il excita l'imagination de madame d'Orby, ranima le souvenir presque éteint du beau jeune homme, et une curiosité d'autant plus ardente, que souvent elle avait été trompée.

A six heures précises elle se trouva au rendez-vous. L'air grave et solennel de la comtesse la surprit d'abord, et à peine assise, elle entendit ces paroles prononcées d'une voix retentissante, dont les accents presque mâles étaient nouveaux à ses oreilles : « Décidément, madame, » vous êtes trop exigeante ; trente louis, c'est beaucoup. » — Que voulez-vous dire? comtesse, s'écrie madame » d'Orby; à ce langage, à ce ton, je ne vous reconnais » plus, je ne vous comprends pas. — Ah! vous faites » l'innocente; ce que je vous déclare est pourtant assez » clair. Une nuit de provinciale trente louis, ce n'est pas » le taux, prétend le marquis; il offre huit louis pour » deux heures et quinze pour la nuit entière. Décidez- » vous. — Grands dieux! où suis-je ? qui êtes-vous ? » quelle horreur! » Et madame d'Orby indignée se lève pour fuir.

A l'instant de la pièce voisine se précipitent deux hommes à figure sinistre, l'un, Marais, inspecteur de police en épée; l'autre en robe, Mutel, commissaire. A leur entrée, la voix de la comtesse retentit avec plus d'éclat : « Mauvaise Picarde! depuis quinze jours elle se fait » marchander ; elle me coûte plus de courses et de pa- » roles qu'une beauté ou qu'une vertu ; chaque fois elle » renchérit de cinq louis d'or. » Sans en entendre da-

CAUSES CÉLÈBRES.

vantage, les deux agents la saisissent et l'arrêtent par ordre du roi.

Madame d'Orby évanouie tombe mourante à leurs pieds ; ils vident ses poches, arrachent ses girandoles, mettent ses oreilles en sang, la dépouillent de tous ses bijoux. Le commissaire verbalisait sous la dictée de la comtesse et de l'inspecteur ; la première continuant à vomir un torrent d'injures, composant une suite de fables aussi atroces que grossières, dignes de la dernière des prostituées ; le second, proférant d'effroyables menaces, comme si la pauvre femme eût pu les entendre ; mais dès qu'il l'aperçut revenir à la vie par le sentiment même de la douleur, il prit une voix douce et engageante pour lui dire : « Allons, madame, que sert de nier ? le fait est » évident. Vous n'êtes pas la première surprise ainsi. » Celles qui ont avoué d'abord n'ont jamais été punies ; » imitez-les, et cette scène n'aura pas de suites fâcheu- » ses. » Il lui présenta à signer un procès-verbal par de- mandes et par réponses.

La raison revenait peu à peu à madame d'Orby ; elle entrevoyait l'abîme affreux creusé sous ses pas. Pour en sonder toute la profondeur, elle eut le courage de prendre lecture du procès-verbal. Chaque mot des horreurs qu'il contenait, des aveux qu'on avait l'audace de lui prêter, la transportait d'indignation ; et, relevée de son abattement, à son tour elle accusa avec force : « Détestable guet— » apens dont vous êtes ou les auteurs ou les complices ! » Vous, fausse comtesse, vous êtes payée pour mentir et » pour me perdre ; je devine votre métier. Vous, messieurs

LA FAUSSE ADULTÈRE.

» de la police, si vous faisiez le vôtre, c'est contre elle
» que vous verbaliseriez, elle que vous arrêteriez. Mon
» sort est entre vos mains ; tuez-moi si vous voulez, vous
» n'aurez pas ma signature et de moi un brevet d'impu-
» nité. Conduisez-moi chez le magistrat, la justice l'exige.
» — La justice, reprit Marais avec dignité, la justice n'a
» rien à faire là où il s'agit des ordres du roi ; je les exé-
» cute, obéissez. »

L'exécution terminée chez la prétendue comtesse, on
se transporta dans l'appartement occupé par la dame
d'Orby, rue du Parc-Royal. Ses cartons, ses commodes
et ses armoires furent fouillés, ses poches visitées une seconde fois, les scellés mis sur tous ses effets. Nulle part
trace du crime qu'on cherchait à établir.

Ces deux scènes cruelles avaient duré neuf heures ; on
les termina en traînant, vers trois heures du matin, madame d'Orby dans une maison destinée alors à purger les
familles et la société de leurs plus vils rebuts, à servir
d'asile à la débauche contre la honte, aux forfaits même
contre le supplice, à Sainte-Pélagie, une mère de famille,
à l'insu de son mari et de ses parents ! Là, dépouillée de
ses habits, revêtue de la robe des infâmes, elle est jetée
dans une espèce de cachot, où elle passe sur un grabat le
reste de la nuit. Quel changement en quelques heures !
l'honneur compromis, la liberté perdue, l'existence flétrie à jamais ! Pour quel crime ? sa conscience ne lui re-
prochait rien. Elle avait eu une pensée, des illusions, de
la curiosité, rien de plus ; et tout cela encore renfermé
dans son sein, sans confidence, sans un mot indiscret qui

CAUSES CÉLÈBRES.

pût la trahir. « Puisque je suis irréprochable, se disait-
» elle à elle-même, c'est donc une vengeance. Mon mari
» seul aurait le droit de la poursuivre, de l'obtenir aussi
» cruelle ; mais la paix de notre union n'a pas été trou-
» blée. »

Son esprit s'épuisait en conjectures et son âme se bri-
sait de douleur. « Coupable, s'écriait-elle avec amertume,
» je ne suis pas assez punie ; innocente, je le suis mille
» fois trop. » La nuit, la plus longue des nuits qu'elle
eût jamais passée, s'éternisa pour elle au milieu de ces
réflexions déchirantes. Le jour lui montra avec toute l'horreur de sa prison les compagnes qui la partageaient. Bientôt confondue avec elles, on la força de prendre la même
nourriture, de vaquer aux mêmes travaux.

Les regards tristement baissés vers la terre, mêlée aux
coupables malgré ses efforts pour s'en séparer, madame
d'Orby n'avait pas ce courage qui fait relever la tête avec
toute la liberté d'un front innocent ; elle retombait sans
cesse comme affaissée sous le poids de l'ignominie. Ses
yeux toujours baignés de larmes, sa poitrine oppressée
de sanglots, sa démarche humble, incertaine, attiraient
l'attention de toutes les autres : « Qu'avez-vous donc fait,
» lui demanda l'une des plus hardies d'entre elles, pour
» nous fuir ainsi toujours ? Le grand mal de s'être amu-
» sée ! Ne vous affligez pas tant. Nous rions, nous autres,
» nous chantons, nous travaillons ; faites comme nous. »
Elle lui cherchait de ces consolations banales que le crime
donne au crime, et dont le dernier mot est toujours : Le
chagrin ne guérit rien.

LA FAUSSE ADULTÈRE.

Plus madame d'Orby gardait le silence, plus elle détournait la tête et s'éloignait, plus ses compagnes affectaient de la suivre. Tant qu'elles avaient pu la croire leur égale par quelque grande faute, elles lui avaient montré de l'intérêt. La présomption d'innocence la rendait suspecte ; elles la tournaient en ridicule, l'appelaient par dérision *la vertueuse*, et parmi celles qui avaient cessé de l'être, nulle épithète plus sanglante ne pouvait lui être appliquée. Cette société forcée n'était donc pas le moindre supplice de cette femme malheureuse.

Que faisait cependant M. d'Orby tandis qu'on le livrait ainsi à la honte dans un autre lui-même ? Tranquille près de Ham, il attendait le retour prochain de celle qu'il avait chargée de ses affaires. Quelques jours même auparavant, il lui avait écrit avec cet abandon, cette intimité qui règnent seulement entre époux bien unis, et sa lettre se terminait par ces expressions amicales : « Je vous em— » brasse de tout mon cœur et votre fils. » Il y avait donc complot formé... par qui et comment?...

M. Théry d'Orby, fils d'un des premiers magistrats de la ville de Douai, neveu du grand bailli, avait épousé la demoiselle Michelet, dont le père était commissaire d'artillerie, et la mère, la dame de Bussy, alliée à beaucoup de familles distinguées dans sa province. Pour parvenir à cette alliance, la mère et l'oncle du mari avaient consenti à de grands sacrifices au préjudice d'autres enfants qui ne pardonnèrent jamais à leur belle-sœur la médiocrité à laquelle son mariage les condamnait. Ils en conçurent d'abord un mortel dépit, et plus tard de la haine.

CAUSES CÉLÈBRES.

Trop habiles pour la manifester, ils se bornèrent à des suggestions secrètes, à des tracasseries domestiques dont la pusillanimité de M. d'Orby se formait autant de nuages, que dissipait, mais avec peine, une femme jeune, aimable et jolie. Lui, sans caractère, prêt à fléchir sous la main du premier venu, incapable d'agir et de penser par lui-même, bon d'ailleurs et honnête, il recevait l'impulsion de quiconque l'approchait, et la conservait jusqu'à ce qu'une force supérieure lui en communiquât une autre. Depuis quelques années l'empire appartenait à ses frères et à ses sœurs, sans que madame d'Orby eût fait le moindre effort pour le leur disputer.

Les deux époux avaient habité Douai pendant les premières années de leur mariage. Ce séjour, où elle rencontrait à chaque pas les ennemis de son repos, lui devenait insupportable et de plus en plus dangereux. Elle engagea son mari à acheter la terre d'Eppeville, qu'il paya des deniers de sa femme. Une fois établie là, elle se flatta de soustraire peu à peu M. d'Orby à la domination de sa famille, et sans une lutte à laquelle elle répugnait, de reconquérir quelque ascendant. C'était une illusion. De plusieurs enfants, fruits de leur union, trois moururent dans un assez court espace de temps. Le quatrième, d'une complexion faible, languissait et ne semblait pas devoir survivre aux autres. Le champ était presque libre pour les collatéraux ; ils n'y rencontraient d'obstacle sérieux que la belle-sœur avec les clauses de son contrat de mariage : tous leurs efforts se réunirent contre elle.

Instruite des voyages de madame d'Orby, la famille

LA FAUSSE ADULTÈRE.

soumit toutes ses démarches dans Paris à un espionnage rigoureux. Il n'aboutissait à rien : une conduite exempte de reproches défiait les investigations. Enfin leur intime, leur complice, le chevalier de Bréval, inventa le piége où elle devait tomber ; la rencontre à la Comédie Française, les visites, la comtesse, la présentation. Mais assez bien commencé, le projet manqua par le retour imprévu à Eppeville. On le renoua au bal de l'Opéra, et il fut couronné du triste succès qu'on a vu. Lors de la scène chez madame d'Avrilly, deux des beaux-frères s'étaient apostés dans une chambre voisine. Invisibles et présents, ils avaient pu jouir à leur gré de leur machination criminelle, juger si l'agent gagnait bien son salaire et si la victime était assez compromise. Armés depuis deux jours d'une de ces lettres de cachet qu'on prodiguait alors sous le prétexte d'étouffer le scandale, ils avaient lancé les deux agents de police.

L'aîné était accouru en toute hâte à Eppeville. « Ah ! » mon frère, nous sommes déshonorés, s'était-il écrié en » voyant M. d'Orby. La malheureuse ! dans un lieu de » prostitution ! pour de l'argent ! Nous croirez-vous cette » fois ? Nous l'y avons surprise. Nous avons entendu quel » prix elle mettait à ses faveurs. — Grands dieux ! mon » frère, que m'apprenez-vous ? dit le pauvre mari. Je ve- » nais de lui écrire une lettre pleine de douce confiance » et de tendresse. » Il n'eut pas la force de continuer et demeura frappé comme d'un coup de foudre. Ce n'é- tait pas là ce qu'attendait le frère ; il aurait voulu le dés- ordre de la colère et de l'indignation. « Quoi ! poursui-

» vit-il, vous demeurez immobile ! Ah ! du moins, si elle
» avait pour elle l'excuse d'une passion dont le digne
» objet aurait expliqué l'aveuglement, je lui pardonne-
» rais ; mais le premier qui aura eu trente louis !... Une
» nuit de madame d'Orby pour trente louis !...

» — Vous avez raison ! » se mit à crier l'époux en se
secouant d'un mouvement convulsif pour se donner l'air
furieux. Sa rage factice ne put aboutir qu'à ces mots :
« Où est-elle ? qu'en avez-vous fait ? » et il parcourait sa
chambre à grands pas, levant les mains par intervalle et
se prenant la tête. « Est-ce ainsi, reprit le frère, que vous
» secondez ceux qui veillent pour vous ? Il faut me suivre
» et porter plainte sans retard. — Oui, oui, demain sans
» faute, je vous le jure. » Et comme s'il eût craint d'être
trop tôt vaincu, il passa dans un autre appartement. Le
frère vit bien que ses paroles ne suffiraient pas pour l'entraîner sur-le-champ, et que de loin, avec quelque nouveau mensonge ou quelque menace, on en triompherait
plus vite. Il reprit la route de Paris.

Ses prévisions ne l'avaient pas trompé. A peine rendu
à lui-même, M. d'Orby tomba dans la plus cruelle des
perplexités. Il redoutait un éclat et une séparation. Il
songeait à son honneur, mais beaucoup plus à sa femme,
qu'il aimait. « En voulant, se disait-il, sauver l'un comme
» ses parents l'entendaient, il perdait l'autre sans retour.
» Certes, elle avait porté atteinte au lien sacré, mais lui
» n'aurait jamais la force de le rompre. Douze années
» d'habitude, d'intimité, de bonheur, ne se sacrifiaient
» pas en un moment par une inspiration de vengeance, par

LA FAUSSE ADULTÈRE.

» un coup de tête. » Le lendemain, jour promis pour le départ, et plusieurs autres encore, s'écoulèrent à travers mille incertitudes renaissantes. La lettre suivante de sa belle-sœur arrivait pour les terminer.

« Ce que vous hésitez à faire, mon cher beau-frère, un » autre va l'oser. Quand l'offensé recule, l'offenseur » marche avec d'autant plus d'audace. Votre inaction en— » courage la prisonnière. Celle qui savait si bien se pro— » curer des amants a déjà trouvé un protecteur. Leur plan » est dressé, leur plainte préparée. D'accusateur que vous » devriez être depuis long-temps, vous allez devenir ac— » cusé et passer pour un monstre qui, par la plus infer— » nale des machinations, veut se délivrer d'une femme » vertueuse. Mon mari m'avait défendu de vous repré— » senter l'affligeante extrémité à laquelle vous êtes amené ; » je lui désobéis pour votre intérêt, s'il en est temps en— » core. En vérité, on le dirait, vous semblez aimer le » déshonneur ; eh bien, vous serez servi à souhait. Un » mauvais lieu a commencé, la justice achèvera. »

Cette lettre ranima toutes les craintes de M. d'Orby ; il se voyait violemment jeté dans le péril, dans la rupture qu'il avait tant à cœur d'éviter. Il partit avec précipitation pour se rendre à Paris au conseil de famille. Il y fut accueilli avec une froideur glaciale. « Bien, fort bien, » lui dirent ses frères ; encore quelques semaines de » molles délibérations, de lâches condescendances, et » nous vous verrons bientôt à la place d'une autre ; l'in— » famie ne viendra plus d'elle, mais de vous ; elle vous » l'imposera, et vous la subirez. Par vous donc, par vous

CAUSES CÉLÈBRES.

» seul sera imprimée sur le nom des d'Orby une flétris-
» sure ineffaçable. » Sa seule réponse fut : « Porter ma
» plainte est donc l'unique moyen d'arrêter la sienne. J'y
» cours de ce pas. Vous allez voir enfin ce que je suis. »
Et il se redressa avec un geste menaçant.

Il était à peine dans la rue, que ce beau mouvement
était calmé; de graves réflexions y succédèrent; il commença à se dire : « Je n'ai écouté encore que des accusa-
» tions. Elles sont passionnées ; mon frère et ma sœur
» n'aiment pas Julie. S'il entrait de la calomnie, un
» désir de vengeance dans tous ces discours. Pour être
» juste il faut entendre aussi la défense. D'ailleurs, au
» bout de quelques minutes, madame d'Orby, si vive et
» si franche, ne saura plus dissimuler ; elle laissera échap-
» per ses projets, et si je promets le pardon elle renon—
» cera au scandale. C'est le parti le plus sage. » Et il
s'achemina vers Saint-Lazare.

Avant d'entrer dans la prison, le plus irrésolu des hommes se consulta plus d'une demi-heure, s'éloignant de la
porte, s'en rapprochant, comme si le redoutable seuil eût
dû à jamais se refermer sur lui. Il le franchit enfin, mais
s'avança d'un pas tremblant vers la cellule, moins en
époux outragé qu'en coupable qui va solliciter sa grâce.
Il fit d'abord demander par le geôlier si madame d'Orby
consentirait à le recevoir. Comme elle eut fait répondre
qu'il n'avait que trop longtemps tardé à paraître, le courage lui revint, mais à chaque degré de l'escalier il l'aban-
donnait de nouveau.

Madame d'Orby, assise sur son lit, se leva lorsqu'elle en-

LA FAUSSE ADULTÈRE.

tendit les pas de son mari, et vint à lui avec une démarche assurée. « Vous tremblez, monsieur, vous avez raison ; » vous redoutez de voir et celle que votre crédulité laisse » immoler, et l'indigne lieu auquel votre faiblesse l'a con- » damnée. Approchez, je vous prie, entrez. Il faut avoir » la force de contempler à l'aise sa victime. Que vous » ai-je fait ? je vous défie de le dire ; parlez, je vous » écoute. » Déconcerté, confondu de cette vigueur inat- tendue : « Madame, reprit-il en balbutiant, ce n'est pas » moi qui... » Et il ne pouvait achever. « Ce n'est pas » vous ? et qui donc, s'il vous plaît, qui se serait arrogé le » droit de me jeter ici sans votre consentement ? » Et elle attendit sa réponse ; il n'en fit aucune. Alors elle continua :

« Encore une fois, de quoi suis-je coupable ? est-ce d'a- » voir donné dans le piége dressé par une femme perdue ? » c'est un atroce complot ; j'en découvrirai la trame. » Est-ce pour avoir lu un procès-verbal ? je ne l'ai pas si- » gné. C'est un tissu d'horreurs mensongères. Inven- » teurs, approbateurs, que m'importe ? tous sont égaux » à mes yeux. Et la lettre de cachet surprise au roi, qui » l'a demandée ? qui l'a obtenue ? — Ce n'est pas moi, » répondit M. d'Orby du ton le plus humble. — Je n'en » suis pas moins ici à la garde d'un geôlier, sous un ha- » bit de criminelle, parmi des femmes qui le sont. » Moi, la mère de vos enfants, j'envie leur sort ; trois » n'ont pas assez vécu pour voir de pareilles indignités, » et le quatrième n'y survivra pas... Et ensuite vous vous » applaudirez de l'œuvre de je ne sais quels gardiens de

» la pureté de votre nom. Je les soupçonne, je les dé-
» couvrirai. Ce sont vos plus cruels ennemis. Ce déshon-
» neur jeté à pleines mains sur ma tête est déjà retombé
» sur la vôtre. Je suis l'innocente moi, je suis la vic-
» time, vous êtes les criminels. La plainte ne me fait pas
» peur, je la porterai la première, je vous attaquerai
» tous : eux comme artisans de fables, vous comme per-
» sécuteur. »

A cette récrimination animée M. d'Orby n'opposait
qu'un regard presque suppliant et quelques gestes de la
main pour calmer la prisonnière. Ce mauvais grabat, cet
habit de bure, ces murs étroits, cette lumière pâle et
douteuse comme celle d'un cachot, la maigreur qui en si
peu de jours avait succédé à la fraîcheur et à l'embonpoint,
tout avait produit une impression profonde sur l'âme d'ailleurs compatissante de M. d'Orby. Le sentiment d'une
erreur, d'une injustice possible, avait provoqué un salutaire
retour sur lui-même. Il frémit, s'attendrit, des larmes
roulèrent dans ses yeux, madame d'Orby en vit couler
quelques-unes.

« Non, monsieur, s'écria-t-elle aussitôt, non, je ne
» veux pas de la stérile pitié d'un moment. Si votre sen-
» sibilité s'est émue sérieusement à mes maux, que votre
» volonté les arrête. Mais je connais votre faiblesse; loin de
» mes ennemis et de leur fatale influence, vous semblez
» fort ; dès que vous n'entendez plus le mensonge, vous
» croyez à la vertu, vous l'écoutez avec intérêt, vous ju-
» gez par vos regards, vous cédez à vos inspirations; mais
» demain, ce soir, dans une heure, je le sais d'avance,

LA FAUSSE ADULTÈRE.

» vous ne serez pas le même ; rien ne sèche plus vite que
» vos larmes. Seul avec moi, vous venez de m'absoudre ;
» bientôt au milieu d'eux vous me condamnerez de nou-
» veau. Qui sait même si déjà vous n'êtes pas plus préoc-
» cupé de mes ennemis que de moi ? Ils vous attendent
» pour vous demander compte d'avoir osé venir ici. Que
» leur répondrez-vous ? Vous gardez le silence. Allez
» donc chercher la vérité parmi les fabricateurs de men-
» songe. De grâce, parlez ; un mot seulement. Il terminera
» les incertitudes de votre malheureuse Julie. Si j'avais
» commis quelque faute, vous me verriez à vos pieds. » Elle
s'arrêta, et après trois ou quatre minutes elle se dirigea
vers la porte, appela le geôlier, puis s'adressant à son
mari : « Il est temps encore, une parole coûte si peu !
» Vous êtes inflexible. Partez donc. » Et quand le geôlier arriva, d'un ton froid et poli : « Reconduisez mon-
» sieur, je n'ai plus rien à lui dire. »

M. d'Orby se retira comme il était entré, obstinément
silencieux, baissant la tête, semblant obéir à un ordre.
Nul n'aurait pu démêler les mouvements de son âme ;
mais l'entrevue avait produit un effet salutaire. La dignité
de la prisonnière, ses explications nobles et hardies avaient
élevé une défiance sérieuse dans l'esprit de son mari. Il
allait jusqu'à s'accuser d'une erreur fatale dont il était
le jouet et elle la victime. Sans prendre un de ces partis
décisifs qui en un moment vengent l'innocence, il n'avait
pas négligé d'adoucir le sort de la prisonnière, en recommandant à la supérieure une nourriture plus soignée, une
chambre meilleure et séparée des autres ; il avait doublé

CAUSES CÉLÈBRES.

le payement de la pension. Dès le soir il songea aux
moyens de la justifier, avec timidité il est vrai, avec mystère ; mais c'était beaucoup.

Il hasarda d'abord quelques questions auprès des hôtes de
sa femme. « Jamais, répondirent-ils, excepté un M. de Bré-
» val, la même personne n'est revenue deux fois. Le jour
» cessait à peine, que madame rentrait. » Les domestiques
de l'hôtel les plus dévoués à leur maître lui tenaient un langage tout à fait rassurant. L'un d'eux n'hésita pas à lui
déclarer : « Comme il n'y a pas de mal, on a voulu me
» payer pour en inventer et en dire, on me l'aurait même
» donné tout fait si j'avais voulu.—Y songez-vous ? lui ré-
» pétaient ses amis, vous avez trouvé un diamant et vous
» vous plaisez à le ternir ; aussi ingénieux à prolonger vous-
» même vos tourments que d'autres à vous les susciter.
» Au moins mettez un terme à cette ignoble captivité qui
» vous attire à l'avance tous les reproches de la cruauté
» et tout le scandale du déshonneur. »

M. d'Orby comprenait enfin sa composition ; mais comment échapper à l'obsession de plus en plus animée de la
famille, et concilier tant de contradictions diverses qu'il
roulait dans sa pensée ? Suspendre la plainte et la tenir en
réserve, reconquérir sa femme et cependant la punir encore, suivre le conseil de ses amis et ne pas trop exciter la
colère de ses parents. Un homme de caractère et de résolution eût eu peine à trancher ces mille perplexités. Qu'allait-
il devenir lui, au milieu de ses retours mobiles sur lui-
même et de l'éternelle fluctuation de ses volontés ? Il commença par se dérober aux regards et aux recherches de ses

LA FAUSSE ADULTÈRE.

frères, à ce point qu'ils le crurent reparti pour Eppeville et que l'un d'eux s'y transporta.

Pendant que la famille s'indignait de sa disparition, qu'elle prenait pour un refus ou au moins une crainte d'agir, M. d'Orby faisait auprès des ministres les démarches les plus actives, et obtenait de convertir la lettre de cachet pour Sainte-Pélagie en une lettre de cachet pour Eppeville, ayant la précaution d'y faire ajouter la défense de revenir dans la capitale sous quelque prétexte que ce fût. Ce terme moyen lui parut satisfaire, autant que possible, à l'opinion, à l'amitié, à ses désirs personnels. Il ne cessait pas d'être mari, et il devenait geôlier, disposant selon son bon plaisir des douceurs du mariage et des rigueurs de la captivité. Ce terme moyen semblait à son esprit indécis et faible un chef-d'œuvre dont il triomphait en secret. D'ailleurs, en supposant que madame eût eu le dessein de commencer l'attaque, en la plaçant sous sa main il lui enlevait le recours à des conseils éclairés et à un débat judiciaire.

Quelques heures après le départ de M. d'Orby de Saint-Lazare, l'espoir était revenu à apauvre captive. Un dîner mieux servi, une chambre plus éclairée et plus propre, la permission de se promener seule, une infinité de petites faveurs imprévues, lui présentaient déjà un avenir moins sombre : « Si j'avais supplié, se disait-elle, on » m'aurait crue coupable; je n'aurais rien obtenu. J'ai » conservé ma dignité, ma fierté de femme innocente, et » je trouve déjà un commencement de justice. C'est là » une grande leçon. Je ne m'abaisserai jamais à la prière. »

CAUSES CÉLÈBRES.

Ainsi, au lieu de se repentir de ses vives récriminations, elle se préparait à en soutenir l'énergie. L'occasion s'offrit bientôt.

Le 1ᵉʳ juin, dans la matinée, M. d'Orby se rendit à Sainte-Pélagie ; mais avant de monter jusqu'à la nouvelle chambre de sa femme, il voulut obtenir son consentement, et le lui demanda par le petit billet suivant :

« Me recevrez-vous encore d'un air courroucé ? vous » plaindrez-vous encore de mon silence ? quelles paroles » eussent été comparables à ce que je fais ? Je viens vous » délivrer. Cette fois m'accueillerez-vous mieux ? — Vous » avez déjà perdu trop de temps, » fut la seule réponse rapportée par le geôlier. Elle pensa devenir funeste ; M. d'Orby, prêt à s'élancer, s'arrêta tout à coup, incertain de l'interprétation. Était-ce encore un reproche du passé ? était-ce impatience de la liberté annoncée ? il aima mieux croire à ce dernier sentiment et monta.

« Bien, monsieur, bien, dit madame d'Orby en l'aper- » cevant ; mais vous auriez pu faire mieux. Les ménage- » ments d'une transition n'étaient pas nécessaires. On » m'avait fait passer en un instant de la liberté à la ser- » vitude, de l'honneur à l'opprobre ; pourquoi me faire » remonter par degrés de la servitude à la liberté, de » l'opprobre à l'honneur ? Le premier passage avait été » violent, craint-on que l'autre ne soit trop rapide ? C'est » une justice imparfaite parce qu'elle est tardive ; je n'en » remercie personne parce qu'elle m'est due. Je la re- » prends comme un bien dont j'ai été indignement dé- » pouillée. Hâtons-nous de quitter cette prison où ma

LA FAUSSE ADULTÈRE.

» présence n'accuse que ceux qui m'ont fait violence et
» que celui qui l'a permise. Vous venez enfin l'arrêter,
» monsieur ; c'est beaucoup, mais toute votre vie ne suf-
» fira pas à en réparer les funestes effets. »

Cédant tout à coup à l'irrésistible ascendant qu'exer-
cent sur la faiblesse un caractère ferme et un esprit supérieur, M. d'Orby baissait la tête, s'occupait d'enfoncer
lui-même dans les malles les objets divers répandus çà et
là, et en se faisant serviteur empressé s'imaginait affaiblir
l'impression des reproches lancés contre le mari coupable.
Fidèle à son plan arrêté, madame d'Orby le laissait agir,
et par intervalle reprenait le cours de son accusation, qui
demeurait toujours sans réplique.

Enfin les deux époux quittèrent ensemble Sainte-Pélagie dans la soirée. Une chaise les attendait à la porte et
les conduisit à Eppeville. Après quelques jours de froideur
et de réserve, ils reprirent leurs anciennes habitudes et
jusqu'à la même chambre ; l'intimité parfaite se rétablit ;
on eût dit qu'aucune tempête n'avait jamais troublé le
ménage. Les voisins, les amies de madame d'Orby, et la
meilleure, madame Duval, accoururent à l'envi célébrer
son retour. Le curé seul d'Eppeville semblait inquiet de la
joie commune, et n'avait fait à la dame du château que
deux ou trois visites de quelques minutes et de pure forme.
Cette conduite étrange du pasteur n'attira pas d'abord l'attention particulière de madame d'Orby ; et cependant elle
l'avait laissé bienveillant, affectueux, causeur ; elle le re-
trouvait froid et silencieux. Madame Duval lui dit un
jour : « Julie, tu devrais voir s'il ne t'est pas hostile. Ce

» changement n'est pas naturel. Et puis, s'il faut en croire
» les gens du village, plusieurs fois déjà ton mari, sous
» prétexte d'une promenade dans le jardin, s'est rendu
» secrètement chez lui par la petite porte du nord. Il y
» a là quelque mystère à éclaircir; il faudrait les faire
» surveiller tous les deux, et avec de l'argent nous sau-
» rions tout par la servante du curé.

    » — Non, non, répliqua vivement madame d'Orby ;
» imiter ceux que je méprise, recourir à la ruse quand
» ma franchise vient de me donner un si beau triomphe,
» m'avilir jusqu'à emprunter leurs misérables moyens,
» sans respect pour mes principes, sans égard pour ma
» position ; je rentrerais plutôt à Saint-Lazare. J'irai
» droit au curé ; j'aurai une explication avec lui. Écoute,
» s'il est mon ennemi, il se trahira par sa réserve em-
» barrassée ; s'il ne l'est pas, j'invoquerai ma vertu et
» mon innocence, je m'en ferai un protecteur. Je lui don-
» nerai un beau rôle à jouer entre mon mari et moi ; il
» me dévoilera peut-être la trame de cette persécution
» mystérieuse. »

Madame Duval, plus prudente et plus habile, s'éleva
contre la sottise de provoquer la vérité quand il s'agissait
de la surprendre. « Eh bien, nous verrons, ajouta-t-elle,
» qui de nous deux la possédera plus tôt, qui réussira le
» mieux de ta noble sincérité ou de mes petits présents. »

    A la première visite du curé, madame d'Orby ne man-
qua pas de le prendre à part et de solliciter un entretien.
« L'opinion du monde, toujours léger, injuste, cruel
» même, lui dit-elle, m'a fait une impression vive d'abord,

LA FAUSSE ADULTÈRE.

» mais peu durable, je l'avouerai. Mes amis d'ailleurs
» m'en ont dédommagée. Je me plaisais à vous mettre
» du nombre; me serais-je trompée? n'êtes-vous pas
» changé à mon égard? ai-je bien retrouvé cet excellent
» prêtre dont les conseils ont fortifié mes principes dans
» la voie du bien et mon courage dans le malheur? La
» religion n'est-elle pas le refuge de ceux que l'injustice
» accable, et ses ministres ne sont-ils pas leur plus sûr
» appui? Le vôtre me manque aujourd'hui. Vous me visi-
» tiez souvent autrefois, vous êtes presque invisible ; vous
» étiez prodigue de bons avis, vous en êtes avare.

 » — Madame, votre franchise encourage la mienne.
» Les temps sont changés. Quand j'étais assidu, vous
» n'aviez quitté Eppeville qu'une fois, et pour y revenir
» peu de jours après. Vous n'aviez été ni dans ce lieu qui
» fait mériter le châtiment ni dans celui où on le subit.
» Je suis loin de vous condamner comme coupable; mais
» puis-je vous proclamer innocente? le doute n'est-il pas
» ici de la sagesse? Votre pureté était sans tache aucune,
» aujourd'hui du moins quelques-unes l'ont ternie. Qui
» m'a dit si votre retour est dû à l'indulgence ou à la
» justice de M. d'Orby? Notre devoir est d'ouvrir les
» bras à celles que le repentir y jette, mais non de glori-
» fier les protestations intéressées d'une vertu qui, sur-
» prise au milieu même des écueils, est seule à crier
» qu'elle n'a pas fait naufrage. Je me tiens à la distance
» convenable pour juger, et j'attends.

 » — Assez, répliqua madame d'Orby, je vous devine.
» Les autres m'ont immolée avec leurs armes profanes,

CAUSES CÉLÈBRES.

» le mensonge, le complot, les piéges dressés de toutes
» parts, et vous, vous m'achevez avec un fer sacré. Il
» m'ont renversée à terre, et vous m'y laissez en me re-
» fusant le secours de la main respectable qui me rele-
» verait. Au moins, j'ose le croire, puisque vous hésitez
» à me défendre, vous ne vous joindrez pas à ceux qui
» m'accusent, et de ses fréquentes visites au presbytère
» M. d'Orby ne rapportera rien qui trouble la sécurité
» dont il paraît jouir. Si la protection vous répugne,
» promettez-moi la neutralité. » Et elle se leva, rompant avec trop de vivacité peut-être une conversation
pénible pour les deux interlocuteurs.

Le surlendemain elle n'eut pas de peine à donner gain
de cause à madame Duval. « Tu avais raison. Je n'ai
» rien obtenu. Un système de prudence expliqué par les
» faits, appuyé par les préceptes, m'a mise hors de moi-
» même. Je voulais découvrir un mystère, et je n'ai en-
» tendu qu'un sermon. Voyons si tu réussiras mieux. —
» Je demande encore quatre jours, dit madame Duval. Je
» ne suis pas femme à monter à l'assaut et à me faire préci-
» piter du haut des murs. Je creuse autour de la place,
» je m'y introduis par les souterrains ; des intelligences
» sont déjà pratiquées ; j'ai bon espoir. Toi, dans l'inter-
» valle, fais sentinelle dans ta propre maison, qu'aucune
» démarche du maître ne t'échappe. »

C'était donc vainement que madame d'Orby avait goûté
quelques semaines de repos et que l'espérance lui était
revenue. La réponse sèche et glaciale du curé, depuis
l'entrevue un air de mystère répandu sur sa maison, quel-

LA FAUSSE ADULTÈRE.

que chose d'embarrassé dans les manières de M. d'Orby, malgré son impassibilité soutenue, tout justifiait ses craintes et la plus rigoureuse surveillance. Le 25 juin, en effet, vers deux heures, madame Duval l'avertit par un petit billet que la fille de la vieille servante du presbytère avait parlé, et qu'elle avait entendu distinctement M. d'Orby dire au curé : « Ma sœur arrive après-demain » à Péronne à l'auberge du Cygne. Mes frères m'en » voient des papiers importants. J'irai les chercher; » peut-être même accompagnerai-je ma sœur à Douai. » Madame Duval ajoutait : « Surtout du silence, et, je t'en » conjure, de la dissimulation au moins cette fois; il y » va de ton avenir. Je n'ose paraître chez toi, mais j'y » serai une heure après le départ de ton mari; apprête- » toi à le suivre, mes chevaux te conduiront. »

En effet, le 27 M. d'Orby vint du ton le plus naturel annoncer à sa femme qu'un de ses débiteurs qui ne pouvait pousser jusqu'à Eppeville lui donnait rendez-vous à son passage par Péronne. L'affaire était ancienne, importante, il fallait en finir. Elle avait retenu la leçon de son amie, et, décidée à jouer le rôle prescrit, elle se contenta de demander un prompt retour, et le mit en voiture après avoir reçu le baiser d'adieu. On entendait encore le pas des chevaux, que madame Duval était là. Son amitié avait pourvu à tout. « Maintenant, Julie, » reviens à ton naturel, reprends ta dignité et ta vigueur » de caractère. Arrive à l'improviste, surprends-les au » milieu de leur délibération. » Sous le prétexte d'une promenade, elle l'amena sur la route même, et la

poussa dans sa voiture avec ces mots : « Tombe et frappe
» comme la foudre ; surtout ramène ton mari. »

Péronne a conservé longtemps le souvenir de cette
scène de famille, où l'on vit une femme et une sœur se
disputer avec un acharnement sans exemple l'homme
du caractère le plus incertain. Depuis une heure environ M. d'Orby et sa sœur étaient en conférence,
lorsque madame d'Orby paraît. « Elle ici! s'écrie ma-
» dame d'Avallon du ton de l'insulte et du mépris.
» Vous me trompiez donc, mon frère? — Non, répondit
» froidement madame d'Orby, c'est moi seule qu'il a cru
» tromper. Je ne suis ni sa dupe ni la vôtre. Vous êtes
» l'agent et la complice de vos frères. Quelle nouvelle
» infamie méditent-ils contre moi? — Celle, madame,
» de vous empêcher d'en commettre d'autres ; et vous
» verrez si je les seconde. » A ces mots, elle sortit précipitamment.

« Je vous retrouve donc toujours le même, monsieur
» d'Orby, lui dit Julie avec l'accent d'un cœur profon-
» dément ulcéré, faible et menteur? Le voilà donc ce
» débiteur prétendu! A quel degré de honte ils vous
» abaissent! Eppeville n'est donc plus qu'une prison, et
» vous mon geôlier! J'ai compris la menace. Acquittez-
» vous sur-le-champ de vos nouvelles fonctions; elles
» vous font honneur. Délivrance, pardon, intimité, ca-
» resses, tout cela n'était que fourberie. Mais vous êtes
» le dernier des hommes. » Du moins M. d'Orby en était
alors le plus consterné. « Qu'attendons-nous? continua-
» t-elle; repartons. » Il demeurait immobile. « Je ne vous

LA FAUSSE ADULTÈRE.

» quitte plus un moment, je m'attache à vous, la violence
» seule m'en séparera. » Elle vit bien que, fidèle à ses
habitudes dans les grandes scènes, il n'oserait ni laisser
échapper un mot ni prendre une résolution.

Elle s'assit, garda le silence, le rompit à plusieurs
reprises, mais en vain. Cependant l'auberge était investie
par des gens en armes, et la place couverte de peuple
qu'excitait la curiosité. Madame d'Avallon se montre,
accompagnée du commandant de Péronne, et lui dit en
ouvrant la porte : « La voilà celle qui s'est échappée de
» sa retraite au mépris de la lettre de cachet du roi. Mon-
» sieur en est le porteur, faites-vous-la représenter. Votre
» devoir est d'arrêter la fugitive. » Après ces mots, elle
s'élance vers M. d'Orby, le saisit vivement par le bras :
« Laissez-la, mon frère, à ces messieurs; il en feront
» justice. »

Madame d'Orby s'était précipitée aussi vers son mari,
et s'étant emparée du bras demeuré libre : « Non, vous
» resterez. Je suis votre prisonnière. » Puis tout à coup,
ne pouvant plus maîtriser son émotion et fondant en
larmes, elle tombe à genoux : « O mon ami! protégez-
» moi, ne me livrez pas à tant d'humiliation. » Et elle
s'évanouit. « Tant mieux! continue la sœur, c'est le mo-
» ment de la saisir. Quand elle reviendra, elle se trou-
» vera entourée comme elle doit l'être. » Et d'un geste
impérieux elle osa répéter au commandant l'ordre de
faire son devoir, et à son frère celui de la suivre. L'un se
contenta de lui lancer un regard ironique; l'autre, pâle,
défait, penché avec intérêt vers madame d'Orby, se

CAUSES CÉLÈBRES.

borna simplement à dire : « C'est un malentendu. L'ordre
» du roi ne défend pas à ma femme de se trouver à Pé-
» ronne avec son mari. — Qu'elle y reste donc, s'écria
» la sœur en l'interrompant, et vous aussi. Vous vous
» entendez avec elle pour notre honte. Vous êtes aussi
» lâche qu'elle est corrompue. » Après quoi, couverte
de confusion et la rage dans le cœur, elle les quitta pour
reprendre la route de Douai.

Le commandant vit bien qu'il y avait là quelque vengeance de femme, une de ces haines de famille dont il
n'importait guère au service du roi de pénétrer le secret,
et sans autre explication laissa les voyageurs. Ils eurent
bientôt repris la route de Péronne. Jamais M. d'Orby
n'avait été plus attentif, plus tendre, plus soumis ; c'était
l'effet ordinaire des scènes violentes. Quant à la pauvre
femme, elle avait triomphé en abandonnant la lutte ; ses
larmes, son évanouissement l'avaient emporté sur la colère. Pour la première fois M. d'Orby avait osé prendre
le parti du faible. N'importe, il ne fallait pas compter
sur cette épreuve douteuse.

Madame Duval attendait avec anxiété sa voiture.
Quelle ne fut pas sa joie lorsque son cocher lui annonça
le retour des deux époux ! Elle courut chez son amie,
qu'elle trouva bouleversée. « Ah! ma chère, s'écria ma-
» dame d'Orby en se jetant dans ses bras, la lettre de
» cachet dure encore. Je ne suis pas libre ; Eppeville est
» une prison ; tout s'est découvert. » Elle lui raconta
les détails de l'événement de Péronne. « Et les papiers?
» dit madame Duval ; voilà l'essentiel ; ils renferment le

LA FAUSSE ADULTÈRE.

» mystère. — Je n'en ai vu aucun. Seulement j'ai re-
» marqué plusieurs fois, au moyen des secousses de la
» voiture, que mon mari avait un assez gros paquet dans
» ses poches et que plusieurs fois il y portait la main.
» Où le déposera-t-il? et s'il enlève la clef, comment se
» le procurer? — Il te le faut cependant, reprit madame
» Duval. Le curé se donne du mouvement. Il a reçu
» plusieurs lettres. Il entre dans le complot qui se trame
» contre toi. Ta belle-sœur a déjà fait son rapport à ses
» frères. Ils ont trop d'intérêt pour abandonner la partie.
» D'ailleurs M. d'Orby n'a pas lu encore ces papiers.
» Quel sera l'effet de cette lecture? A tout prix il nous
» les faut. »

Deux jours s'écoulèrent, et madame d'Orby observa
que son mari conservait le même habit, que machinalement il continuait, ce qui n'était pas son habitude, à
tenir la main dans sa poche, comme si quelque chose pouvait s'en échapper. Elle s'approcha de lui deux ou trois
fois d'un air naturel, et au contact reconnut le paquet
de papiers. C'était donc là la véritable cachette. Il ne
s'en séparait pas. Elle couchait dans la même chambre.
Le soir, M. d'Orby s'était mis le premier au lit d'assez
bonne heure ; l'habit était dans la ruelle près de son che-
vet; elle y entre comme pour voir si son lit était préparé, s'aperçoit que son mari dormait déjà, attend cinq
ou six minutes, glisse furtivement la main dans la poche
de l'habit, en retire un petit paquet ficelé, s'éloigne sur
la pointe du pied, emportant la lumière, et sans bruit
quitte la chambre.

CAUSES CÉLÈBRES.

Lira-t-elle seule? Il est à peine neuf heures; madame Duval demeure à quelques pas; il lui est arrivé souvent d'y aller beaucoup plus tard; plus d'hésitation, elle s'y rend; les deux amies s'enferment, se hâtent d'ouvrir le paquet, et y trouvent les pièces suivantes rangées par ordre de numéros :

1°   « Mon cher frère,

» Vous avez beau vous abandonner vous-même, nous » veillons pour vous. Où en serait notre famille si elle » n'avait des gardiens vigilants de son honneur, des ven- » geurs de la flétrissure que lui a imprimée votre Julie? » Lisez maintenant, vous en croirez vos propres yeux. » Ce sont des copies certifiées de chacune des dépositions » faites en justice. Nous les avons reproduites sous les » yeux du ministre, dont l'indignation n'a pu se contenir. » Il va délivrer une nouvelle lettre de cachet qui la trans- » fère au couvent de la Flèche. Marais l'inspecteur, cet » homme habile dont vous trouverez aussi la déposition, » arrivera le 4 juillet. Vous vous concerterez avec notre » sœur, qui vous accompagnera à Douai, sur les pré- » cautions à prendre, sur la quantité de linge, sur le » nombre de robes qui doivent composer le trousseau de » la prisonnière.

» 2° Louise Gaspard, femme de Louis Eudes, ancien » receveur du bureau des coches de Saint-Germain, » n'ayant aucun état, a déposé : « La dame Michelet » d'Orby est venue chez moi plusieurs fois en fiacre, et » m'a priée de lui procurer quelqu'un pour une de ses

LA FAUSSE ADULTÈRE.

» parentes. N'ayant pu rien obtenir d'abord, elle s'est
» représentée avec deux laquais. Sa parure, d'une ex-
» trême recherche, était relevée par des diamants. Elle
» s'annonça comme une femme comme il faut, sans dire
» son nom, et alors déclara qu'elle cherchait pour elle-
» même, estimant ses faveurs tantôt à vingt-cinq louis,
» tantôt à cinquante. »

A ces lignes, les deux amies se renversèrent sur leurs
siéges, joignant les mains, se regardant, s'écriant tour
à tour : « Quelle horreur! quel mensonge! quelle infa-
» mie! » Elles continuèrent :

« Ne pouvant rien par moi-même, et cédant à ses sol-
» licitations, je l'ai conduite chez la femme Grenier, qui
» tenait lieu public vis-à-vis Saint-Roch. Elle fit à la
» Grenier les mêmes propositions qu'à moi, et celle-ci
» promit de lui procurer le surlendemain la connais-
» sance d'un homme comme il faut. La dame d'Orby se
» tenait toujours le visage caché dans la calèche ; la Gre-
» nier insista pour la voir, mais elle refusa constamment.
» Elle promit de lui envoyer l'adresse de sa couturière,
» chez laquelle ce monsieur comme il faut se rendrait, et
» où elle se trouverait. Le rendez-vous eut lieu chez la
» couturière, près le pont Marie.

» Quelques jours après, la dame d'Orby est venue chez
» moi, et m'a dit que le monsieur, fidèle à sa parole, lui
» avait donné vingt-cinq louis. Elle m'a priée de l'ac-
» compagner une seconde fois chez la Grenier, à l'effet
» d'avoir un autre monsieur. J'y ai consenti. Pendant
» que je montai, elle demeura dans le fiacre. Un instant

CAUSES CÉLÈBRES.

» après la Grenier et moi redescendîmes avec un étran-
» ger, et il fut question du moyen de se parler en parti-
» culier. »

Madame d'Orby n'avait pas la force d'aller plus loin.
Sa poitrine était oppressée ; elle passait de l'indignation
à la douleur, du silence de l'abattement aux exclama-
tions de la colère. « Courage ! dit madame Duval, allons
» jusqu'au bout. La nuit avance. Si ton mari s'éveil-
» lait... »

« Je les menai chez un sellier de ma connaissance,
» rue de Grenelle-Saint-Honoré. Il était six heures et
» demie du soir ; le sellier et sa femme étaient couchés ;
» ils se levèrent et donnèrent une chambre. La Grenier
» et moi restâmes à côté. Nous entendîmes beaucoup de
» paroles, un bruit d'argent, un petit cri, et au bout de
» deux heures et demie nous nous retirâmes, après que
» l'étranger eut donné dix-huit livres à la Grenier, dix à
» moi, et six aux propriétaires de la chambre. »

» 3° Marie Guerni, veuve Tray, dite Grenier, prenant
» la qualité de femme du monde, entrait dans les mêmes
» détails à peu près que la femme Eudes, ajoutant seu-
» lement : « La dame d'Orby se sert d'un commission-
» naire attaché au Petit-Saint-Antoine, qui, pour n'être
» pas suivi, sortait toujours par la porte conventuelle. »

» 4° La Gourdan, prenant la qualité de femme du
» monde, déclarait que la dame d'Orby lui avait été
» amenée par un chevalier de Saint-Louis. Il passait
» pour son parent, et elle le présentait en cette qualité.
» Elle ne cachait du reste ni son nom de famille ni son

LA FAUSSE ADULTÈRE.

» titre de marquise. D'abord elle annonça la résolution
» la plus déterminée de se prostituer, afin de réparer des
» pertes considérables au jeu, et pendant chacune de ses
» visites elle vendit ses faveurs à qui les voulut, et à un
» prix assez bas. Vainement, elle, Gourdan, lui fit-elle
» des représentations sur sa conduite, lui donna-t-elle
» le conseil de quitter une vie si honteuse ; elle en tirait
» pour toute réponse : « Que voulez-vous ! j'aime cela. »

« C'en est trop ! s'écria de nouveau madame d'Orby.
» Les monstres ! A quoi bon salir ma pensée par la lec-
» ture de toutes ces bassesses ? Quel parti prendre ? Dé-
» libérons. — Encore quelques minutes de courage, re-
» prit madame Duval. Toutes ces femmes ne sont que
» les agents subalternes de l'infamie. Voici la déposition
» des hommes mêmes de la police. Ce sera sans doute
» la plus instructive. Elle est assez courte d'ailleurs. »

« 5° Nous Pierre Mutel et Jacques Marais, commis-
» saire et inspecteur de police, porteurs d'une lettre de
» cachet contre la dame d'Orby, et requis par MM. An-
» selme et Ferdinand d'Orby de la mettre à exécution,
» nous sommes transportés chez la femme Gourdan, te-
» nant maison de prostitution, où les messieurs susdé-
» nommés nous avaient prévenus que nous trouverions la
» dame d'Orby à un rendez-vous avec le marquis de C...
» A notre arrivée, nous avons trouvé sur l'escalier de la
» maison les mêmes qui nous avaient devancés et nous
» attendaient. Nous sommes entrés tous ensemble dans
» une petite chambre faisant suite au vestibule. Là ces
» messieurs nous ont priés d'attendre et d'écouter, et

CAUSES CÉLÈBRES.

» entre autres propos nous avons entendu distinctement
» et consigné sur notre procès-verbal les paroles sui-
» vantes : « Ce n'est pas le taux, prétend le marquis; il
» offre huit louis pour deux heures et quinze pour la
» nuit entière. Décidez-vous. » Sur quoi nous sommes
» entrés et nous sommes emparés de la dame d'Orby.
» Vainement et à plusieurs reprises nous l'avons engagée
» dans son intérêt à avouer sa faute et presque le flagrant
» délit; elle s'y est constamment refusée. De tout quoi
» nous avons dressé, etc. »

« Les misérables ils étaient là! ils me poursuivent
» jusqu'ici, » dit en sanglotant madame d'Orby. Elle se
jeta dans les bras de son amie : « Que vais-je devenir?
» Sauve-moi. C'est encore un complot. Mutel arrive
» après-demain. »

Dix heures sonnèrent. « Hâte-toi de rentrer, dit ma-
» dame Duval. Réfléchissons toute la nuit sur le parti à
» prendre. La journée de demain nous appartient toute
» entière. A huit heures du matin je serai chez toi. Maî-
» trise tes émotions. Que ton mari s'imagine n'être pas
» deviné. Inspire-lui la sécurité la plus grande. Remets
» avec soin le petit paquet. » Madame d'Orby obéit, et
à travers les ombres se glissa jusqu'à sa demeure, pénétra
sans bruit dans son appartement et remit à leur place
les papiers dérobés un moment. Quelle nuit! que d'agitations! que de projets conçus, quittés, repris! Et dans
la même chambre M. d'Orby calme, immobile, reposant
du sommeil des justes. Elle le laissa se lever le premier, et s'étant mise aussitôt après à la fenêtre, le vit se

LA FAUSSE ADULTÈRE.

dirigeant par la petite porte du jardin vers le presbytère.

Fidèle à sa promesse, animée de toutes les inspirations du dévouement le plus tendre, madame Duval accourut à l'heure promise. Elle n'était pas seule; M. Doigny, conseiller au parlement, son voisin de campagne et son ami, l'accompagnait. C'était un homme grave, doux, indulgent, qui, échappé au tumulte d'une jeunesse orageuse, était entré dans la magistrature comme dans un port. Il contemplait de là le naufrage des autres, non avec la joie égoïste de sa propre sûreté, mais avec un intérêt compatissant, toujours prêt à secourir ceux qu'emportaient les flots. Madame Duval n'avait pas hésité à le prendre pour confident du malheur de son amie, pour arbitre d'une délibération dans laquelle allait s'agiter la destinée d'un être si cher, et dont elle ne se croyait ni assez éclairée ni assez forte pour porter seule la responsabilité.

A l'aspect imprévu d'une personne qu'elle était loin d'attendre, madame d'Orby éprouva un mouvement de surprise très-marqué. « Je sais tout, comptez sur moi, » furent les premiers mots de M. Doigny. Un sourire mélancolique erra sur les lèvres de la pauvre femme, et elle fut rassurée. « Eh bien, que pensez-vous? —Monsieur, » dit d'une voix tremblante madame d'Orby, allons nous » réfugier sous le berceau touffu au bout de la grande » allée; de là nous verrons tout et ne serons vus d'aucun » côté. »

A peine assis, M. Doigny prit la parole : « Il faut » fuir; je connais le monde; chaque jour ses intérêts se

» débattent devant moi. Les haines de famille sont im-
» placables. Inutile de délibérer longtemps sur le parti
» à prendre ; c'est le seul, croyez-moi. L'exécution doit
» nous occuper. Voici mon projet : la police arrive de-
» main ; ce soir vous vous déguiserez en paysanne ; ma-
» dame Duval se rendra à pied vers un endroit convenu
» situé à une lieue d'ici et au bout d'un petit bois ; vous
» m'y rejoindrez ; ma voiture vous attendra plus loin, et
» vous transportera dans une ferme où vous remettrez
» cette petite lettre à une de mes excellentes amies. Fiez-
» vous à elle sans réserve. Quand vous aurez passé là
» quelques jours, nous essayerons de vous faire conduire
» dans les Pays-Bas, d'où il vous sera facile de gagner
» l'Angleterre.

 » Encore une fois, ajouta vivement M. Doigny, point
» d'indécision ; je ne vois pas d'autre moyen de salut.
» Votre amie l'approuve, votre sûreté l'exige ; le temps
» nous presse, les heures sont précieuses. Faites vos pré-
» paratifs à l'instant ; je vais m'occuper des miens. » Et
la prenant par la main, il se leva.

 « Une minute encore, je vous supplie, dit madame
» d'Orby. Vous le voyez, je ne verse pas une larme, je
» n'exprime pas un regret ; laissez-moi me rassurer sur
» ma propre détermination. L'exil, la séparation d'une
» amie, et pour combien de temps ? Avoir vécu inno-
» cente et fuir comme une criminelle !... Le soupçon
» planant sur ma tête, le mépris sans cesse attaché à ma
» personne... Ah ! monsieur, quel destin cruel ! Il faut
» bien de la force pour le braver. Laissez-moi m'assurer

LA FAUSSE ADULTÈRE.

» que je n'en manque pas et me donner la conviction
» de mon courage. Oui, je le reconnais, je ne compte
» pas en vain sur moi. Leur inimitié, Saint-Lazare, une
» prison nouvelle, des rigueurs, la mort.... le nouvel
» avenir qu'ils me préparent, tout se dévoile à moi avec
» mille horreurs. Je leur échapperai, j'y suis résolue.
» Rien ne m'arrête plus, je suis sûre de moi. Allez
» donc, quittez-moi tous les deux ; je vous retrouverai
» au lieu et à l'heure convenus. »

Après leur départ elle demeura quelque temps sous le
berceau pour se recueillir encore et retrouver le calme
d'une froide résolution. Des larmes venaient sans cesse
mouiller ses yeux, des soupirs oppressaient sa poitrine.
Ce retour de faiblesse l'effraya, la fit un moment douter
d'elle-même. « Tout quitter, répéta-t-elle, patrie, amis,
» parents !... Oh ! que mes pauvres enfants sont heureux
» d'être morts ! » Tout à coup l'image du passé se retraça
avec ses odieuses et terribles couleurs ; l'énergie lui revint, elle se trouva tranquille, regagna la maison à pas
lents, prête à jouer son rôle, fière de compter sur soi.

Tous ses préparatifs consistaient à brûler quelques
lettres, prendre ses bijoux et un peu d'or. Ils furent
bientôt achevés. M. d'Orby prolongeait sa visite chez le
curé ; elle en profita pour déjeuner seule. Elle achevait à
peine, qu'il rentra. « Vous avez fait une longue course
» ce matin, mon cher, lui dit-elle du ton le plus indiffé-
» rent. — Il se passe de si étranges choses, lui répondit-
» il. Certaines gens s'imaginent qu'on ne les devine pas. »
Elle pâlit. « Qu'avez-vous, madame ? seriez-vous indis-

» posée? » Elle rougit ; il continua, heureux de la sus-
pension, car il allait faire un mensonge : « Le fermier
» Martin voulait me tromper pour une vente ; je l'ai de-
» viné. » Puis M. d'Orby baissa la tête, et comme presque toujours redevint muet, impénétrable.

Nul doute, madame d'Orby ne pouvait s'y méprendre,
il était allé combiner chez le curé le plan d'exécution du
lendemain. Cette pensée affermit ses desseins et fortifia
son âme d'une constance nouvelle. Ils se quittèrent sans
s'adresser un mot, un regard, pour ne plus se revoir jamais. Le même désir leur faisait redouter une rencontre ;
il les tint éloignés durant toute la journée. Le poids de
leur secret les oppressait ; ils redoutaient, par un geste,
par un mot, de trahir, l'un l'emprisonnement médité
pour le lendemain, l'autre la liberté réservée pour le soir.
Ils s'évitèrent donc avec un soin extrême, et le jour à
peine fini, M. d'Orby se réfugia dans sa chambre, elle
chez madame Duval.

Le costume de paysanne était disposé. « Bien, très-
» bien, répétait souvent sa fidèle amie en servant de
» femme de chambre. Courage ! Impossible de te recon-
» naître. Une fois en Angleterre, tu les attaqueras ; tu
» adresseras un mémoire au roi. M. Doigny instruira le
» parlement. Et moi donc, je n'attends ton départ que
» pour te venger. Te souviens-tu? nous t'appellions la
» femme forte. C'est le moment de l'être. Partons ; ton
» protecteur nous attend à quelques pas d'ici. »

L'animation soutenue de madame Duval, ses mouvements exaltés à dessein, encourageaient la fugitive dans ce

LA FAUSSE ADULTÈRE.

rôle qui commençait déjà, et en se voyant ainsi travestie, elle ne put s'empêcher de sourire plus d'une fois. « Hâtons- » nous. » Elle la prit par le bras, l'entraîna précipitam- ment hors de la maison, et bientôt elles eurent rejoint M. Doigny. « De quel nom vous appeler? lui disait–elle » durant la route. Quelles grâces vous rendre? A qui » dois-je le plus, ou à vous qui êtes un sauveur, ou à elle » qui me l'a trouvé? Si vous ne secouriez qu'une mal- » heureuse, Dieu vous bénirait; vous défendez une in- » nocente, il vous récompensera. Je le suis; je l'en » prends à témoin; je l'invoque à mon aide pour les nou- » velles épreuves qu'il me prépare. Quels que soient ses » desseins sur moi, je ne l'accuse pas; je me soumets; » il ne pourrait m'abandonner. » Et elle leva vers le ciel tout brillant d'étoiles ses regards suppliants, puis les por- tant tour à tour sur M. Doigny et sur son amie : « Ni » vous non plus, n'est-ce pas? ni toi, Amélie? »

Madame Duval n'avait pas la force de rompre le si- lence; le conseiller, ému jusqu'au fond de l'âme, parla le premier d'un accent inspiré : « Et moi aussi, je le prends » à témoin le Dieu qui nous écoute et qui me juge : ce » que je commence aujourd'hui je l'achèverai, j'y consa- » crerai mes soins, mes veilles, ma vie; il m'a remis » votre défense, je l'accepte. »

Ils avaient atteint la voiture; les deux amies ne pou- vaient s'arracher des bras l'une de l'autre; M. Doigny précipita le départ. « Prudence, soumission à ma tante, » furent ses derniers mots. A une heure du matin, ma- dame d'Orby entrait dans une vaste cour où vint la recevoir, accompagnée seulement d'une vieille servante, une dame de quarante ans tout au plus, à la démarche languissante, à la figure pâle, aux yeux noirs et expressifs. « Soyez la bienvenue, » dit-elle d'abord gracieusement et en lui tendant la main. Elle conduisit la voyageuse à l'extrémité du château dans une petite tourelle isolée.

Madame d'Orby suivait en silence. « Mon frère m'a » prévenue, dit madame de Brevannes : vous êtes bien » malheureuse ; ce titre suffit à mes yeux. Ah ! si, pendant » les longues années d'une affreuse persécution, j'avais » rencontré un jour seulement un être secourable ! J'ai » vécu sans cesse environnée d'ennemis ; la mort seule » de mon tyran m'a délivrée. Ici vous êtes affranchie du » vôtre. C'est beaucoup déjà. Bientôt la mer vous sépa-» rera et vous jouirez d'une liberté sans trouble. Plus de » la moitié de l'œuvre est accomplie.

» — J'accepte l'augure, dit madame d'Orby, et vos » paroles me donnent de la sécurité ; mais peut-elle être » complète tant que j'ignorerai l'issue de la visite à Ep-» peville du commissaire de police chargé de m'arrêter » au nom du roi, et que la prudence me retiendra dans le » voisinage de mes persécuteurs ? Ils sont si perfides, si » lâches, si ingénieux à me perdre ! »

L'arrivée de Mutel avait été fixée au 25 juillet ; la journée du 28 s'est écoulée, et ces dames ne reçoivent aucune nouvelle. Quelle pouvait être la cause de ce retard ? L'avait-on épiée, dénoncée ? L'anxiété de madame d'Orby redoublait ; elle voyait déjà les perquisitions s'étendre jusqu'à sa nouvelle retraite, et l'odieux commis-

LA FAUSSE ADULTÈRE.

saire la saisir pour la seconde fois. Enfin, vers les dix
heures du soir, au moment où elle s'apprêtait à goûter
quelque repos, madame de Brevannes entra une lettre à
la main. Un messager l'apportait ; elle était de madame
Duval.

  « Très-chère amie,

 » Ils sont enfin repartis ; sois rassurée. Encore quel-
» ques jours, et ta captivité cessera. Mutel n'était pas
» seul ; l'odieuse clique, je dis mieux, la bande crimi-
» nelle, se trouvait au complet. Que le chef a été inso-
» lent et tout le reste méchant et lâche ! Voici d'abord
» quelques détails.

 » Ton mari, tu t'en souviens, s'était réfugié de bonne
» heure dans sa chambre et même dans son lit. Le som-
» meil, qui l'a toujours si bien favorisé, le fuyait cette
» fois. Vers onze heures il se leva et appela Julie, ta
» femme de chambre : « Où est madame ? qu'on la
» cherche. J'ai des pressentiments funestes ; un mal-
» heur sera arrivé. » Et elle le vit, lui qui n'a jamais
» touché une arme, prendre ses deux pistolets dans son
» secrétaire. « Grands dieux ! s'écria Julie, à qui les des-
» tinez-vous ? — Tu le verras, » fut sa seule réponse. Il
» fit lever tous les autres domestiques, leur ordonna de
» le suivre, et ma maison fut envahie à l'instant.

 » Que ton mari est heureux de la longue absence du
» mien ! Le sang aurait coulé. Il courut comme un fu-
» rieux vers la porte de ma chambre : « Vous cachez ma
» femme ; elle est là ; j'enfonce la porte ; je la brise d'un

» coup de pistolet. » Deux de mes gens se jettent sur lui,
» les siens veulent soutenir leur maître, la bataille allait
» s'engager. Par bonheur, on eut la présence d'esprit de
» courir chez M. Doigny, qui sortait à peine de chez moi,
» et qu'exprès j'avais retenu fort tard à faire la partie. Il
» se hâta de paraître, et avec ce ton d'autorité qui lui est
» naturel :

« Quel scandale! monsieur d'Orby, à cette heure, à la
» porte d'une femme dont le mari voyage! violation de
» domicile à main armée! » Ce héros de quelques mi-
» nutes, M. Doigny me l'a raconté, ne fut plus qu'un
» enfant; il remit ses pistolets dans sa poche, se retira,
» fit des excuses, ajoutant seulement : « Que voulez-
» vous? un mari qui perd sa femme n'est pas si coupable
» de la chercher là où il la suppose. » A peine de retour
» chez lui, l'excès d'exaltation le reprit, il se livra aux
» perquisitions les plus minutieuses dans l'appartement,
» ordonna une battue dans le jardin et jusque dans les
» champs; enfin, vers deux heures de la nuit, fit réveiller
» le curé, chez lequel il demeura jusqu'au jour. Dieu
» sait ce qui se passa entre eux.

» Ta maison avait repris une apparence de calme; ce
» n'était que regards inquiets, que chuchotements entre
» les domestiques; aux clameurs et à l'agitation avaient
» succédé le silence et le repos. Tout à coup, quelque
» temps avant l'heure où Mutel était attendu, ton mari
» redonna le signal, et chacun de se mettre en campagne.
» Cette fois le curé l'accompagnait et encourageait les re-
» chercheurs, lorsqu'une voiture d'assez bonne apparence

LA FAUSSE ADULTÈRE.

» entre à Eppeville. Mutel et un huissier en descendent.
» Où est M. d'Orby? demande gravement Mutel. — Il
» cherche sa femme, répond le domestique. — Sa femme!
» répond l'homme de la police. Elle n'est pas ici? — Non,
» elle s'est enfuie depuis hier au soir. » Et M. d'Orby
» prévenu accourait plein de trouble et d'égarement.

« Voici ma lettre de cachet, monsieur, dit Mutel en
» se redressant ; conduisez-moi vers madame. — Vers
» madame... balbutie M. d'Orby. Hier au soir... Je ne
» sais où elle est... Nous courons après elle depuis quinze
» heures.... » Tes deux beaux-frères, qu'un accident à
» leur voiture avait séparés de Mutel, survinrent et l'en-
» tendirent s'écrier : « Quelle comédie! Vous vous êtes
» réconcilié avec madame, vous la dérobez à nos regards,
» et vous avez l'air de la chercher. Est-ce ainsi qu'on se
» joue des ordres sacrés du roi? Cinquante lieues pour
» être mystifié!... Messieurs, ajouta-t-il en se tournant
» vers tes beaux-frères, c'est votre affaire à vous. Jamais
» famille n'a été mieux dupe de l'un de ses membres...
» Vous devez être profondément humiliés... Le ministre
» sera furieux de tout ce vain bruit et de cette singulière
» équipée. »

» A ce ton d'ironie et de reproches, Alexandre, l'aîné
» des deux frères, entra dans une colère difficile à dé-
» crire; il s'avança vers M. d'Orby, le parcourut tout
» entier de ses regards, porta la main sur son épée, fixa
» son frère, puis recula en haussant les épaules et lui je-
» tant à la face le mot de *misérable*. M. d'Orby, avec un
» geste noble et un accent de dignité inconnu jusque-là,

» se borna à lui répondre d'abord : « Vous êtes mon
» frère aîné, je ne suis pas un spadassin, et l'affaire me
» regarde plus que vous, je l'espère. » Puis, se repre-
» nant et comme éclairé d'une illumination soudaine :
« Ah! vous le prenez sur ce ton! vous faites de moi un
» comédien, un imposteur... Tant mieux si elle échappe!
» Quant à moi, du moins, je ne m'occuperai plus de sa-
» voir où elle est. Faites maintenant, messieurs, ce qui
» vous plaira. Je n'apporterai aucun obstacle à vos dé-
» marches, mais je n'en seconderai aucune. Mes gens
» sont à votre disposition. Je me retire. »

   » Vos beaux-frères et Mutel, ainsi maîtres du terrain,
» s'interrogèrent sur le parti à prendre. « Elle ne peut
» être loin, dirent les premiers. Prenons possession du
» logis. Un domestique au moins est dans la confidence;
» l'argent nous donnera bientôt son secret. » Ils ont donc
» passé deux jours, chère amie, à épier, à fouiller, à
» questionner, courant d'Eppeville au presbytère, du
» presbytère à la ferme, rôdant autour de ma demeure,
» poussant jusqu'à celle de M. Doigny, tantôt prenant
» un faux air de satisfaction, tantôt se livrant aux em-
» portements et à l'injure, enfin se retirant couverts de
» confusion et l'âme pleine de rage.

   » Un ou deux de tes gens auront été gagnés sans au-
» cun doute, et ton amie surtout sera l'objet de leur es-
» pionnage. Par prudence, nous te laisserons trois ou
» quatre jours encore dans ta solitude. Ainsi l'a décidé
» ton sauveur. Quelques lignes de réponse par le mes-
» sager, etc. »

LA FAUSSE ADULTÈRE.

Madame d'Orby cherchait le repos, et comme le chagrin et les vives émotions, la joie le suspendit encore.
Elle reprit et quitta vingt fois la lettre de son amie ; elle
l'interprétait, la commentait sans fin, comme si elle eût
recélé quelque piége inaperçu, quelque péril auquel elle
n'eût pas échappé. Ils étaient repartis ; mais la ruse leur
était ordinaire, le retour facile ; madame Duval s'abusait
peut-être. Aussi son premier soin en se levant fut de dire
à la bonne tante :

« Je n'ai pu reposer ; tout m'est suspect de leur part,
» leur dépit, leur retraite. Que ferions-nous s'ils se pré-
» sentaient ici ? Avez-vous quelque coin bien caché où je
» puisse me réfugier ? — Au pied de la petite tour est
» un caveau dont l'entrée est inconnue à tout le monde.
» Mon frère et moi en avons seuls le secret. Venez, et
» quand vous l'aurez visité, toute votre sécurité renaîtra ;
» il peut braver les recherches d'une famille conjurée et
» de la police la plus habile.» A l'instant, et dans la
chambre même qu'elle occupait, elle lui découvrit une
petite porte qui semblait faire corps avec la boiserie,
une échelle suspendue le long du mur et par laquelle on
descendait à l'entrée d'un antique souterrain. « Désirez-
» vous y descendre? ajouta la tante ; le peu que je vous
» montre ne suffit-il pas?

» — Pardonnez tout à une crainte exagérée peut-être,
» mais involontaire, reprit madame d'Orby. — Soit.
» Laissez-moi prendre une lumière. » Et au bout de quelques instants elles se trouvèrent sous un caveau assez profond, à la voûte duquel était suspendue une lampe toute

CAUSES CÉLÈBRES.

prête. « J'ai songé à tout, vous le voyez, ajouta la tante.
» Mon frère a prévu le cas d'une trahison et d'une sur-
» prise, et moi j'ai eu longtemps à combattre un persé-
» cuteur plus acharné que le vôtre. J'étais seule, et vous
» avez trois protecteurs.» Maintenant pleine de confiance
encore une fois. madame d'Orby sourit et se blâma
de ses frayeurs, qui redoublaient pourtant à la première
personne qu'elle apercevait de loin dans la campagne.
Enfin un petit billet de son amie lui rendit le calme.

« Chère Julie,

» La route de Paris est décidément celle qu'ils ont
» prise. Je les avais fait suivre jusqu'à Péronne, avec
» ordre de n'en revenir qu'après leur départ. Ils y ont
» passé trois heures seulement, et déjà sans doute la po-
» lice a fait son rapport et l'assemblée de famille délibère.
» A demain vers dix heures du soir. Je te préviens, car
» tu pourrais nous prendre pour cette race maudite. A
» propos, ton mari ne reparaît plus ; on le sert dans sa
» chambre ; il s'est constitué son prisonnier. Il se punit
» de ce que tu lui échappes. »

Inutile d'insister sur les détails de cette entrevue nouvelle. Bonheur de se retrouver, douleur de se séparer, et
pour toujours peut-être ; dévouement de madame Duval
et de M. Doigny ; vœux, recommandations, promesses,
et de la part de madame d'Orby expression d'une reconnaissance dont toute sa vie ne suffirait pas pour acquitter
la dette.

Elle partit enfin, et arriva assez rapidement à Bruxel-

LA FAUSSE ADULTÈRE.

les, et, par les soins d'un correspondant de M. Doigny, elle fut dirigée sur Ostende, où elle s'embarqua pour l'Angleterre. La traversée fut longue et périlleuse ; une tempête jeta le bâtiment sur les côtes de Hollande. Au milieu de la consternation de l'équipage et des passagers, madame d'Orby garda un visage calme et serein. Plus tard, et lorsqu'un vent favorable la ramenait vers le but de son voyage, elle rendait compte, dans une lettre communiquée depuis par madame Duval, de ses impressions à ce moment si terrible pour tous les autres.

A bord de *la Syrène*, le lendemain de la tempête.

« Ma chère amie,

» Hier tous ceux qui m'environnent suppliaient Dieu » de les épargner ; aujourd'hui ils le remercient. Hier la » prière, aujourd'hui les actions de grâces. Pourquoi moi » seule ne suis-je pas entrée dans ce sentiment commun » de terreur et de reconnaissance? J'ai besoin de te ré– » véler l'état de mon âme et le secret de cette exception » bizarre. Ils étaient prosternés, j'étais debout ; ils sem– » blaient abattus, je paraissais inébranlable ; ils se ré– » jouissent maintenant, je suis sérieuse ; ils bénissent le » ciel, je porte mes regards sur les flots, souriant quand » ils étaient furieux, triste depuis qu'ils sont devenus » calmes.

» Pour mieux m'interroger, laisse-moi redonner un » moment à l'Océan toute son agitation, au navire toute » sa tourmente, aux passagers tous leurs périls avec

» toutes leurs angoisses. Je me replace fidèlement dans
» ma situation d'hier. Le vent siffle, l'éclair brille, la
» foudre gronde, la mer se soulève ; un degré de plus de
» sa fureur, et le vaisseau s'engloutira. Plus le péril re-
» doublait, plus mon âme était à l'aise. Je ne sais quelle
» espérance m'appelait, m'emportait ailleurs, me mon-
» trait le salut dans le danger même, comme si le destin
» m'en réservait auquel j'aurais été heureux de me sous-
» traire. Est-ce de l'exaltation, du délire, un état voisin
» de la folie? De quelque nom que tu l'appelles, il a
» existé ; je m'en souviens, je le retrouve en écrivant.
» Je ne puis le comprendre, mais un pressentiment fatal
» me le fait regretter. Je n'étais pas superstitieuse, je le
» suis devenue tout à coup.

    » Ah ! si j'osais exprimer ce que je crois lire dans un
» avenir assez prochain !... Mais non, écartons ces idées.
» O ma patrie! ô mes amis! je vous reverrai, oui.... Je
» ne serai pas de celles qui échappent au naufrage pour
» périr dans le port. Pourquoi retracer ce désordre de
» la nature? Il a bouleversé mon âme. Allons, que la
» raison le dissipe peu à peu, comme le soleil a chassé
» les nuages. Je me trompe : ceux qui donnent à ma
» pensée une teinte si sombre l'obscurciront longtemps
» encore. N'était-ce pas assez de la réalité cruelle? Faut-
» il lutter contre des fantômes. Le présent m'accable,
» l'avenir me menace. Amélie, chère Amélie, je ne
» t'embrasserai plus. »

    Peu à peu toutefois ces tristes pressentiments s'éva-
nouirent, et en touchant le sol de l'Angleterre, ma-

LA FAUSSE ADULTÈRE.

dame d'Orby crut saisir à la fois la liberté, le calme, le
bonheur, comme si ce détroit de quelques lieues eût
élevé en un moment entre elle et ses mortels ennemis
une insurmontable barrière ! tant les terribles et diverses
épreuves qu'elle venait de traverser avaient exalté son
imagination et donné à ses pensées une mobilité qui désormais devait la jeter sans transition marquée dans tous
les sentiments extrêmes ! Ainsi tour à tour l'espérance
avec ses rêves séduisants, et le chagrin avec ses résolutions désespérées, la vigueur de l'âme et l'abattement, le
silence des passions jusqu'à la froideur et leur transport
jusqu'à la frénésie, plus rien désormais de modéré, de
paisible ; elle était ou dans les cieux ou au fond de l'abîme ;
triste et inévitable effet des grands ébranlements de l'âme.
Sa lettre en avait révélé les premiers symptômes.

Aussi, lorsqu'elle se présenta à Londres chez le révérend
M. Norton, père respectable d'une nombreuse famille,
pour lequel un ami de M. Doigny à Bruxelles lui avait
donné la recommandation la plus pressante, elle débuta
d'un accent à faire douter de sa raison. D'un pas précipité, l'œil fixe, la voix haute : « Êtes-vous superstitieux,
» monsieur l'Anglais ? Croyez-vous à la fatalité ? Pensez-
» vous qu'il est dans la destinée de certains êtres de
» porter malheur ? Redoutez-vous leur contact ? » M. Norton ne savait que penser, que répondre ; les paroles rapides et pressées de la voyageuse ne lui en donnaient pas
le temps.

« Alors je vais me retirer, me livrer au hasard. Inutile
» de vous remettre ma lettre. — Une lettre, madame... »

Il tendit la main, elle avança machinalement la sienne,
et comme si elle eût été devant un juge prêt à prononcer
son arrêt, elle attendit que la lecture fût achevée. Froid
naturellement et flegmatique, M. Norton ne donnait aucun signe d'émotion ; mais à ces mots mystiques qui terminaient la lettre : « Ce n'est pas une brebis égarée,
» c'est un ange qui va faire halte dans ta sainte demeure
» pour remonter vers le ciel, » le visage du révérend
s'épanouit et un rayon divin l'illumina : « Dieu vous en-
» voie, madame ; ne quittez pas la maison de son servi-
» teur. Ici ordre, charité, repos. Ces biens, qui vous ont
» manqué, se présentent à vous ; acceptez-les, ne vous
» éloignez pas. La tente est toute dressée, la famille
» prête à vous recevoir ; asseyez-vous ; que notre maison
» soit désormais la vôtre.

» — Ah ! monsieur, pardon, s'écria madame d'Orby,
» j'ai blasphémé tout à l'heure, j'ai commis un double
» outrage envers Dieu en parlant de hasard, envers vous
» en songeant à me retirer. Oui, il y a une Providence,
» et je la reconnais à un de ses plus nobles représentants.
» J'obéirai à tout ce qu'il lui plaira de me prescrire. »
Elle baissa les yeux ; des larmes les humectaient. M. Norton la conduisit au sein de sa famille, composée de sa
femme, de trois filles et d'une sœur de quarante-cinq ans
environ.

Cette maison était le modèle non de ce rigorisme
exact et compassé qui déconcerte presque toujours et touche rarement, mais de la vertu affable dans ses manières,
angélique dans sa pureté, prodigue d'aumônes, et qui

LA FAUSSE ADULTÈRE.

seule possède le secret de consoler les affligés, de couvertir les plus endurcis. Touchée de la franchise du pasteur et des prévenances affectueuses de sa famille, madame d'Orby accepta une hospitalité dont on lui permit de régler à son gré toutes les conditions. Elle entretenait avec madame Duval une correspondance assez suivie; mais pendant une année environ elle ne roula que sur les douceurs d'une paix inespérée, sur les regrets d'une séparation sans terme, sur le charme d'une amitié à toute épreuve. Les beaux-frères n'avaient pas donné signe de vie. M. d'Orby continuait à se tenir enfermé comme un ermite. Eppeville était devenu un cloître solitaire.

Quoique anglican, M. Norton possédait au suprême degré le mérite de la tolérance; sa sœur, au contraire, vieille fille déjà, après avoir brûlé deux années d'une passion malheureuse, s'était jetée, suivant l'habitude, dans les sentiments outrés de sa religion et n'aspirait à rien moins qu'au prosélytisme. Madame d'Orby, avec ses malheurs, son âme tendre et expansive, son penchant au fatalisme, lui parut un sujet précieux à conquérir. Toutefois, soit supériorité de l'esprit auquel il fallait s'attaquer, soit défiance de ses propres moyens, elle n'avait jamais eu le courage d'aborder ce sujet.

Enfin un jour elle débuta ainsi : « Quelques méchants, » chère madame, ont remarqué votre indifférence pour » les pratiques religieuses; d'autres se sont étonnés de » vous avoir vue quelquefois assister à nos réunions si » touchantes, si solennelles par leur simplicité même. Ils » ont osé demander : De quelle religion est-elle? C'est un

» malheur de flotter ainsi entre deux cultes sans apparte-
» nir exclusivement à aucun. Dans l'un vous n'avez trouvé
» qu'un ministre assez lâche pour vous abandonner et
» s'unir à vos persécuteurs ; dans l'autre..... Je n'ai pas
» besoin de faire l'éloge de mon frère.

 » — N'allez pas plus loin, mademoiselle, répondit ma-
» dame d'Orby, je vous devine ; je ne suis ni un esprit
» fort ni une indifférente ; je prie où il me convient et
» comme il me convient, sans en devoir compte qu'aù
» Tout-Puissant, auquel s'adresse ma prière. Encore une
» fois, je vous devine, et je n'ai pas de mérite. Depuis six
» mois vous vous trahissez par vos conseils indirects ; j'ai
» feint de ne pas me les appliquer, soyez sincère. » Son
visage s'anima, sa voix prit un ton plus élevé et plus sévère ; mademoiselle Norton parut déconcertée.

 « Vous cherchez en moi la matière d'un triomphe.
» Parce que je suis entrée dans votre famille, vous voulez
» m'attirer à votre religion. Ce que n'a pu faire l'image
» du mérite paisible de votre frère, vous l'attendiez d'un
» sermon ; vous avez une bien haute idée de vous, une
» bien faible de moi. Un tendre intérêt, une douce com-
» passion, la charité enfin m'a accueillie, l'orgueil et l'in-
» tolérance me repoussent. Après cette tentative, ma pré-
» sence vous serait pénible. Le témoin de notre impuis-
» sance nous deviendrait bientôt odieux. Je m'éloignerai,
» mais en silence ; le respectable révérend ne vous par-
» donnerait pas d'avoir entrepris l'œuvre délicate devant
» laquelle il a reculé. »

Une semaine après, madame d'Orby demanda un en-

LA FAUSSE ADULTÈRE.

tretien particulier à M. Norton. « Je vous quitte ; mais
» j'ai arrêté un logement à quelques pas du vôtre. Je
» ne m'éloigne pas de vous ; je me place autant qu'il est
» permis à la portée de mon généreux protecteur et de ses
» conseils salutaires. Promettez-les-moi encore, n'en
» soyez pas avare ; mais surtout n'attribuez pas ma dé-
» marche à un mouvement d'inconstance, de légèreté ou
» d'ingratitude, à un vain désir de me trouver plus libre.
» Dieu me juge, monsieur Norton ; je le prends à témoin
» ce Dieu dont vous êtes le digne ministre. Je quitte
» votre maison parce que je dois la quitter ; j'y vivais
» paisible, et peut-être l'agitation m'attend ; j'y vivais
» heureuse, et peut-être le malheur va recommencer pour
» moi. N'importe, je me retire ; ne m'interrogez pas, es-
» timez-moi assez pour me croire. Je cède à un devoir ;
» que ma destinée s'accomplisse !

» — Ah ! s'écria M. Norton, ma sœur aura cru gagner
» le ciel. Quel abus de l'hospitalité ! Pour prix de la paix
» que vous avez goûtée trop peu de temps, hélas ! vous ne
» voulez pas me rendre le trouble et les querelles domes-
» tiques. C'est donc à moi d'être reconnaissant ; chaque
» jour j'irai vous le prouver. Pardonnez à l'ardeur insen-
» sée de ma sœur. Quelle que soit votre croyance, je ne
» me permets pas de l'examiner ; persévérez, demeurez-y
» fidèle : puisse-t-elle vous inspirer toujours la pensée du
» bien et le courage de l'accomplir ! »

Quelques jours après, madame d'Orby était installée
dans une chambre modeste, auprès de laquelle se trouvaient un cabinet où elle faisait coucher une servante, et

CAUSES CÉLEBRES.

une petite cuisine fort obscure, avec un enfoncement pratiqué dans le mur et si peu visible, qu'au besoin il pouvait servir de cachette. Elle passa là deux mois assez paisibles, recevant les visites assidues de M. Norton, et ne négligeant pas de les rendre à sa femme et à ses filles chaque fois qu'elle était prévenue de l'absence de la sœur. Madame Duval, instruite de ce changement de sa situation et de la nécessité de vendre ses derniers bijoux, avait laissé écouler six semaines sans réponse. L'anxiété renaissait, le fatalisme troublait l'imagination de la pauvre expatriée de toutes ces terreurs qu'aggrave à chaque minute l'idée fixe d'une destinée écrite d'avance, sous laquelle il faut se courber, qui nous a saisis comme par la main, qui nous presse, nous entraîne, faisant entendre par intervalles le terrible *marche! marche!*

Tout à coup ce qui devait l'accabler la releva. Cette fausse paix de quatorze mois avait communiqué à son âme de la mollesse et de l'engourdissement. Elle avait désappris à combattre. Le ressort n'était pas brisé, mais énervé. La lutte pouvait seule ranimer sa première vigueur. Ses ennemis, qui avaient paru sommeiller si longtemps, se réveillaient à leur tour. Les deux beaux-frères reparurent enfin à Eppeville. Madame Duval sonna l'alarme.

« Chère amie,

» Le cloître est redevenu une place de guerre. Hier » au soir une voiture y faisait son entrée, non triom- » phante comme autrefois, mais mystérieuse. Depuis deux

LA FAUSSE ADULTÈRE.

» jours il y a des conciliabules. Rien n'a transpiré en-
» core. Tiens-toi sur tes gardes. Préviens M. Norton
» qu'il redouble de vigilance ; il se trame quelque com-
» plot.

» Vendre tes diamants ! faire à mon amitié l'injure d'un
» refus ! Et puisque tu me forces à parler de restitution ,
» n'as-tu pas des biens considérables ?... Es-tu satisfaite
» maintenant ? Ne voudras-tu pas même me traiter comme
» un prêteur ordinaire ? Et nous avons vécu en véritables
» sœurs ; tout nous était commun, peine, bonheur, ar-
» gent. Parce que tu es la malheureuse, tu te crois le
» droit de m'outrager... Ta susceptibilité me fait trop de
» mal... J'interromps ma lettre... Je la terminerai de-
» main. Il m'arrivera peut-être quelque nouvelle de leur
» délibération satanique.

» J'avais raison. Voici ce que Pierre a rapporté à ma
» fidèle Marie, pour laquelle, tu le sais, il a une passion
» dont elle commence à ne plus rire. Tes beaux-frères
» ont mis deux jours à forcer la porte de ton mari. Il avait
» juré d'être imprenable ; mais après quarante-huit heures
» de siége, il y a eu des pourparlers, une capitulation. Ils
» se sont vus. Que s'est-il passé au juste ? Le résultat se
» devine assez par ces mots échappés dans un mouvement
» de dépit à tes beaux-frères, lorsqu'ils descendaient l'es-
» calier, et recueillis par Pierre, qu'ils n'apercevaient pas :
« Rien à faire ; c'est un imbécile. Agissons ailleurs. »

» Je vais mettre en campagne et le respectable con-
» seiller et ma petite escouade ; mais que découvrira-t-elle
» à Paris quand la police est contre elle ? que peut leur

CAUSES CÉLÈBRES.

» inexpérience contre la rouerie consommée de ces mes-
» sieurs? Prudence et courage. Attends et espère.

» Ton amie dévouée, etc. »

Il faut laisser un moment madame d'Orby à Londres, madame Duval à Eppeville, et suivre les beaux-frères dans les divers incidents de leur infâme machination. Le temps les a dévoilés et nous a appris à quel rôle dégradant et criminel la police n'hésitait pas alors à descendre.

Les voyageurs étaient attendus avec impatience par leur sœur et par Marais lui-même, dont la vanité était humiliée de n'avoir pu ressaisir sa proie, et dont la cupidité s'excitait par l'appât de sommes plus fortes encore que celles déjà reçues. « Eh bien, s'écria-t-il le premier, » victoire ! sans doute ; le consentement est arraché ? — » Non, répond l'aîné des frères. Après deux jours de » combats pour entrer dans sa chambre, deux autres jours » de pourparlers pour triompher de son entêtement, nous » avons obtenu ce peu de mots : « J'ai pardonné le passé ; » il me faut des fautes nouvelles. Vous avez commencé, » achevez. Oublions notre querelle, mon cher Alexandre ; » je vous remercie de veiller sur notre honneur. »

» — Voulez-vous me donner carte blanche, dit Marais, » et faire les frais du nouveau projet que je médite? qua- » tre mille livres d'abord, et le reste après le succès ; ma » réputation est engagée comme la vôtre. Si, au lieu de » me regarder sans cesse comme un instrument subal- » terne, vous m'aviez mis en tête de l'affaire, elle n'en » serait pas au commencement encore après trois années ;

LA FAUSSE ADULTÈRE.

» la séparation de corps serait prononcée, votre fortune à
» l'abri de la première maladie qui surviendra. Reposez-
» vous sur mon expérience et sur l'habileté de deux agents
» auxquels personne n'a échappé encore. Morte ou vive,
» nous en finirons. » Le traité conclu, Marais courut se
mettre à l'œuvre.

Deux jeunes gens du Midi, Cotrelle et Bernadat, de
familles respectables et riches, étaient venus depuis plusieurs années à Paris pour compléter leurs études. L'un
s'était fait remarquer par la beauté de sa figure, l'élégance de ses manières, et surtout par une candeur naïve ;
docile à toutes les impressions, il eût volontiers fait le bien ;
ses premiers pas dans le mal l'y fixèrent à jamais. L'autre,
vif, ardent, spirituel, dominateur, s'était précipité dans le
vice avec toute la fougue méridionale, et y avait entraîné
son ami toujours prêt à céder ; il l'avait subjugué et régnait
en despote sur ses volontés asservies.

La figure de Bernadat formait avec celle de Cotrelle un
contraste qui du premier regard faisait aimer l'un et redouter l'autre. Le vice y avait empreint tout ce qu'il a de
hideux. Il y éclatait d'une façon terrible par le jaune qui
entourait ses paupières, par une pâleur signe de décom-
position précoce, par la saillie des os. Sa voix altérée bégayait souvent, et des cris rauques s'échappaient de son
squelette frêle et tremblant. La corruption avait pénétré
jusque dans la moelle des os et brisé la force virile de la
jeunesse. Ses regards pourtant dardaient un feu sombre
et dévorant qui révélait le génie du mal et toute la supériorité de cette intelligence satanique.

CAUSES CÉLÈBRES.

Non loin de la demeure qu'ils occupaient tous deux rue des Nonaindières, une jeune fille avait disparu sans que jamais on pût en retrouver les traces; les voisins avaient aperçu ces jeunes gens rôder autour de la maison, l'un d'eux faire sentinelle, et, à ce qu'ils rapportaient, l'autre monter jusqu'au troisième étage de la maison habitée par la jeune fille. Elle les avait suivis et n'était plus revenue. Les parents portèrent plainte et les firent décréter de prise de corps; mais de vagues présomptions, des indices fugitifs n'aboutirent qu'à une information sans résultat.

Tout en échappant à la justice, les deux prévenus tombèrent sous la surveillance de la police la plus sévère. Marais, dont la sagacité jugea d'abord l'excellent parti qu'il en pouvait tirer, après les avoir surpris deux fois en flagrant délit de dissolutions presque criminelles, affecta de leur pardonner, les étudia à fond, les gagna et se les attacha comme deux instruments précieux pour les occasions où il s'agissait de femmes. Il ne s'était pas trompé; la beauté de l'un, l'esprit de l'autre, quelquefois le concours de tous les deux, lui rendirent d'importants services.

Cette fois il leur fit une réception distinguée et prit un ton solennel en rapport avec la mission extraordinaire dont il allait leur expliquer toutes les difficultés. « Ce que vous » avez fait jusqu'ici, messieurs, n'est rien au prix de ce » que je vous réserve. Vous, Cotrelle, vous vous êtes ac— » quitté à merveille de votre découverte à la Haye; mais » vous aviez affaire à un amant vieux et crédule et à une » femme sans défiance. Vous, Bernadat, vous avez réussi

LA FAUSSE ADULTÈRE.

» sans doute pour l'infanticide réfugiée à Stutgard ; mais
» elle avait pour confident un jeune écolier de l'université ;
» un soir de débauche et d'ivresse vous a rendu maître de
» son secret.

 » Ce sont, je le parie, de grandes choses à vos yeux ;
» eh bien ! s'il m'était permis de vous ouvrir le livre des
» véritables exploits, vous jugeriez vous-mêmes qu'elles ne
» méritent pas d'y être inscrites. Jusqu'ici vous avez rem-
» porté de trop faciles victoires ; je vais vous mettre aux
» prises avec un ennemi sérieux. Je vous envoie en An-
» gleterre, mais non en ligne directe. Il faut passer par
» les environs de Ham et y prendre vos véritables lettres
» de créance. Vous toucherez ce soir l'argent nécessaire.
» Voici mes instructions précises ; méditez-en chaque ar-
» ticle et partez. »

INSTRUCTIONS POUR C*** ET B***.

 « Il s'agit de madame D***, femme de..., etc. Une
» éducation très-soignée, une grande vivacité de répartie,
» de la fierté, une grande prétention à la vertu et à la
» sagesse. Toutefois de la coquetterie et des agréments
» pour la justifier.

 » — Surprise à un rendez-vous chez la Gourdan.....
» criant à la trahison, à l'infamie... Enfermée à Saint-
» Lazare pendant trois mois... Retirée par son mari, qui
» n'a jamais osé porter plainte, et conduite dans sa terre
» d'Eppeville, près de Ham.

 » — Fugitive d'Eppeville on ne sait trop par quels

» moyens ; mais, on le soupçonne, par la connivence d'une
» amie intime, madame Duval, sa voisine de campagne,
» et par la protection d'un conseiller au parlement,
» M. Doigny... Actuellement en Angleterre, où elle a
» demeuré près d'une année chez le révérend M. Norton.
» Elle l'a quitté pour prendre un appartement dans la
» même rue, *Cavendish-Street ;* elle y vit très-retirée et
» presque invisible.

   » — Le mari, toujours sur sa terre, ne voit personne,
» ne parle à personne, faible, mystérieux, insignifiant...
» Inutile de s'en occuper. On se bornera à recueillir les
» bruits qui pourraient circuler çà et là.

   » — La première difficulté à vaincre, C*** et B*** le
» comprennent, est de pénétrer chez madame Duval, et,
» sous le prétexte d'un voyage à Londres, de se rendre
» porteur d'une lettre pour son amie. Ce résultat obtenu,
» C*** et B*** m'adresseront un rapport d'après lequel
» ils reviendront à Paris ou partiront directement pour
» Londres. »

Le 7 avril, à onze heures du matin, huit jours seulement après leur départ, se présentaient chez madame
Duval deux messieurs se faisant annoncer, l'un sous le
nom de M. de Prato, l'autre sous celui de Valdès, et se
disant chargés par M. Norton d'un message particulier.
Elle les reçoit. Frappée de la bonne mine et des formes
gracieuses de Cotrelle, elle s'arrête peu à l'extérieur ma-
ladif de son compagnon, qui cependant prend la parole
avec un accent espagnol très-prononcé et lui donne à lire
la lettre suivante :

LA FAUSSE ADULTÈRE.

« Mes chers Messieurs,

» Je profite de l'arrivée à Paris de votre compatriote
» M. Castro pour vous demander avant votre retour un
» service d'ami que vous seuls pouvez me rendre. Il vous
» détournera un peu de votre route ; mais vous voyagez
» pour vous instruire, et vous aurez occasion de voir cette
» partie intéressante du nord de la France. D'ailleurs
» c'est dans l'intérêt de cette pauvre dame exilée dont
» vous m'avez si souvent entendu faire l'éloge. Elle a pour
» amie intime madame Duval, qui habite une terre près
» de Ham en Picardie ; personne très-distinguée d'ailleurs,
» dont l'accueil vous charmera et vous dédommagera lar-
» gement de votre obligeance. Demandez-lui, mais de ma
» seule part, si un voyage auprès d'elle ne serait pas in-
» dispensable ; de ma seule part, vous l'entendez, car son
» amie ne consentirait jamais à ce qu'elle appellerait une
» corvée, un trop grand sacrifice, et à ce qui en réalité
» sera le plaisir le plus doux pour moi, celui d'obliger la
» victime d'une atroce persécution.

» Votre dévoué,
» Norton. »

« — Ah ! cet excellent M. Norton, dit madame Du-
» val, quel dévouement au malheur ! Qu'il arrive sans
» doute... mais l'heure n'est pas venue... je n'ai rien
» découvert encore de positif... Je vous remettrai une
» lettre pour lui... une petite boîte de bijoux pour ma-
» dame d'Orby. »

Le lendemain, les deux émissaires retournèrent à

CAUSES CÉLÈBRES.

Paris, jugeant qu'un rapport était inutile et que l'expédition exigeait plus d'une conférence. Marais en effet leur en accorda plusieurs, dans lesquelles il leur souffla tout ce que le démon de la police inspire de plus raffiné et de plus détestable, et les congédia avec ces mots : « Je l'ai » eue adultère à Paris, il me la faut adultère à Londres. » Le succès est à ce prix. »

Dès leur arrivée en Angleterre, ils se partagèrent les rôles chacun suivant son génie, son extérieur. Cotrelle se chargea de gagner la confiance, Bernadat de corrompre des témoins, et le premier rapport de ce dernier à Marais prouve les progrès qu'ils avaient faits en peu de temps.

Londres, 16 avril 1769.

« Voici le résultat de notre travail de dix jours :

» 6 avril. — Madame d'Orby nous reçoit avec empressement et reconnaissance ; elle nous invite à prendre le thé chez elle ; nous entretient longuement de son malheur, de madame Duval, de M. Doigny. Nous l'écoutons avec intérêt et sans l'interrompre. Elle nous prie de revenir.

» En la quittant, nous nous rendons chez M. Norton. » Accueil froid. OEil scrutateur. Il nous congédie au bout de dix minutes.

» 7. — Découverte d'un agent d'affaires nommé Ogier, à réputation suspecte ; d'origine française. Promet pour de l'argent de donner dans deux jours des renseignements sur madame d'Orby.

» 8 et 9. — Rendez-vous avec Ogier. Il a déjà trouvé

LA FAUSSE ADULTÈRE.

» deux hommes dont on disposera, les nommés Clarke et
» Thomas Rogers. Ceux-ci se chargent à leur tour de
» s'adjoindre d'autres personnes.

» 10. — Soirée chez madame d'Orby. M. Norton y
» paraît à peine. C*** affecte de se retirer. B*** reste
» seul deux heures en tête-à-tête. Il offre ses services à
» Paris dès qu'il y sera de retour. On les accepte.

» 11. — Un porteur de chaise, une servante et deux
» garçons de bagnio (on appelle ainsi les mauvais lieux
» d'Angleterre) sont aux ordres de Clarke et de Thomas,
» et moyennant 240 livres payées d'avance seront prêts à
» déposer dès qu'on aura obtenu la permission d'informer
» en Angleterre. Il faut se la procurer avant tout, dit Ogier.
» Les fonds remis entre nos mains ne suffiront pas ; il
» faut au moins 1,200 livres, la vie étant très-chère ici.

» 14. — Trois jours se sont passés en pourparlers avec
» la petite troupe, par l'intermédiaire d'Ogier, qui nous
» servait d'interprète. Donné par écrit à chacun ce qu'il
» doit apprendre et débiter invariablement.

» Ainsi Clarke dira : J'ai aperçu pour la première fois
» madame d'Orby chez un marchand de tabac, où j'ai
» appris qu'elle était entretenue à deux livres par mois
» par un riche Américain appelé Aduison.

» Une des baigneuses dira : Elle est venue souvent
» dans notre maison, où plusieurs personnes ont passé
» des heures entières avec elle. »

» Ceci n'est qu'une simple indication du plan et de
» l'exécution. Chaque témoignage sera circonstancié,
» avec le jour, l'heure, la figure, la taille des individus,

» de manière à ce qu'il ne reste aucun doute et que la
» dame soit confondue par le nombre comme par la gra-
» vité des imputations.

» 16. — L'abandon de la dame continue ; elle n'a plus
» de secrets.

» On peut regarder les préparatifs comme achevés.
» Nous attendrons de nouveaux ordres. »

Marais félicita ses agents sur leur intelligence et leur
succès, envoya 1,200 livres, exigeant en retour l'envoi de
la déclaration écrite et circonstanciée des misérables payés
pour la faire, et annonçant que le permis d'informer serait demandé par l'ambassade française. A la vue de l'argent, Clarke, Thomas Rogers et consorts dirent, écrivi-
virent, signèrent tout ce qu'on voulut sur madame d'Orby.
Muni de cette espèce de procédure mensongère, Marais
courut chez les beaux-frères. « Eh bien, que vous avais-je
» promis? Nous la tenons ; la voilà plus coupable que chez
» la Gourdan. Lisez. » Et d'un œil avide et satisfait ils
parcoururent ce tissu d'horreurs ; d'une main triom-
phante ils agitèrent ces nouvelles armes fournies par l'infamie à la cupidité.

« Reste encore le plus difficile peut-être, s'écria Ma-
» rais : l'invincible mari à convaincre, à pousser à la
» plainte. Tenez-la toute prête ; qu'elle soit rédigée d'a-
» vance, qu'il n'ait plus qu'à la signer. Voudra-t-il seule-
» ment écouter la lecture de ces pièces? Encore un instant,
» et nous sommes vainqueurs. » Le surlendemain les
deux frères entraient dans la chambre de M. d'Orby.
« Tu nous avais donné mission de continuer, nous l'avons

LA FAUSSE ADULTÈRE.

» accomplie. Le désordre est plus grand encore à Londres
» qu'à Paris. — Ah! mon Dieu! s'écria M. d'Orby sor-
» tant de son état rêveur, madame Duval avait pourtant
» donné à M. le curé des détails bien différents..... —
» Madame Duval! reprit Alexandre, une complice!...
» C'est à cette source suspecte que vous allez puiser?...
» quelle crédulité obstinée! quel aveuglement! Ouvrez les
» yeux; lisez... — Non, dit M. d'Orby, lisez vous-
» même... ces choses-là font trop de mal à voir... j'aime
» mieux entendre. »

Le frère commença d'une voix grave, lente, accentuée,
appuyant sur chaque détail pour en faire ressortir l'indi-
gnité, poussant un profond soupir. De son côté, à chaque
ligne, M. d'Orby, tour à tour abattu, violent, prenait son
visage à deux mains ou levait la tête. « C'est trop, c'est
» trop à la fin... plus de pitié! » Le moment était favorable. « Soit, dit Alexandre, laissons ce que l'indigne a
» fait, songeons seulement à ce qui nous reste à faire; le
» voici: écoutez encore quelques moments. » Il commença
à lire la plainte; mais comme c'était le long récit du passé
et du présent... « Épargnez-moi, ô ciel! dit M. d'Orby,
» c'est trop... je vous l'ai dit déjà. — Alors, signez. —
» Oui, oui; elle m'y force... » Et il signa. Dès le lendemain, la plainte fut déposée au bailliage de Noyon.

Madame Duval, avertie par M. Doigny, se hâta d'en
instruire son amie. « Enfin ton mari s'est laissé vaincre,
» écrivait-elle; mais toi, te laisseras-tu condamner? Que
» résoudre? Tous les partis ont quelque chose de funeste.
» Si tu viens, la lettre de cachet te frappe, ils t'empri-

» sonnent, ta défense est paralysée. Si tu demeures, ton
» inaction paraît de la crainte, ton silence de la faiblesse.
» Quoique par contumace, la sentence ne t'atteint pas
» moins, et une fois criminelle par la voix de la justice,
» tu le deviendras bientôt par les clameurs de l'opinion
» qu'ils appellent solennellement à prononcer sur toi.
» M. Doigny lui-même n'ose hasarder un conseil ; selon
» lui, la liberté avant tout. Tu poursuivras la révocation
» de la lettre de cachet ; tu l'obtiendras par la raison que
» la justice une fois saisie, la mesure arbitraire ne saurait
» se soutenir. Alors tu te présenteras avec des armes
» presque toujours victorieuses dans les débats de cette
» nature : la persécution, dont l'infamie révolte ; la vérité,
» dont les accents touchent et pénètrent ; et si, en dés—
» espoir de cause, il fallait recourir à un moyen de droit,
» la réconciliation en quittant Saint-Lazare, le pardon,
» l'intimité reprise comme aux beaux jours du mariage.
» Tel est à peu près le langage de notre conseiller. Il
» l'appuiera de démarches auprès des juges, presque tous
» ses amis. »

Sans être prévu, ce coup n'étonna pas madame d'Orby.
Depuis quelque temps ses entretiens soit avec M. Norton,
soit avec le faux Espagnol, roulaient sur les maux de
l'avenir. Il lui apparaissait quelquefois terrible, toujours
sombre, et si sa pensée n'eût pas enveloppé tant d'autres
victimes dans un vœu coupable, elle se surprenait souvent
à regarder l'heure de la tempête, et le naufrage, comme
un terme heureux à ses maux. « Bien ! s'écria-t-elle dans
» le premier mouvement inspiré par la nouvelle de la

» plainte ; ils m'appellent sur un terrain où je ne refuse
» plus de les suivre. Enfin je les verrai face à face ; là
» du moins plus de police, plus de prostituées, plus de
» piéges, plus de lettres de cachet ; des armes égales
» pour tous, et la vérité non plus obscurcie des ombres
» de la calomnie, ou éclairée à demi d'une lumière dou-
» teuse, mais dans son jour manifeste. Elle va donc enfin
» éclater. »

Puis elle se calmait par degrés, reconnaissait la sagesse
des conseils de M. Doigny : « S'assurer le succès par la
» prudence, céder moins à des inspirations généreuses et
» suivre davantage la marche positive des affaires, s'indi-
» gner rarement, consulter toujours la froide raison. »
Jusque-là MM. Norton et Castro en avaient été les organes auprès d'elle. Elle désirait les réunir. Il y avait une
grande difficulté, à cause de la répugnance instinctive qui
éloignait sans cesse le premier de celui-ci. Elle avait
demandé vainement des explications ; M. Norton s'était
borné à répondre : « Que voulez-vous ! je ne sais pour-
» quoi. » Il accourut toutefois sans le moindre retard à
la réception du petit billet qui le convoquait.

« Pardon, dit madame d'Orby en le voyant, je suis
» au bord de l'abîme ; ce n'est pas trop de deux personnes
» amies pour me secourir. Oubliez vos préventions, mon
» cher monsieur Norton ; une fois, une seule fois consen-
» tez à une conférence avec cet Espagnol qui n'a d'autre
» tort que sa figure pâle et ses yeux ardents, sa mine d'a-
» gonisant et son exaltation d'inspiré. Est-ce sa faute ?
» — Pauvre femme, reprit le révérend, écoutez bien,

» car l'heure d'entendre est venue. J'ai désormais assez
» de renseignements, non pour affirmer la vérité, mais
» pour faire connaître mes soupçons. Cet Espagnol est un
» Français, un de ces hommes dont on ne paye pas le
» silence, trafiquant sans cesse du faux et du vrai, qui,
» s'ils ne savent rien, inventent; qui, s'ils savent quel-
» que chose, exagèrent; valets méprisés parce qu'ils se
» dégradent, odieux parce qu'ils nuisent, et toujours sus-
» pects parce qu'ils mentent toujours.

» Comprenez-vous? — Pas tout à fait encore, répond
» madame d'Orby. — Eh bien, ils mordent l'âme comme
» une sangsue, tirent le poison du cœur et le reversent
» à qui de droit. — De grâce, mille fois, point d'énigme;
» expliquez-vous sans images : n'avez-vous donc plus pi-
» tié de moi? — Oh! toujours, plus que jamais, continua
» M. Norton en lui serrant affectueusement les mains. Le
» nom est si vilain, si dégradé, que je n'ose le dire; vo-
» tre confiance si aveugle, que j'hésite à vous détromper.
» Ce Français est un agent payé pour surprendre le se-
» cret de votre âme, pour le vendre avec celui de vos
» moindres démarches... c'est un espion enfin...

» — Un espion! M. Prato un espion!... impossible, on
» vous a trompé. » Elle était anéantie. « A qui m'étais-je
» abandonnée! Encore un piége, j'y suis tombée; je n'ai
» rien eu de caché pour lui. Encore une fois, en êtes-
» vous bien sûr? — De nombreuses visites à l'ambassade
» et à des heures suspectes ne laissent aucun doute; je
» l'ai fait épier, et, pour douze livres sterling, son digne
» compagnon a livré hier au soir même la confidence

LA FAUSSE ADULTÈRE.

» après une partie de jeu dans un lieu de débauche.

» — Quelle faute! reprit madame d'Orby, quel mal-
» heur! comment le réparer? — En feignant quelques
» jours encore d'être sa dupe, en opposant la feinte à
» l'artifice; si l'un est coupable pour vous perdre, l'autre
» est légitime pour vous sauver. Il va arriver, je me re-
» tire. Demeurez maîtresse de votre première impression
» et de vos moindres paroles. »

Cotrelle venait rarement chez madame d'Orby. Peu à
peu, par une raison ou par l'autre, Bernadat était parvenu
à l'écarter. Avec son indolence naturelle, le bel agent ne
demandait pas mieux que d'être délivré des soins de son
métier. « Ah! celle-là a trop d'esprit pour moi sans doute.
» Je te comprends, mon cher ami; elle n'est pas de celles
» qu'on prend par les yeux. A toi donc les conquêtes de
» l'intelligence; à moi la matière. J'accepte volontiers
» mon lot. Mais écoute-moi : tu n'es pas si rusé qu'on
» ne te devine, et tu n'en imposes pas à ma bonhomie.
» L'intérêt de Marais ne te guide pas seul; tu travailles
» pour ton compte. Tu ne veux pas jusqu'à un certain
» point faire mentir notre petite troupe de témoins si bien
» dressée déjà. Bravo! digne ministre de Marais, ses in-
» structions portent leur véritable fruit; les fameuses pa-
» roles s'accompliront à la lettre : Je l'ai faite adultère à
» Paris, il me la faut adultère à Londres. Je m'incline
» devant mon maître. Au moins, pas de jalousie; j'ai re-
» marqué certains symptômes... suis-je donc ton rival?
» pourrai-je l'être? moi qui t'ai cédé trois maîtresses,
» irai-je t'en disputer une? moi, ton vieil ami?... je suis

» ton confident , rien de plus... Parle sans crainte :
» quels sont tes projets ? »

Devant une déclaration aussi franche, Bernadat ne pouvait reculer. « Oui, tu as dit vrai, j'aime, j'adore cette
» femme que j'ai mission de perdre. — Ah ! des senti-
» ments , profond débauché ! — Ne m'interromps pas.
» Lorsqu'au récit vingt fois répété de ses malheurs,
» j'ai voulu répondre quelques mots d'un intérêt trop
» tendre , elle est devenue subitement froide , réser-
» vée ; elle a changé de conversation et elle a eu un pré-
» texte pour sortir bientôt. Cette vertu soutenue sans se
» démentir m'a irrité ; je serai plus franc, cette répugnance
» peut-être m'a humilié profondément ; ma vanité s'est
» soulevée et mon amour s'est accru. J'ai des sens à sa-
» tisfaire et un amour-propre à venger.

» — Tu parles comme Othello, dit Cotrelle en sou-
» riant ; mais c'est du tragique ! — Tais-toi donc, con-
» tinua Bernadat avec l'accent de la colère ; on ne plai-
» sante pas avec les passions. Elle spécule sur moi, je le
» vois bien ; elle me reçoit parce qu'elle m'écoute, et elle
» m'écoute parce qu'elle me croit utile à ses projets. Ce
» sont des ménagements calculés, une complaisance in-
» téressée : on ne m'accueille pas, on me souffre... et je
» m'étais persuadé assez longtemps être reçu pour moi !
» N'importe, en suis-je moins dévoré de désirs et de dépit ?

» — Laisse les phrases de rhétorique et viens au fait,
» dit Cotrelle. — Au fait ! il se résume en deux mots, me
» venger et jouir. L'un est avancé déjà : notre premier
» envoi a dû produire son effet. L'autre ! ah ! là, j'en con-

LA FAUSSE ADULTÈRE.

» viens, est la difficulté. Je cherche, j'invente, je ne vois
» que la violence, et quand je m'examine, c'est le dernier
» moyen auquel il faut revenir... mes forces épuisées me
» trahiraient... la lutte serait inégale... je succomberais
» sous une femme... L'adresse seule me reste, la ruse,
» mon unique partage depuis tant d'années... mais elle
» est à bout... en deux mois, un regard, un mot, un
» geste l'ont vingt fois déconcertée.

» — Pauvre esprit ! tu me fais pitié, reprit Cotrelle.
» Ma médiocrité va donc venir au secours de ton génie...
» A quoi te servent tes lectures? n'es-tu pas sur la terre
» de Lovelace? Avons-nous même besoin de ce type des
» roués pour savoir le moyen de triompher d'une femme
» qui nous admet à son intimité, à ses confidences, et
» presque chaque soir à son thé solitaire?... — C'est as-
» sez, j'ai compris. — Que de temps perdu! — Je l'aurai
» bientôt réparé. »

Cet entretien avait lieu trois jours avant la convocation
extraordinaire qui devait mettre en présence une heure
peut-être deux hommes qui s'évitaient pour des causes si
diverses. L'un fuyait la probité dont le regard calme et
ferme rassure l'honnête homme et donne bientôt à celui
qui ne l'est pas quelque chose de déconcerté. L'autre évi-
tait le vice, sur le front duquel est imprimée l'effronterie, signe de ralliement pour tous ceux qui le pratiquent,
avis salutaire de se détourner aux amis de la régularité
et de la bonne conduite. Voilà pourtant les deux natures
antipathiques que madame d'Orby prétendait rapprocher
un moment dans son nouveau danger. Ignorante, cré-

CAUSES CÉLÈBRES.

dule, désespérée, elle se tournait de tous les côtés ; rejetée dans la tourmente, entraînée par les flots, elle saisissait tout ce qu'elle avait à sa portée, la planche de salut
comme l'instrument qui peut lui couper la main, le bien
et le mal.

Le révérend se retirait à peine, que l'espion lui succéda. Le temps avait manqué à madame d'Orby pour étudier le rôle ; elle le joua néanmoins au naturel, guidée
par cet instinct de conservation plus puissant que toutes
les leçons et alors plus habile que l'art. « Vous venez
» après l'heure fixée, le révérend vous a attendu ; il s'est
» retiré. — Nous serons seuls, reprit Bernadat avec un
» air de satisfaction, tant mieux ! l'austérité de votre ami
» m'en impose ; elle paralyse mes idées : je les développe-
» rai mieux hors de sa présence, vous pourrez les lui
» soumettre ensuite. »

Bernadat tire alors de sa poche cinq ou six feuilles de
papier remplies de son écriture. « Ce sont des notes, ma-
» dame. Causons d'abord de la grande question. Con-
» vient-il de passer le détroit et d'accepter la bataille de-
» vant le bailliage de Noyon ? Je n'ai pas bien saisi vos
» raisons avant-hier ; veuillez les rappeler. Auriez-vous
» quelques objections nouvelles ? les juges ? vos beaux-
» frères ? votre mari ? » Sur sa figure éclatait l'embarras ;
ses paroles étaient entrecoupées ; il ne bégayait pas comme
il lui arrivait souvent, il balbutiait ; quoiqu'il eût demandé
une réponse, ses questions s'accumulaient ; même cet œil
noir, dont le regard direct et étincelant dardait toujours
de la flamme, se détournait et se baissait par intervalles.

LA FAUSSE ADULTÈRE.

Ce brusque changement, cette altération si visible, mirent encore plus madame d'Orby sur ses gardes, et bientôt de la défiance elle passa à l'effroi. « Me soupçon-» nerait-il de le connaître enfin? se disait-elle ; médite-» rait-il quelque dessein contre moi? Je n'ai ici que ma » vieille servante. » A l'instant elle se leva, se dirigeant vers la cuisine avec ces paroles : « Elle dort, j'en suis » sûre ; elle aura oublié le thé. » Le seuil de la cuisine à peine franchi, elle referma la porte : « Courez chez » M. Norton, Marguerite, ramenez-le sans retard ; il y a » danger... répétez-le-lui bien, il y a danger. Chut ! mais » avant, servez le thé comme à l'ordinaire. »

Marguerite, tout interdite de cet air de mystère et d'ef-froi, se pressa d'obéir. Madame d'Orby eut le temps de reprendre sa contenance accoutumée ; mais Bernadat aussi, dans ces cinq minutes de solitude et de retour sur lui-même, s'était fait honte de sa faiblesse, et elle ne retrouva plus l'homme qu'elle venait de laisser si incer-tain de sa tenue et de son langage ; l'assurance était re-venue avec je ne sais quel air de victorieux. Dès qu'il aperçut la servante prendre la porte de sortie au lieu de celle de la cuisine, un rayon d'infernale joie brilla sur son visage ; bientôt la lubricité l'animant par degrés de tous les feux de la convoitise, il se crut au moment le plus favorable pour l'assouvir.

« Allons, chère madame d'Orby, lui dit-il d'un ton » plein de vivacité ; ce soir je ne suis pas content de vous ; » la parole vous manque pour m'adresser vos réflexions, » l'attention pour écouter les miennes. Est-ce ainsi qu'on

» conjure le danger? Eh bien, au moins jetez un regard
» sur ces feuilles; elles vous prouveront ma sollicitude à
» prévoir toutes les chances de votre situation nouvelle :
» lisez, et nous les discuterons ensemble. » Elle les saisit rapidement et les plaça de manière à cacher son visage, sur lequel, elle le sentait bien, devait se refléter
l'anxiété de son âme. Comme si les caractères n'eussent
pas été lisibles, elle affectait de prolonger la lecture.

C'est bien là ce que le misérable avait calculé. Il fit le
thé à la hâte, le versa dans les tasses, et dans celle de
madame d'Orby secoua vivement une petite fiole d'opium,
sans que sa vive préoccupation lui permît de s'en apercevoir le moins du monde. Il la laissa continuer quelques
instants encore sa lecture machinale, puis l'interrompant:
« Votre thé va se refroidir, madame ; je bois le mien au
» succès. » Elle aussi, pour s'épargner une réponse, saisit la sienne avec rapidité, répéta avec affectation : « Au
» succès ! » et d'un trait avala le breuvage. Les feuilles
échappèrent de ses mains et tombèrent sur le carreau;
elle se précipita pour les relever, heureuse de ce nouvel
incident.

Le plan de Bernadat était savamment combiné. « Si
» Marguerite rentre bientôt, on lui ouvre; elle regagne
» sa cuisine et se replonge dans son sommeil. Vieille, qu'en
» redouter? pauvre, elle est facile à corrompre. Si, au con-
» traire, Marguerite est longtemps absente, l'opium aura
» agi; elle frappera, je n'ouvrirai pas; elle croira sa maî-
» tresse sortie. De toute manière elle est à moi. »

Trois quarts d'heure s'étaient écoulés, la servante ne

LA FAUSSE ADULTÈRE.

reparaissait pas. La cause de ce retard était toute simple. En quittant madame d'Orby, M. Norton était allé faire une course dans la Cité. Interprétant les ordres d'après les craintes communiquées à son esprit, Marguerite jugea utile de l'attendre toute la nuit s'il le fallait. Cependant une langueur inconnue s'emparait peu à peu de tous les sens de madame d'Orby. « Dussiez-vous, monsieur, me » trouver impolie, j'oserai vous prier de me laisser seule ; » le sommeil ce soir me gagne avant l'heure accoutumée. » Elle voulait continuer ; la parole expirait sur ses lèvres, ses bras s'appuyaient immobiles sur la table, ses yeux à demi éteints fixaient la lumière sans la voir. Bernadat, attentif à chaque progrès de l'influence soporifique, se lève et d'un bond s'élance vers sa proie ; il la couvre de baisers, entr'ouvre sa gorge, y imprime ses lèvres impures. Elle pousse un soupir, fait un léger mouvement. Il s'arrête, mais pour la ressaisir plus éperdu. La lumière l'importune ; il n'ose l'éteindre et va la porter dans la cuisine. Le fauteuil fait obstacle à ses tentatives réitérées ; il songe au lit : là seulement il entrera en pleine possession ; voilà le seul autel sur lequel il puisse l'immoler. Il la saisit par le milieu du corps, l'enlève, fait deux pas. Trop faible alors, il la traîne ; mais, excédé d'ardeur et de fatigue, il est contraint de la laisser tomber. Comme si la commotion subite eût retenti dans tout son être, la léthargie demeure suspendue quelques secondes ; un cri s'échappe, une agitation convulsive se manifeste. Bernadat tremble et frissonne ; mais le sommeil de plomb appesantit de nouveau la victime et la replonge dans l'immobilité. A l'assassin

aussi, quel autre nom lui donner? revient non plus seulement l'impétuosité des désirs, mais la fureur de la brutalité. Il se précipite, s'excite, s'acharne, s'assouvit sur celle
qu'il a faite statue insensible, cadavre avant la mort...

Des pas retentissent dans l'escalier et arrivent vainement à son oreille; il n'entend plus rien. Quelques coups
faibles d'abord frappent la porte; ils redoublent; une voix
d'homme crie : « Ouvrez! » C'était le révérend. Bernadat
n'ose répondre; il n'en a pas la force. Il faudrait fuir,
un tremblement l'attache, le cloue au lieu même de son
infamie. « Ouvrez, répète-t-on avec colère, ou la porte
» va être enfoncée... Vite, Marguerite, avertissez deux
» hommes de la police; qu'ils amènent un serrurier. Il y
» a du monde dans l'appartement; en prêtant l'oreille,
» j'ai entendu quelque bruit. Il s'est commis un crime;
» courez donc; je fais sentinelle. »

La crainte cependant rend quelque force à Bernadat;
il se glisse pas à pas jusqu'à la cuisine, où il retrouve la
lumière; elle lui sert à chercher quelque issue. Il aperçoit une petite fenêtre assez élevée; il y grimpe à l'aide
d'une chaise : elle était garnie par des barreaux de fer.
Il n'a plus d'autre refuge que la cachette où Marguerite
serrait le charbon; il s'y blottit et éteint la lumière. Un
retour d'audace l'excite tout à coup; il veut lui-même
ouvrir la porte et se présenter fièrement : ce n'était qu'un
éclair, il s'arrête, la lâcheté l'emporte, et il tombe
anéanti par la peur.

Les hommes demandés par le révérend arrivèrent; mais
la police refusa de faire enfoncer la porte sans la permis-

LA FAUSSE ADULTÈRE.

sion du magistrat. Le révérend se fâcha et prit la responsabilité de l'effraction. Elle eut lieu dans un instant.
Comme ils n'avaient qu'une petite lanterne, rien n'apparut d'abord. Marguerite la première jeta un cri ; elle
venait de heurter le corps de sa maîtresse. « Madame est
» morte ! » Un des agents de la police se charge de courir
chez le magistrat et chez le médecin. La place auprès du
lit, le désordre des vêtements, une chaise renversée, tout
annonçait de la violence. Le révérend se baisse, lui
prend les mains, approche un petit miroir de sa bouche,
et s'écrie avec joie : « Elle respire ! »

Il voulut la réveiller ; tous ses efforts furent vains. Mille
soupçons agitaient sa pensée. « C'est une tentative de viol et
» d'empoisonnement, dit-il en s'adressant au polishman ;
» elle était en tête-à-tête avec un misérable. Il n'aura
» pas le temps de fuir ; nous ferons donner des ordres sur
» toutes les côtes. » Un bruit interrompit ces menaces.
Bernadat, qu'elles faisaient frémir, avait changé de position ; des morceaux de charbon avaient roulé. « Il est là,
» reprit le révérend ; gardez cette porte, il ne peut
» échapper. »

Le magistrat arrivé, le révérend lui parla à l'o-
reille. Tous pénètrèrent à la fois dans la cuisine, et ils
aperçurent bientôt Bernadat plus mort que vif. On le
traîne devant la victime ; il garde le silence. On le fouille,
et l'on trouve dans sa poche la petite fiole contenant encore quelques gouttes d'opium. Le médecin survint au
moment même, tâta le pouls, porta la main sur le cœur,
et comme on lui montrait la fiole : « Était-elle pleine ? de-

» manda-t-il d'abord. — Répondez, » dit le magistrat
d'une voix terrible au misérable. Un *oui* lentement prononcé se fait à peine entendre.

« Elle est empoisonnée, reprend le docteur ; je cours
» chercher des remèdes. » Le magistrat dresse son procès-verbal et remet Bernadat entre les mains de la police, avec ordre de le conduire en prison. Il fallut l'y porter,
tant cette énergie qui le soutenait pour le mal seulement
l'avait abandonné ; de l'abattement, de la consternation,
à peine quelques mots çà et là et d'une voix humble et
suppliante ; enfin, après le crime, un lâcheté égale à
l'audace pour le commettre.

A peine l'antidote fut-il administré à madame d'Orby,
qu'elle entra dans un état épileptique avec des contorsions, et par intervalle des cris affreux ; ses mains se tor-
daient de douleur, puis se reportaient avec violence sur
l'estomac et les entrailles ; là était le siége du mal. On
continua à donner des potions, il parut se calmer, et
comme après une longue fatigue la léthargie reprit son
cours. Le révérend interrogeait les regards du médecin,
et il lui sembla n'y plus lire une réponse de mort. En
effet, une heure après, nouvelle crise alarmante, il est
vrai, mais suivie d'un sommeil moins profond. Le docteur
hasarda quelques paroles rassurantes, des symptômes du
plus heureux présage se manifestèrent.

Les paupières faisaient effort pour se soulever, la bouche pour articuler quelque son ; enfin s'échappèrent ces
mots : « Dieu ! où suis-je ? » Plus d'une demi-heure s'é-
coula avant qu'elle ne pût en prononcer d'autres. Vers le

LA FAUSSE ADULTÈRE.

soir ses yeux s'ouvrirent ; ses premiers regards rencontrèrent ceux du respectacle révérend ; elle ne parlait pas
encore, mais elle lui sourit. La douleur au moins était suspendue. Plusieurs hommes de l'art appelés en consulta-
tion n'osèrent s'engager. Ils redoutaient le danger et ne
désespéraient pas de la guérison. Ils voulaient qu'on n'eût
ni trop de crainte ni trop de sécurité. Dans le doute, le
révérend écrivit à madame Duval :

« Madame,

» En un jour votre amie a été aux portes du tombeau.
» Je dis plus. Elle est allée si avant dans la mort, que
» toute l'habileté des médecins n'est pas assurée encore
» de l'en retirer. Inutile de vous révolter, de vous effrayer
» par les détails d'une scélératesse dont l'auteur est déjà
» livré à la justice. Vous le connaissez. Il s'est présenté
» à Londres sous vos auspices. C'est le plus laid des deux
» voyageurs Espagnols. C'est le monstre que votre cré-
» dulité nous recommandait, et que la confiance de ma-
» dame d'Orby a encouragé au crime. Que le Tout-Puis-
» sant en détourne les effets déjà si terribles ! Accourez,
» donnez cette marque d'attachement à votre sœur d'a-
» doption. Ses premiers regards ont été pour ceux que
» la destinée a placés là, mais ses premières paroles pour
» Dieu et son Amélie absente. Qui peut lire dans les dé-
» crets du Très-Haut? mais quel que soit l'impénétrable
» avenir, la présence d'une amie est toujours le plus pré-
» cieux des biens, la plus douce des consolations. Que de
» fois m'a-t-elle répété : « Au moins qu'avant de mou-

» rir je la revoie! » Ne résistez pas à ce vœu, à cet appel
» du cœur. Venez donc. Dans vos bras elle éprouvera
» plus de bonheur en retrouvant la guérison ; dans vos
» bras elle ne sera pas navrée de tant d'amertume s'il
» faut quitter la vie. Par pitié, au nom de l'amitié et de
» la religion, ne refusez pas de répandre ou du charme
» sur les jours de la convalescence, ou des adoucissements
» sur l'heure du passage à l'éternité. Que Dieu l'ajourne
» longtemps.

» Le révérend Norton. »

« Pauvre Julie ! s'écria madame Duval fondant en lar-
» mes, j'aurai été involontairement complice de son as-
» sassin ; la lettre fait présumer quelque tentative de
» meurtre. Pourquoi accueillir ainsi des inconnus ? leur
» confier avec autant de légèreté une lettre, une boîte
» de bijoux ? » Et elle s'accusait comme si toute autre ne
serait pas tombée dans le piége que recouvrait tant d'artifice. Elle courut chez M. Doigny.

« Lisez, cher conseiller ; vous n'en croirez pas vos
» yeux. La calomnie devant le bailliage, le poignard à
» Londres ; partout des assassins ; chacun la tue à sa ma-
» nière... Je veux partir ; sa voix mourante m'appelle ;
» dussé-je arriver pour son dernier soupir, il m'appar-
» tient ; nul autre que moi ne le recueillera. » D'abon-
dantes larmes ruisselaient sur ses joues.

« Vous m'accompagnerez, n'est-ce pas, monsieur Doi-
» gny? Je vous en conjure. » Et elle levait vers lui des
regards et des mains suppliants. « J'y compte. Vous n'avez
» pas oublié le serment prêté à la face du ciel dans les

LA FAUSSE ADULTÈRE.

» champs d'Eppeville, lorsque, fugitive par votre protec-
» tion, madame d'Orby vous appelait son sauveur... Vous
» pouvez l'être encore. Relisez bien la lettre, tout n'est
» pas désespéré. Hésiteriez-vous ? ne viendriez-vous pas ?
» Ne lui disiez vous pas : Dieu me confie votre défense ;
» je l'accepte ?

   » Eh bien ! nous aurons chacun notre rôle. Je l'envi-
» ronnerai de mes soins, de ma tendresse, de tout ce
» que mon cœur m'inspire déjà pour elle ; vous multi-
» plierez vos démarches, vous hâterez la découverte de la
» vérité et le jour de la justice ; je la soignerai, vous la
» vengerez. A moi peut-être sa guérison, mais dans tous
» les cas à vous son honneur. Croyez-en mon instinct
» de femme : les d'Orby sont mêlés à cette trame. Trop
» lâches pour avoir porté le coup, assez perfides pour
» avoir armé le bras, ils osaient l'appeler devant les
» juges de Noyon ; ils frémiront de vous trouver devant
» ceux d'Angleterre. C'est là, vous le voyez bien, le
» pays où la justice vous appelle d'abord, et s'il m'est
» permis d'invoquer une autorité plus sacrée, le pays que
» le doigt de Dieu vous montre : vous ne résisterez pas à
» un ordre parti d'en haut. »

   Elle acheva avec l'accent d'une inspiration auquel
M. Doigny, dominé d'ailleurs par les sentiments religieux,
n'essaya pas d'opposer un argument. Il en avait dans les
devoirs de sa place et dans la nature de ses affaires. Il leur
imposa silence ; et comme s'il eût rougi de délibérer, il se
borna à lui répondre : « J'obéis. » Puis, par réflexion, il
ajouta. « Il faut prévenir M. d'Orby, le voir peut-être...

» — Non, reprit-elle vivement; il vaut mieux lui écrire;
» je m'en charge... » Elle rentra chez elle, et sous l'impression de la douleur et de la colère, elle composa la
lettre suivante :

« Monsieur,

» Votre famille triomphe. Les lenteurs de la justice ré-
» pondaient mal à son impatience; un moyen plus expé-
» ditif est venu au secours de la haine et du mensonge.
» Vous n'avez pas voulu cesser d'être faible, vous êtes
» devenu criminel. Oui, tôt ou tard un juste châtiment
» retombera sur votre tête. »

« Ah! mon Dieu, que signifient ces imputations odieu-
» ses, ces menaces? dit M. d'Orby troublé de ces pre-
» mières lignes; que me veut madame Duval? Ne suis-je
» pas un mari trompé, déshonoré? Suis-je coupable d'a-
» voir signé une plainte? J'ai peur d'achever. » Et tantôt
il parcourait sa chambre à grands pas, tantôt il s'arrêtait,
n'osant reporter les yeux sur l'écrit fatal. « Voyons pour-
» tant, de quoi s'agit-il? » Et il continua.

« Dans quelques heures nous partons pour Londres,
» M. Doigny et moi. Qui sait cependant si nous la re-
» trouverons encore, si elle respire. Ils l'ont fait assas-
» siner...» « Julie assassinée! » La lettre lui échappa des
mains. « Juste ciel!... Mais par qui?... Ils auraient,
» eux, mes frères, été capables... C'est affreux! le dés-
» honneur de toutes parts. Une femme adultère, des
» frères complices d'assassinat, Julie mourante! J'en
» deviendrai fou. » Puis il courut ramasser la let-

LA FAUSSE ADULTÈRE.

tre et en lut avidement les lignes qui la terminaient :

» . . . . Peu d'espoir de la sauver ; celui de recueillir
» son dernier soupir nous reste seul... Voilà votre ou-
» vrage. N'en doutez pas, la faiblesse tue comme la mé-
» chanceté. Oui, vous l'avez tuée aussi pour votre part ;
» mais en mourant elle vous pardonnera, ce modèle de
» bonté, de courage, cet ange de vertu, cette adorable
» victime de toutes les mauvaises passions. Vous êtes un
» grand coupable. Bientôt elle ne sera plus à plaindre.
» Son long supplice va finir, le vôtre commence. »

« Imprécations, malédictions, peine éternelle, tout est
» soulevé, déchaîné contre moi. Quel jour m'éclaire ! Ma-
» dame Duval aurait-elle raison ? ma vie n'a-t-elle été qu'une
» erreur cruelle, un soupçon sans cesse renaissant, une cré-
» dulité aussi fatale à moi qu'à la malheureuse ? Mes frères
» ne seraient-ils que les artisans d'une perfidie qui devait
» aboutir pour elle à quelque coup de poignard, pour moi
» à la torture d'un remords sans trêve et sans fin ? Je le
» découvre maintenant, le passé n'a plus de nuages ; l'in-
» térêt a tout conseillé, tout conduit, tout consommé ; leur
» cupidité a été implacable.

» Que faire ? rompre à jamais avec ceux qui l'ont per-
» due ? m'unir à ceux qui la pleurent déjà ? Pourquoi ne les
» suivrais-je pas à Londres ? Si je reste, on me traitera d'in-
» différent, de lâche, de barbare. Ma place est près d'elle.
» Allons conjurer ses amis. Elle m'accordera le pardon,
» madame Duval me le fait espérer ; mais au moins je
» veux l'avoir mérité. » Cette pensée lui sourit, il sortit
précipitamment.

« Suis-je condamné sans retour ? s'écria-t-il d'abord ;
» le repentir, le dévouement, la soumission à toutes vos
» volontés ne pourront-ils vous fléchir? » Madame Duval,
déjà occupée à ses malles, affecte de ne pas se retourner,
et ne sait si elle ne fuira pas dans une autre chambre.
« Grâce, grâce, madame ! Julie me l'accorderait; serez-
» vous plus sévère? » Et il prenait la posture des suppliants jusqu'à fléchir le genou ; M. Doigny qui survint
le surprit dans cette attitude. Il connaissait le fond de cette
nature pusillanime, mais sensible parfois, même généreuse, et se doutait bien de l'objet de ses prières.

« Ah ! monsieur, il est bien tard. — Oui, beaucoup
» trop, ajouta madame Duval, excitée par la remarque du
» conseiller. Les heures sont trop précieuses pour se
» perdre en vains pourparlers. Vous voulez aller à Lon-
» dres, n'est-ce-pas? voir quelques heures peut-être celle
» dont vous demandiez à la justice de vous séparer pour
» toujours. Les chemins sont ouverts. Il ne m'appartient
» ni de vous interdire le voyage ni de vous le conseiller.
» Allez ou demeurez. Je n'entrerai pour rien dans vos
» résolutions; nous partons. Je n'ajoute plus un mot. »
Confus, humilié, et aussi l'âme pénétrée d'une douleur sincère, pour unique réponse M. d'Orby s'assit et
pleura comme un enfant. « Soyez homme, lui dit d'une
» voix sévère M. Doigny; ni vos pleurs ni vos gémisse-
» ments ne seront une preuve de votre changement. Il
» faut des actes, et le plus significatif est de retirer la
» plainte; vous en êtes le maître. Courez à Noyon, rap-
» portez-en la déclaration authentique de votre désaveu;

LA FAUSSE ADULTÈRE.

» muni de cette pièce, rejoignez-nous à Londres ; avant
» tout la preuve que votre conduite répond à votre tris-
» tesse et à vos paroles ; ne perdez pas une minute ;
» craignez d'arriver trop tard pour être absous. »

M. d'Orby baissa la tête en signe de reconnaissance
et disparut. Six jours après seulement les deux voyageurs
arrivaient à Londres et se présentaient devant M. Norton.
Madame Duval interrogeait ses regards avec une anxiété
mortelle ; du premier mot il la rassura. « Votre amie
» vous attend, je l'ai prévenue. — Et son état ? — Tou-
» jours alarmant. L'opium a causé dans l'estomac et les
» entrailles un terrible désordre. Les douleurs reparais-
» sent, mais à de longs intervalles et avec moins de vi-
» vacité ; les boissons, le gruau le plus léger lui sont
» seuls permis et la soutiennent à peine ; elle dépérit
» chaque jour. » Les sanglots de madame Duval inter-
rompirent ce récit. « Elle n'a donc point de blessure ? ce
» n'est donc pas un meurtre comme nous l'avions cru ?—
» Vous n'apprendrez que trop vite les tristes détails de
» cet attentat. De la force, madame ; hâtez-vous de jouir
» de ce qui vous est laissé pour bien peu de temps peut-
» être. Songez à lui paraître plus heureuse de la revoir
» que désespérée de la retrouver ainsi. »

L'entrevue eut lieu avec toutes les précautions recom-
mandées par le docteur. Il était nuit, une simple veil-
leuse laissait la chambre à moitié dans l'ombre ; madame
Duval fut obligée d'aller au bord du lit avant d'entrevoir
son amie. Elle sommeillait. Au bout d'un quart d'heure,
elle appela à voix basse M. Norton. « Amélie devrait

CAUSES CÉLÈBRES.

» être arrivée. — Peut-être n'est-elle pas très-loin de
» vous, dit le révérend pour affaiblir l'effet d'une sur-
» prise trop vive. — Qu'on m'aide à me retourner un
» peu. » Marguerite s'avança ; elle avait le mot et lui dit :
« Vous allez donc, dans un instant, embrasser votre
» amie. Elle n'a pas voulu vous réveiller. —Vous rêvez,
» pauvre Marguerite. »

Madame Duval avança la main, chercha sur le lit celle
de sa Julie, la pressa tendrement, s'approcha par degrés,
et à la lueur douteuse qui éclairait la pièce et leurs deux
visages, elle se fit enfin reconnaître. « Oui, c'est bien toi ;
» approche... » Et elle tenait ses lèvres collées sur celles
de son amie. « Que tu me fais de bien ! je me sens re-
» naître, ta vue me ranime... Qu'on ne nous laisse pas
» dans cette obscurité. J'ai besoin de te voir. »

Quand l'obscurité fut dissipée : « Ah ! comme tu me
» retrouves ! tu ne m'aurais pas reconnue. Puisque tu es
» ici avec mon sauveur, qui me pardonnera de ne lui
» avoir pas adressé une parole, je suis donc bien malade !
» Oui, je le suis... Tu ne me quitteras plus, n'est-ce
» pas ? non, c'est moi qui te quitterai, et bientôt. Là est
» le mal, à la poitrine ; là où je place ta main. Il m'est
» venu à la suite d'un assoupissement... »

« Soyez sage, dit M. Norton ; le docteur a recommandé
» le silence ; nous serons forcés de vous laisser seule. —
» Seule, ah ! cruel ami, seule ! mes heures sont comptées,
» je n'en veux pas perdre une seule. Elle demeurera ici,
» on lui dressera un lit dans cette chambre même. » Et
ses yeux étaient devenus brillants, sa voix forte et assurée.

LA FAUSSE ADULTÈRE.

« Il est fâcheux que le docteur soit absent. Il ne sait pas
» au juste ce que j'ai éprouvé ; la mémoire me revient
» maintenant. Laissez-moi parler. »

Craignant de l'animer encore par la contrariété, chacun
gardait le silence. « M. Bernadat était chez moi ; c'est
» bien mal à lui, je ne l'ai plus revu ; il sera sans doute
» parti pour la France ; nous prenions le thé. Le som-
» meil me gagna. Je le priai de se retirer, de me laisser
» dormir, et je dormis comme je ne l'avais jamais fait.
» La léthargie, l'anéantissement dura je ne sais combien
» d'heures... Quand elle cessa ce fut pour moi seule. Je
» commençai à entendre les autres, ils me croyaient tou-
» jours engourdie, ils se le répétaient.

» Je sentais mon cœur battre, et le docteur disait qu'il
» était sans mouvement. Le sang me brûlait les veines, et
» il disait que mon sang était glacé. J'étais là pleine de
» vie, de force, de puissance ; ma vie, ma force, ma puis-
» sance n'arrivaient à personne. Je sentais des charbons
» ardents brûler ma poitrine. J'étais la douleur même, et
» je ne pouvais pas dire : Je souffre... Quel état ! quelle
» révolution ! la comprends-tu ? Le réveil véritable, celui
» qui me rendait aux choses extérieures, à la lumière, à
» mes amis, s'interrompit mille fois, se prolongea à tra-
» vers d'atroces et inexprimables douleurs. Que s'est-il
» donc passé ? qui peut me l'apprendre ?

» — Assez, assez, madame, dit d'un ton impérieux
» M. Norton, qui redoutait les effets de cette animation ;
» encore un mot et nous nous éloignons. » La tête de la
malade, épuisée par tant d'efforts, retomba sur l'oreiller ;

elle ferma la paupière et sembla plongée bientôt dans un profond sommeil.

M. Doigny pria le révérend de le seconder dans les informations précises qu'il désirait prendre sur les poursuites intentées contre Bernadat. Il espérait aussi recueillir quelques détails particuliers qui le mettraient sur la trace des auteurs véritables de l'infâme machination ; plus tard, si l'infortunée survivait, ils fourniraient de précieux arguments contre ses ennemis. Ils apprirent seulement qu'après l'arrestation de Bernadat on avait procédé à une visite à son domicile, où l'on avait trouvé Cotrelle plongé dans un profond sommeil, par l'ivresse sans aucun doute. Les débris d'un déjeuner, une bouteille d'eau-de-vie à demi vidée étaient encore sur une table ; au coin de la chambre un petit secrétaire entr'ouvert laissait voir une liasse de papiers dont on se saisit.

Ces papiers contenaient toute la correspondance de Marais, mais non signée ; l'original des diverses réponses de ses deux agents ; un petit calepin où se trouvait le nom de cet inspecteur de police, avec une adresse particulière, M. Durantin, rue des Vieilles-Étuves, n° 17. On trouvait çà et là : « Où en êtes-vous donc?... D'après cer- » tains rapports de l'ambassade, vous songeriez plus à vos » plaisirs qu'à votre devoir... Prenez garde, nous avons » ici les bras longs... Hâtez-vous, la famille me presse... » Les déclarations écrites sont excellentes... Quand pour- » rez-vous faire embarquer les témoins? »

Nul doute sur le complot, dont les auteurs étaient à Paris. Cotrelle fut également décrété de prise de corps, et

LA FAUSSE ADULTÈRE.

on fut obligé de le transporter à moitié ivre à la prison.
On épiait son réveil et les premières lueurs de son retour à la raison pour l'interroger. Elle fut longtemps
obscurcie ; mais, à travers les fumées du vin, il laissa
échapper des renseignements assez précis. « En prison!
» moi! qu'ai-je fait?... J'obéis à Marais... C'est peut-
» être cet amoureux Bernadat... Non, je n'aimais pas
» cette femme... On peut demander à M. Fulton l'apo-
» thicaire... Il y est allé tout seul... Je ne l'ai pas vu re-
» venir... J'ai déjeuné en l'attendant. »

Bernadat fut seul renvoyé aux assises d'Old-Bailey.
La justice voulut se transporter auprès de madame d'Orby
et recevoir sa déposition. Les médecins et le révérend
protestèrent. C'était compromettre ses jours... A peine
dans les vingt-quatre heures avait-elle quelques paroles
pour ses amis... D'ailleurs elle ignorait tout ce qui s'é-
tait passé depuis le premier moment de sa léthargie...
C'était une cruauté gratuite sans profit pour la vérité...
Il ne fallait pas s'obstiner à un interrogatoire homicide...
Pour mieux convaincre le coupable il était odieux de faire
périr l'innocence.

Ces raisons l'emportèrent. Les témoignages d'ailleurs
étaient accablants, irrécusables. Bernadat non plus n'avait
pas la volonté de les combattre. Il avouait tout et s'en
glorifiait, n'imaginant ni les conséquences de son attentat
aussi funestes, ni surtout la peine aussi grave. Pendant
sa détention il s'occupa à composer une défense qu'il fit
traduire en anglais et qu'il voulait charger son avocat de
débiter. Il était impatient de l'ouverture des assises,

aspirait à monter sur le théâtre et à jouer son rôle.

Pendant qu'il se préparait ainsi un triomphe imaginaire, la mort descendait par degrés sur sa tête. Pour un
viol ordinaire, Newgate et Botany-Bay; mais quand la
femme expirait, l'échafaud et la potence. Or l'heure suprême de madame d'Orby allait bientôt sonner. « C'en
» est fait, chère amie, » dit-elle tout à coup vers minuit
à madame Duval, couchée auprès d'elle, « mes forces dé-
» clinent avec une rapidité marquée depuis hier. Je les
» recueille pour t'adresser l'éternel adieu. J'ai vécu, je
» meurs innocente. » Elle ne pouvait continuer, et fit
une pause auquel le sommeil succéda.

A cette annonce d'une fin si prochaine, madame Duval,
éperdue de douleur et d'effroi, fit avertir sur-le-champ le
révérend, M. Doigny, les médecins. Ceux-ci n'hésitèrent
pas à annoncer que la lésion organique était incurable,
que tout espoir était perdu, que dans deux ou trois jours
au plus tard elle aurait cessé d'exister; ils prescrivirent
quelques potions pour la forme et se retirèrent. A son
réveil, la malade éprouva une douce surprise de se voir
ainsi entourée de tous ses amis. « Bien, leur dit-elle,
» vous vous êtes réunis pour me voir partir. Celui qui
» quittera le premier court bien risque de ne plus me
» retrouver à son retour; je pourrais presque compter les
» heures que la bonté divine m'accorde encore. » Après
ces mots, nouvelle pause et nouvel accablement.

Un messager frappa à la porte et remit à M. Doigny
un petit billet avec des papiers; c'était de la part de
M. d'Orby, arrivé depuis deux heures.

LA FAUSSE ADULTÈRE.

« Monsieur,

» Votre conseil a été un ordre pour moi ; vous en avez
» la preuve dans le désistement dont je vous fais remettre
» une expédition authentique. Intercédez en ma faveur,
» qu'il me soit permis de me prosterner à ses pieds. Mon
» repos comme son honneur l'exigent ; dès qu'on m'aura
» vu suppliant, qui osera garder un soupçon ? M'interdirait-
» elle la seule réparation qui soit aujourd'hui en mon
» pouvoir ?

  » Votre dévoué,   D'ORBY. »

Les trois amis délibérèrent en silence, reconnurent que
l'intérêt de sa réputation faisait un devoir d'accueillir la
prière. Le révérend ajouta : « La charité ne l'ordonne-
» t-elle pas aussi ? ne serions-nous pas coupables d'enlever
» à une mourante l'occasion de terminer cette vie par l'acte
» le plus agréable à Dieu, le pardon ? » Chacun fit un
signe d'assentiment ; mais comment aborder ce sujet ?
Madame d'Orby en se réveillant leur en fournit le moyen
naturel.

« Quoique mes longues souffrances aient expié bien
» des fautes, il en est encore que je dois déposer dans le
» sein de celui qui me les remettra ; vous me comprenez.
» Faites donc venir un prêtre. — Je vous approuve, dit
» le révérend, et si vous me permettiez un avis, je sais
» bien par quel acte vous vous disposeriez le mieux à le
» recevoir.—Je vous ai toujours obéi, monsieur Norton ;
» est-ce à cette heure que je résisterais ? Parlez avec con-
» fiance. — Si l'être qui se reconnaît le plus de torts en-

» vers vous voulait les expier ? — Je ne m'y opposerai
» pas ; je n'en ai ni le droit ni la volonté. — Si cette
» expiation ne pouvait s'accomplir qu'ici même et le cou-
» pable présent?—Je ne détournerais pas la tête, j'écou-
» terais. Quand j'implore l'indulgence de Dieu, puis-je re-
» fuser la mienne à quelqu'un? — On est donc assuré
» d'avance d'un généreux pardon? il est permis de venir
» le recevoir de votre bouche? — Pourquoi non? »

M. Doigny sortit, et un quart d'heure après ramena
M. d'Orby, dont le premier mouvement fut de tomber à
genoux et de s'humilier profondément sans proférer une
parole. « C'est bien, dit la mourante; point d'explica-
» tions... je suis trop faible. Et d'ailleurs, à quoi bon?
» tout est oublié. » Elle laissa tomber sa main, il la cou-
vrit de baisers et de larmes ; puis, sur un signe du révérend de terminer cette scène, il alla se placer derrière
madame Duval. Réunis tous, ils veillèrent cette nuit, car
c'était la dernière.

L'ouverture des assises avait été précisément fixée au
lendemain ; Marguerite et M. Norton, témoins nécessaires, se désolaient, chacun selon ses sentiments, de la
pensée d'être absents au moment peut-être où leur malade quitterait ce monde. Le révérend, qui l'avait accueillie
presque au terme du voyage, regrettait de ne pouvoir la
conduire jusqu'à l'extrême limite. Il voulait au moins
l'adieu et ne savait comment l'obtenir ; enfin il hasarda
quelques paroles.

« Marguerite et moi serons forcés demain..... — De-
» main! reprit vivement madame d'Orby d'un accent pro-

LA FAUSSE ADULTÈRE.

» phétique ; demain me sera refusé. Adieu donc. Votre
» générosité, votre bonté, votre sagesse, votre souvenir,
» tout est gravé là... » montrant son cœur et ne pouvant
y porter la main. Le révérend la saisit, il y imprima ses
lèvres ; celles de l'infortunée essayèrent un douloureux
sourire ; il ne put le supporter, se tourna vers M. Doigny,
lui parla à l'oreille pour cacher son émotion et sortit,
recommandant bien de lui faire parvenir la fatale nouvelle aux assises même. Elle pourrait influer sur la décision du jury.

La foule se pressait dans l'enceinte d'Old-Bailey ; tous
désiraient voir le Français qui avait eu besoin d'opium
pour triompher d'une femme, et, comme le peuple l'appelait déjà, le singe hideux de Lovelace. Dès que Bernadat
vint à paraître, la vue de ce spectre décharné, à l'œil cy-
nique et hagard, aux joues blêmes et creuses, provoqua un
murmure de mépris et d'indignation. Lui, par un effort
convulsif et nerveux, se redressa fièrement, promena sur
le public des regards effrontés et sembla le défier. L'interrogatoire commence.

« De quel pays êtes-vous ?

» — De France.

» —Vous aviez un passe-port qui vous signale comme
» Espagnol ?

» — C'est l'affaire de ceux qui me l'ont donné.

» —D'après vos papiers vous êtes un agent de police.

» — Dites plutôt l'agent d'une famille, le vengeur de
» sa réputation compromise ; il ne s'agit que de s'enten-
» dre sur les mots.

CAUSES CÉLÈBRES.

» — Vous avez versé de l'opium dans la tasse de la
» dame d'Orby?

» — Il fallait bien obtenir du sommeil ce que la pru-
» derie éveillée avait feint de me refuser.

» — Votre attentat a rendu cette dame dangereuse-
» ment malade.

» — Simagrée! et la résistance et le danger, tout cela
» n'a été qu'un jeu. »

L'interprète lui-même, chargé de traduire ses réponses,
frémissait d'horreur et souvent hésitait.

Au même instant on remet au révérend une lettre. Il
l'ouvre en tremblant, la lit et la fait parvenir au président, qui en donne bientôt lecture au jury.

« Monsieur le révérend,

» Notre amie a cessé d'exister depuis une heure. Cette
» nouvelle, j'y compte bien, vous parviendra devant la
» justice. Elle n'en a pas besoin pour prouver le crime;
» elle lui servira, je l'espère, pour appliquer la peine.
» Magistrat français, j'aimerais à redire à mes compa-
» triotes que madame d'Orby a été vengée dans ce pays
» comme elle l'aurait été dans le sien.

» DOIGNY. »

« Vous l'entendez, accusé, continua le président, elle
» est morte; vous l'avez tuée. Est-ce un jeu maintenant,
» ou une détestable réalité?

» — Eh bien, soit; ce qui n'était que roman dans l'un
» de vos plus beaux livres est devenu histoire par un des

LA FAUSSE ADULTÈRE.

» actes de ma conduite. Votre mission est de venger ma-
» dame d'Orby ; la mienne était de la poursuivre parce
» qu'elle avait été adultère avec un autre, de la punir
» parce qu'elle n'a pas voulu l'être avec moi. A chacun
» son rôle.

» Je suis sur la terre classique de ceux qui savent se donner
» la mort froidement. On verra si j'y ai profité, car il est
» plus difficile encore ici de l'attendre de vous, ailleurs
» de la recevoir. Ah! je le sens, dans ce corps miné,
» consumé avant l'âge, bat un cœur plein d'énergie. La
» débauche a été impuissante à user cette âme entière-
» ment, la police à l'avilir. Parmi tant de ressorts brisés,
» il en est un qui résiste, le caractère. Quel malheur,
» dans ce combat qui se livre pour chacun au dedans de
» nous, que le génie du mal l'ait emporté! Je me tais;
» parler plus longtemps serait de la faiblesse. Tout est
» dit en peu de mots : elle est morte, je dois mourir. »

Telle fut aussi la conclusion de l'avocat général ; le
jury la confirma. Bernadat l'entendit sans émotion.

Un profond silence régnait dans la salle. Cette fanfaronnade du crime, ce dédain altier de la vie, ces maximes
stoïciennes débitées avec un ton de Romain par celui dont
on n'attendait que pusillanimité et bassesse, enfin une
métamorphose si imprévue en imposa au vulgaire. Quelques-uns répétaient en se retirant la phrase de regret :
« Quel dommage que le génie du mal l'ait emporté! »
Et ils ajoutaient : « Il a raison. » D'autres, plus graves,
plus difficiles à séduire, se contentaient de répondre :
« Nous verrons au dénoûment. »

CAUSES CÉLÈBRES.

Durant le trajet des assises à Newgate, le condamné ne perdit pas une minute la contenance qu'il s'était faite, et à peine déposé dans la prison, il se hâta d'écrire à Cotrelle.

« Newgate, 19 août 1767.

» Fuis, mon cher ami ; le premier acte n'a pas été mal
» joué, et celui qu'on était venu pour siffler, auquel
» même on avait lancé quelques huées, a fini par con-
» quérir les applaudissements. Tu étais là sans doute : tu
» as dû jouir de l'effet général, et recueillir certains mots
» d'approbation de la bouche de ces flegmatiques. A les
» entendre, ils seraient seuls capables de soutenir comme
» il faut le choc de la terrible sentence, seuls les acteurs
» privilégiés de ce drame qu'on nous envoie représenter
» ici-bas. J'ai voulu les désabuser, et sur leur propre
» théâtre. Tu as pu me juger avec tant d'autres.

» C'est assez pour toi maintenant. Fuis, je te le répète.
» Les premières scènes n'étaient pas au-dessus de ta
» force, la dernière accablerait ta faiblesse ; et puis, si, par
» malheur, tes regards attendris allaient rencontrer les
» miens, je me déconcerterais. La seule pensée que tu
» serais au milieu de cette foule amollirait mon courage.
» A cet endroit de la pièce, vois-tu, il y a une tirade, un
» passage difficile, dont personne ne peut répondre, car
» personne n'a pu faire la répétition.

» Je n'ai rien à te léguer qu'un bon conseil : ne rentre
» pas en France. Qu'y trouverais-tu? quelques traces de
» notre honte, quelques reproches de Marais de ne l'a-
» voir pas consommée suivant ses leçons. Il n'y a plus de

LA FAUSSE ADULTÈRE.

» patrie pour ceux qu'une longue habitude du mal a ren-
» fermés dans une sphère réprouvée. Gagne plutôt l'Amé-
» rique : le pays est neuf, et là, si tu parviens à dépouiller
» le vieil homme, à faire, comme on dit, peau nouvelle,
» tu ne seras plus de la race maudite des serpents, tu se-
» ras un membre de la société, un citoyen ; au lieu de te
» cacher, tu paraîtras; au lieu de te rapetisser, tu grandiras,
» tu t'appartiendras sans jamais te vendre.

» Voilà mon unique héritage ; sache en profiter. Pour
» mieux régler ta destinée, songe sans cesse à la mienne.
» Ainsi tu m'aideras à expier tous tes entraînements dont
» je suis la cause, je me survivrai pour te sauver, j'aurai
» contribué à une existence désormais irréprochable, à
» une fin d'honnête homme.

» Adieu encore une fois ; l'heure fatale ne sonnera que
» dans huit jours. Nous avons huit jours pour quitter,
» toi l'Angleterre, moi la vie. »

Cotrelle n'attendit pas qu'ils fussent écoulés. Avant
l'avis donné par l'amitié sous la forme de legs, il lui était
venu d'ailleurs des inspirations plus salutaires. Le remords
s'était fait entendre, une terreur superstitieuse troublait
son âme ; il n'avait pas versé l'opium, mais il l'avait conseillé. Pour sa part il se reconnaissait coupable. Il avait
mérité au moins quelque peine, et on lui avait donné la
liberté. A qui rendre grâce? à Bernadat qui avait gardé
le silence? à la justice qui avait usé d'une indulgence
extrême? Il échappait par miracle, par une de ces pro-
tections que pour la première fois il se surprit à ne plus
chercher sur la terre.

Le doute seul était un progrès. Le retour vers le bien s'opérait à son insu, et, docile à la voix secrète qui lui parlait plus haut que la morale tardive de Bernadat, il hâta ses préparatifs de départ. Le surlendemain, comme il s'acheminait vers le port, il aperçut au bout d'une rue la marche d'un convoi funèbre. Il tressaillit et changea de direction, assez touché déjà pour céder au sentiment religieux qui l'arrêtait, non pas assez encore pour aller à la rencontre de la cérémonie et payer sa part du pieux tribut.

C'était le corps de madame d'Orby qu'accompagnaient à sa dernière demeure M. Doigny et le révérend. Tout était simple, modeste, conforme à une vie éprouvée par de longs malheurs et terminée par une catastrophe. Ils passaient presque inaperçus. La vertu n'a pas d'appareil; elle n'attire pas les regards; ils se réservent pour les grands spectacles, la pompe des cérémonies ou les supplices.

Aussi, comme le peuple fut attentif et s'apprêta d'avance, lorsque les crieurs publics firent retentir de toutes parts la fameuse annonce : « Voici la condamnation de » Pierre Bernadat, ce fameux scélérat français qui sera » exécuté à Tyburn le 26 août prochain. » Chacun se promit bien de ne pas manquer à cette sorte d'appel.

L'avant-veille Bernadat reçut un petit billet ainsi conçu :

« Un jeune ecclésiastique français demande au con— » damné la faveur d'être reçu dans sa prison, pour lui » offrir le nouveau secours auquel il ne paraît pas avoir » songé. »

LA FAUSSE ADULTÈRE.

Le premier mouvement de Bernadat fut encore de l'arrogance. « Qu'ai-je besoin d'un autre pour mourir? n'est-» ce pas assez de m'appuyer sur moi? N'importe; nous dis-» cuterons. Pourquoi refuser d'ailleurs cette marque d'in-» térêt d'un compatriote? il n'en sera ni plus ni moins. »

Ce qui se passa dans cette entrevue, qui se renouvela le matin même de l'exécution, on l'ignore ; mais l'ecclésiastique suivait la fatale charrette, et il était le seul sur lequel le condamné portait par intervalle ses regards. Bernadat ne paraissait pas abattu, mais il n'avait plus la contenance hautaine. Il acceptait la mort, il n'affectait pas de la braver. Le remords n'était pas allé jusqu'au fond de l'âme, il avait néanmoins commencé à y pénétrer. Plus de force artificielle, plus de courage de parade, mais l'assurance calme de la résignation. En un mot, s'il n'allait pas finir en converti qui se reconnaît entièrement ; ce n'était pas non plus en scélérat endurci, en désespéré.

Les spectateurs voisins de la charrette pouvaient remarquer ce changement. Le reste de la foule, curieux, impatient, ne s'occupait que de la manière dont les beaux débuts de la cour d'assises se termineraient sur l'échafaud, et comment Tyburn répondrait à Old-Bailey. Elle l'attendait en face de la potence. Il s'y présenta grave, impassible, tout recueilli en lui-même, sans geste, sans parole. Il ne faisait plus l'acteur ; le ministre de la religion l'avait ramené au vrai. Il lui avait appris à mourir simplement et fortement.

Lorsque l'exécuteur passait au cou du patient le fatal cordeau, ses yeux cherchèrent une fois ceux de ce nouveau maître ; ils les rencontrèrent et purent y lire une douce et triste approbation. Bientôt la planche fut retirée, et le malheureux fut lancé dans l'éternité.

Ce drame terminé à l'ordinaire, sans péripétie excentrique, ne faisait pas le compte de la multitude et n'était pas de son goût. Du haut de son banc d'accusé, Bernadat lui avait jeté une sorte de défi. Il lui fallait donc quelque chose d'extrême, ou une jactance soutenue pour applaudir, ou une lâcheté consommée pour lancer ses huées. Elle se retira mécontente. Le supplice d'un espion et d'un Français avait eu sans doute de l'attrait ; mais John Bull ne jetait pas moins çà et là sa critique amère.

« Voilà bien la vanité française ! que ne faisait-il le
» poltron révolté jusqu'à la fin ! La pièce n'était ni bonne
» ni mauvaise, c'était représentation manquée, un pendu
» des plus médiocres. Quelle mollesse ! quelle froideur !
» la mort l'avait glacé d'avance. » Et mille autres propos suggérés par le désappointement.

Seul le jeune ecclésiastique se retirait comblé d'une joie intérieure de ce que sa leçon avait profité à celui qu'elle intéressait le plus ; mais triste aussi de ce que, dans cette foule innombrable, presque personne ne l'avait ou devinée ou comprise pour en faire remonter l'effet surnaturel jusqu'à la véritable cause.

LA CONFESSION.

Jean Rolland, habitant de Manosque, retenu depuis quelque temps dans son lit par une maladie très-grave, se sentait à la veille d'y succomber, et les médecins l'avaient averti de songer à ses dernières dispositions. Il était pauvre, et la grande affaire de sa conscience lui restait seule à régler. Après avoir reculé de jour en jour, il touchait à cette extrémité fatale où le remords nous presse et où l'heure va nous échapper. Il fit donc venir en toute hâte un père de l'ordre des Carmes, qui avaient un couvent à Manosque. Entre autres énormités dont il déchargea son âme, il s'accusa de faux témoignage contre un marchand nommé Béliard, dont le procès s'instruisait alors devant le parlement de Provence, et il pria le religieux de vouloir bien, après son décès, faire rapport à la cour de sa confession; elle contribuerait à prouver l'innocence de Béliard.

Le carme répondit que, sous les peines les plus graves, il lui était défendu de révéler une confession; mais il le

pria avec les plus vives instances de déclarer tout en présence de témoins. « Ce serait œuvre de justice et de grande
» miséricorde, au moyen de laquelle il allait opérer un
» double salut, le sien devant Dieu, celui de l'innocent
» devant les hommes. Alors il pourrait dire la vérité sans
» trahir le secret du tribunal de pénitence. » On envoya
chercher un notaire. Il exposa sur-le-champ le danger de
produire la confession devant témoins ; car si on ne les
obligeait au silence et si le malade revenait à la santé, ils
pourraient un jour s'armer contre lui de ses révélations et
le perdre.

« Eh bien, dit Jean Rolland, je consens à parler devant
» le notaire, sans témoins, afin qu'après ma mort, si pour-
» tant elle a lieu, on puisse porter ma confession à la cour
» et arracher au supplice celui que j'y conduis. » Au
même instant il expose au notaire, en présence du religieux, les détails les plus minutieux de son témoignage,
et répète jusqu'aux expressions ; puis d'une main tremblante, mais la sérénité sur les traits, et l'âme désormais
en repos, il signa pour l'absolution d'un autre cette espèce
de jugement contre lui-même. Le notaire y fit apposer
aussi la signature du moine, le ferma avec un soin particulier, et feignant que c'était un testament, remplit toutes
les formalités extérieures. Le père carme, du consentement du malade, voulut bien en devenir dépositaire, et
promit de n'en jamais faire ouverture et communication
qu'après sa mort.

L'âme du bon religieux était troublée d'une agitation
extraordinaire. Quand il songeait à ce pauvre accusé que

LA CONFESSION.

la sentence déjà prononcée peut-être allait conduire au supplice, il frémissait. Il avait entre les mains un moyen de salut, mais inutile, impuissant tant qu'un autre n'aurait pas rendu le dernier soupir. La vie de l'innocent dépendait de la mort du coupable. Il ne pouvait obtenir l'une de la justice sans demander l'autre à Dieu ; sa prière toute sainte en faveur de Béliard devenait impie contre Rolland. Il s'humilia dans l'attente de l'arrêt qui devait venir d'en haut sans qu'il osât le solliciter, et, résigné aux tourments de sa noble perplexité, il se soumit en disant : « Que votre volonté soit faite ! »

En attendant, le père carme demanda et obtint un congé de son supérieur, auquel il fit promettre l'envoi d'un messager rapide dès que Jean Rolland aurait succombé. Il le reçut avant même d'être arrivé au couvent d'Aix, dont il se détourna sur-le-champ pour courir au palais. Comme il y entrait, il aperçut un homme qui venait d'être confronté avec les témoins pour la seconde fois. Ne le connaissant pas, il s'enquit d'un procureur présent quel il était. « C'est un nommé Béliard, qu'on doit exécuter » demain. — Il est innocent, s'écria le religieux ; j'ac— » cours pour le sauver ; faites-moi conduire à la chambre » où les messieurs de la cour sont assemblés. » Un huissier l'y introduit. Il remet le paquet cacheté, et de nouveau la cour entre en délibération.

Que contenait ce paquet ? Par quelle suite d'événements Béliard était-il arrivé jusqu'à l'abîme dans lequel la justice humaine allait aveuglément le pousser et au bord duquel la main divine l'arrêtait tout à coup ?

CAUSES CÉLÈBRES.

Béliard était un des marchands les plus riches de Marseille en obligations, en argent monnayé et en terres. Parmi ses débiteurs, se trouvait un jeune homme, nommé Grégoire Melve, de Sainte-Telle. Il lui avait prêté une somme de cinq cents écus, sous la caution d'un sieur Esprit Ventier, habitant et notaire royal à Manosque, qui jouissait d'une extrême aisance et d'une réputation bien établie de probité.

Le terme de la restitution était fixé à un an, et deux s'étaient écoulés depuis le prêt sans que Béliard eût demandé son argent et fait aucune poursuite. Un voyage qu'il projetait dans le Levant le força de recourir à son débiteur principal et de solliciter son payement. Melve répondit que pour le moment il lui était impossible, mais que s'il voulait prendre la peine de l'accompagner jusqu'à Manosque, chez son oncle Ventier, sa caution, il tâcherait de le satisfaire. Béliard y consentit.

Arrivés à Manosque, Ventier fit le meilleur accueil aux voyageurs, et comme la nuit commençait déjà, il pria Béliard d'accepter une chambre, que celui-ci refusa long-temps. Pendant qu'on s'occupait des apprêts du souper, le notaire les mena dans un beau jardin situé derrière sa maison. Béliard se promena seul dans une allée à l'écart; Melve s'occupa de raconter le sujet de sa visite à Ventier, auquel une demande d'argent causait toujours un déplaisir extrême, et qui lui répondit qu'il n'en avait pas; mais que si Melve voulait le croire, il connaissait un moyen infaillible d'obtenir un nouveau délai, et ils se mirent à ourdir une machination infernale contre leur créancier.

LA CONFESSION.

Ils reviennent auprès de leur homme, qui les croyait occupés des moyens d'accomplir leur obligation. Ils s'excusent de l'avoir fait attendre, et reprennent tous trois le chemin du logis, où ils se mettent à table. La conversation fut animée, et le récit des nombreux voyages de Béliard dans les pays étrangers lui donna beaucoup d'intérêt. Après le souper, Ventier dit à son hôte « qu'il » était instruit de la cause de son arrivée ; qu'à cette » heure il n'avait pas de quoi le contenter ; qu'il le » suppliait d'attendre encore un peu de temps, au bout » duquel il recevrait satisfaction entière. Il ne voudrait » pas pour une petite somme causer du déplaisir à son » neveu et à lui ; et au surplus, s'il persistait, il aurait à » s'en repentir. »

A ce discours si différent de celui qu'il attendait, Béliard répondit avec colère : « On me récompense ainsi de » mon obligeance ; on retient mon bien, on me menace. » Je suis résolu à ne pas repartir sans mon argent, et je » me formalise peu de tous vos propos. » Ventier demeura calme et eut l'air de se soumettre ; il lui donna gracieusement le bonsoir, et avec un sourire dont Béliard, tout ému encore, ne démêla pas l'ironie, il lui dit : « Eh bien, » demain vous serez content ; » et ils se séparèrent.

Ventier, avec son neveu et ses deux jeunes fils, qu'il ne rougissait pas de rendre témoins de sa perfidie, agita de nouveau le moyen auquel ils s'étaient arrêtés d'abord, de mettre son hôte entre les mains de la justice. Il le trouva plein de périls et de chances hasardeuses, en imagina d'autres, et enfin ils arrêtèrent ainsi leur infernale résolution.

CAUSES CÉLÈBRES.

« On ferait accroire à Béliard qu'un homme trouvé
» par Ventier avait promis de prêter les cinq cents écus.
» On l'engagerait à s'y rendre, et chemin faisant ils ac-
» costeraient trois ou quatre personnes prévenues à l'a-
» vance. Ce seraient autant de témoins décidés à soutenir
» plus tard à Béliard qu'il avait proféré des paroles exé-
» crables contre Dieu, la sainte Vierge et les saints, et
» contre l'autorité du roi. Dénoncé à l'instant comme
» coupable d'impiété, de blasphème et d'attentat à la ma-
» jesté royale, il tomberait entre les mains de la justice.
» Alors lui, Ventier, en serviteur jaloux de la sainteté de
» Dieu et de la majesté du roi, scandalisé de ce double
» crime, se porterait partie. Le châtiment serait exem-
» plaire, et pour lui la moindre des récompenses serait la
» moitié des biens de l'accusé, qu'ils se partageraient
» entre eux. »

Le notaire n'en était pas à son coup d'essai. Il avait à
sa solde certaines gens dressés à de telles infamies; il l'a
déclaré depuis, sur le point de subir sa juste punition.
Les complices étaient prêts, il n'eut que la peine
de les faire venir. C'étaient Pierre Lardayret, notaire
royal, Pierre Brémond et Jean Hodoul, patriciens, Jean
Rolland, vigneron. Il les attendait dans une chambre
basse du logis, où personne ne pouvait ni les apercevoir
ni les entendre; ses deux fils eurent encore le soin de les
introduire par le derrière de la maison, où nul ne passait.

« J'ai une affaire qui vous enrichira tous en un mo-
» ment, leur dit-il sans autre préambule, si vous voulez
» suivre mon conseil; mais elle exige de la prudence.

LA CONFESSION.

» Promettez-vous de l'exécuter selon mes vues? A cette
» condition seulement, je vous en ferai part. » Eux, que
la cupidité excitait toujours à mettre leur talent en pratique, rappelèrent des épreuves précédentes où ils avaient
donné des gages de discrétion, d'habileté et de sang-froid.
Plus l'occasion était importante, plus il devait y compter; et unanimement ils jurèrent d'obéir avec fidélité à
toutes ses instructions.

Rassuré par cette complicité passée, qui les liait étroitement pour l'avenir, il leur raconte la cause du voyage
de Béliard, sa qualité de caution, la prière et le refus
d'attendre; puis il développe les moindres détails de sa
diabolique invention, montre la facilité de l'entreprise,
énumère les grandes richesses qui doivent en payer le
succès, et comme encouragement ou à titre d'à-compte
sur le reste, il leur avance à chacun dix écus de ses propres deniers. Pour chacun aussi il rédige de sa main la
déposition qu'il recommande d'apprendre par cœur, afin
qu'une coïncidence parfaite éloignât jusqu'à l'ombre de
la contradiction et donnât aux éléments bien assortis du
mensonge l'air de la vérité pure. Il les renvoya étudier
leurs rôles, et leur donna rendez-vous le lendemain, vers
les sept heures du matin.

Béliard venait de se lever et s'entretenait avec l'honnête
notaire, lorsque ces messieurs se présentèrent. Feignant
d'ignorer leur venue, il leur demanda quel bon vent les
amenait si matin. Lardayret répondit que Pierre Brémond
et Jean Hodoul ayant consommé un échange de terre, il
y avait un écu de bon dont ils le conviaient à manger sa

part ; le déjeuner s'apprêtait dans la maison d'une nommée
Jeanne Perronet. Ces prémices du complot semblaient
trop engageantes pour les refuser. Ventier leur dit de
prendre les devants, et il irait les rejoindre bientôt avec
M. Béliard, qu'il leur présenta. « Il voudra bien, ajouta-
» t-il, nous faire l'honneur d'être de la partie. »

Quelques moments après, il invita le nouveau convive
à le suivre, lui promettant de l'expédier immédiatement
après le déjeuner, afin de ne plus retarder son voyage.
Le cours de ces petits incidents semblait si naturel, qu'il
ne s'éleva pas le moindre soupçon dans l'esprit de Béliard.
Il arriva, fut accueilli avec empressement et se mit à table. On parla bientôt de la qualité du vin : celui de Jeanne
n'était pas même passable. Brémond se vanta d'en posséder d'exquis, le meilleur de toute la ville ; il insista
pour les en faire juges, et envoya la maîtresse de la maison en chercher une bouteille à son logis.

Les voilà seuls. A un signe donné, la conversation
change tout à coup, et chacun se hâte de jeter à la face
du pauvre Béliard tous les noms dont ils avaient chargé
leur mémoire. L'un l'appelle blasphémateur, l'autre an-
téchrist, l'autre suppôt de Satan ; il accumulent sur sa
tête les épithètes réservées aux impies les plus effrontés,
se précipitent sur lui et le garrottent comme un voleur,
couvrant toujours de leurs clameurs les paroles qu'il veut
faire entendre. Ils se taisent cependant, et alors se tournant vers Ventier, il a le temps de lui dire : « Suis-je
» donc avec des brigands ? Vous, notaire, vous, homme
» public, vous m'avez conduit par la main dans ce guet-

LA CONFESSION.

» apens infâme! » L'autre, tirant un triste soupir de sa poitrine, lui répond avec l'accent d'une douloureuse compassion : « Ah! qui l'aurait jamais pensé? monsieur Bé- » liard, un homme de bien comme vous, un marchand » si estimé jusque-là, proférer autant d'impiétés que je » viens d'en entendre! je n'y puis croire... j'en suis encore » tout tremblant. Pour tout autre crime je vous offrirais » mon secours; mais pour celui-là, si je cherchais à en » atténuer l'horreur, Dieu m'en punirait le premier. »

Cette atroce calomnie, ces témoignages affectés d'une ironique pitié consternèrent le pauvre Béliard; il se souvint de la menace : « Vous vous en repentirez! » et de la promesse : « Demain vous serez content. » L'une et l'autre s'accomplissaient; les cinq cents écus causaient sa perte. Il ne tenta pas même une supplication; son sort lui paraissait irrévocable. Il se remit tout entier entre les mains de Dieu, le suppliant de protéger son innocence contre les hommes affreux qui l'accusaient. Après avoir épuisé l'injure et la moquerie, ils le menèrent dans la prison et firent leurs plaintes aux juges ordinaires du lieu. Les pièces furent envoyées au greffier criminel du sénéchal. Ventier se porta partie.

Pendant que la justice de Manosque s'apprête à consommer cette œuvre d'infamie, la renommée en apporte la nouvelle à Marseille. Les plus crédules s'indignent; les envieux se réjouissent; les bons, et c'est le petit nombre, frémissent et prennent pitié de celui qu'ils aimaient tant à compter parmi eux; enfin, ceux qui réfléchissent, et peut-être sont-ils plus rares encore, soupçonnent la vérité, mais n'osent pas la dire. Ses parents se transportèrent en diligence à Aix, et obtinrent une commission pour faire conduire l'accusé à la Conciergerie du palais, avec défenses expresses aux juges de Manosque de s'immiscer en rien au procès, et avec commandement de remettre la procédure au greffe criminel de la cour. C'était un premier gage d'impartialité. Manosque était frappée à bon droit de suspicion légitime et de réprobation morale. La petite ville où s'étaient trouvés en quelques heures cinq misérables aussi pervers ne promettait pas des juges purs et indépendants.

Le parlement députa un commissaire pour recevoir la déposition des témoins et l'accusé, qui fut amené sous bonne escorte dans les prisons d'Aix et jeté au fond des cachots. Un second fut chargé de l'enquête sur la vie de Béliard ; elle donna les résultats les plus honorables. Chacun le plaçait à Marseille parmi les plus hommes de bien. Sa fortune, comme sa vie, n'avait jamais offert rien de suspect : pas une plainte, pas un reproche ne s'élevait contre lui. Le commissaire emporta la preuve de la profonde estime et des regrets touchants qu'il inspirait.

Tandis qu'à l'appel du délégué, la voix publique d'une grande cité proclamait Béliard un de ses citoyens les plus intègres, et que, traduit au tribunal de l'opinion, il était absous d'avance, la déposition de cinq misérables sortis d'un coin obscur l'envoyait au supplice. Accablé, anéanti, il n'eut jamais la force de faire entendre quelques paroles. Les soupirs échappés avec abondance de sa poitrine, les larmes ruisselant par torrents de ses yeux, furent toute sa

LA CONFESSION.

défense, et elle s'interpréta contre lui ; on l'expliqua par le désespoir, par le repentir ou par la lâcheté.

La cour, frappée de l'horrible impiété et de l'abomination des discours rapportés, considéra que le crime était de ceux pour lesquels il n'y a pas de grâce possible; et chose non encore usitée dans aucune cour souveraine de France, elle s'assembla en robes rouges le jour de Notre-Dame de septembre 1619. Cet appareil inouï annonçait et une horreur et une punition extraordinaires. En effet, un arrêt solennel le déclara « coupable des » crimes à lui imputés, pour réparation desquels il le » condamna à être livré aux mains de l'exécuteur, con- » duit par toutes les places et carrefours de la ville d'Aix, » et puis à l'église métropolitaine de Saint-Sauveur, pour » y faire amende honorable, la hart au col, tenant un » cierge ardent du poids de deux livres, et là, à ge- » noux, crier merci à Dieu, au roi, à la justice, et de là » conduit à la place des Pères-Prêcheurs de la ville, où » la langue lui serait coupée et jetée au feu, à être brûlé » tout vif avec son procès, et ses cendres jetées au vent, » tous ses biens confisqués au roi, desquels serait tirée » la somme de cinq livres, applicables à chacun des té- » moins, et deux mille livres pour Esprit Ventier, tant » pour les frais de poursuite du procès que pour la récom- » pense de ses peines. »

L'arrêt ainsi prêt à être prononcé, les amis et parents présentèrent requête afin d'obtenir permission de soutenir sa cause, s'offrant à démontrer son innocence. Après plusieurs délibérations, la cour accorda huit jours

CAUSES CÉLÈBRES.

de délai, pendant lesquels les témoins comparaîtraient en personne, pour être confrontés avec le prisonnier. Ils répondirent tous à l'assignation, excepté Jean Rolland, mortellement malade, comme nous l'avons rapporté, et Grégoire Melve, qui, par remords ou par prévoyance, fit alléguer par ses domestiques un voyage à vingt lieues de là.

A la confrontation, Béliard, courageux et résigné, ne donna plus aucun signe de douleur ou d'émotion. En paix avec lui-même, il vit ses accusateurs sans s'indigner, sans leur répondre, opposant à tout désormais un front calme. Il avait eu la vie du juste, il voulait en avoir la mort. Mais celui entre les bras duquel il s'était réfugié veillait sur lui et lui réservait une de ces ressources imprévues dont il a seul le secret. C'est au retour même de la confrontation que parut le père carme, qu'il fut introduit devant les conseillers et qu'il leur remit le paquet cacheté.

Le président ouvre ce paquet et en donne lecture. Quelle stupeur ! quel terrible retour sur eux-mêmes ! quel tremblement de la conscience lorsque cette révélation inattendue y porta la lumière ! quel trait perçant pour l'âme du juge digne de ce nom ! Il lui faut bien le reconnaître, dans de pareilles extrémités, il est un moment le complice de ceux qu'il croit et l'assassin de celui qu'il condamne ! Le parlement frémit tout entier, et après quelques instants de recueillement solennel, la délibération reprit.

Ventier et les autres sont immédiatement arrêtés et mis

LA CONFESSION.

dans la Conciergerie du palais. Brémond et Hodoul sont appliqués à la question. Hodoul, sans attendre la torture, avoue d'abord toute la vérité. Confronté ensuite à Brémond, Lardayret et Ventier, il soutient que leur déposition était fausse et controuvée pour ruiner Béliard. Le notaire de Mariosque, qui avait écrit la déposition de Jean Rolland, mandé sur-le-champ, confirma la déclaration du père carme, et la cour rendit quatre arrêts différents.

Le premier, en faveur de Béliard, qu'elle déclare innocent.

Le second, contre Ventier, condamné précisément à la peine prononcée d'abord contre Béliard, avec distraction de dix mille livres au profit de ce dernier, faible dédommagement d'une aussi longue agonie. Au moment d'avoir la langue coupée, Ventier obtint la permission de parler, et il dit : « Que son dernier usage soit pour la vérité, et » qu'après en avoir calomnié tant d'autres, elle m'accuse » enfin. » Alors il dévoila brièvement la série des iniquités qui, pendant sa vie, lui avait procuré une fortune de plus de cinquante mille écus.

Le troisième, contre les faux témoins. Les deux qui n'avaient pas voulu reconnaître leur crime furent roués vifs, et Jean Hodoul, à cause de ses aveux, pendu et étranglé.

Le quatrième, contre Grégoire Melve, absent et décédé, condamné à être roué en effigie dans la ville de Sainte-Telle, et contre les deux fils de Ventier. L'aîné fut pour toujours banni de la Provence ; le plus jeune absous à cause de son âge.

CAUSES CÉLÈBRES.

Telle fut l'issue de ce procès tragique, dans lequel on ne sait ce qui doit le plus étonner de la machination tout à fait diabolique qui le créa, ou du dénouement presque miraculeux que le remords d'un des acteurs vint y donner.

L'HUISSIER.

Le 8 mars 1742, rue Saint-Antoine, au coin de la rue de Jouy, chez la demoiselle d'Arragon, lingère, dormait paisiblement à côté de sa femme M. Pinçon, huissier ordinaire du roi au grand conseil, secrétaire de M. d'Évry, maître des requêtes. Vers les six heures du matin, il est réveillé en sursaut par le bruit de sa porte, qui s'ouvre violemment. Il regarde, et voit entrer cinq hommes armés de cannes et d'épées. L'un d'eux, nommé Sabatier, lui demanda s'il n'était pas Pinçon. Il répond que oui. « Eh » bien, dit l'autre, je vous arrête de par le roi ! » Vainement il se récrie et veut démontrer qu'il n'est coupable d'aucun crime ; Sabatier n'écoute rien, et du ton le plus impérieux lui ordonne de vider promptement ses poches, et le menace de lui mettre les fers s'il fait le mutin. Saisi de trouble et de terreur, le malheureux huissier obéit, s'habille à la hâte, remet à sa femme, tombée d'abord en faiblesse, son portefeuille, ses clefs, son couteau, enfin tout ce qu'il put trouver sur lui, excepté son mouchoir, sa tabatière et son écritoire.

L'expédition achevée, Sabatier livre le prisonnier à l'escouade, enjoignant de lui casser les bras et les jambes à la moindre résistance. Il insistait pour voir l'ordre du roi ; la terrible recommandation lui ferme la bouche. Un fiacre l'attendait à la porte ; il y monte, et une fois les volets fermés, Sabatier change de ton : il lui apprend qu'il n'y a pas d'ordre du roi, mais qu'il était engagé durant toute sa vie dans le régiment de la marine. « Moi engagé dans la » marine ! » s'écrie Pinçon, pétrifié de surprise. Puis, se remettant, il demande à voir l'engagement prétendu, jurant ses grands dieux qu'il n'en avait jamais écrit ni signé aucun. On le lui refuse, et il allait redoubler d'instances, lorsque le fiacre s'arrête, rue Zacharie, à la porte de la nommée Lecoq, à l'enseigne de *la Galère*.

Là on le fait descendre de voiture et monter au second étage sur le derrière, dans une chambre grillée. Sabatier l'y place sous la garde de trois de ses hommes, réitère l'injonction de lui casser au besoin les bras et les jambes, et se retire, laissant sur la cheminée des menottes de fer. Vers les dix heures, Pinçon exprime le désir de parler à l'officier qui était dans la chambre voisine ; il vint, et comme il le priait de lui montrer son engagement, l'officier sortit, disant qu'il le lui ferait voir en temps et lieu.

Seul avec ses gardiens, il se plonge dans les plus cruelles réflexions. Il s'interroge, il s'examine ; rien de blâmable ne s'offre à sa pensée. Cependant on l'enlevait des bras

L'HUISSIER.

de sa femme en vertu des ordres du roi; l'instant d'après, cet ordre se changeait en engagement qu'on refusait de lui montrer. Il était livré aux caprices de trois racoleurs, exposé à leurs mauvais traitements. En vertu de quelle autorité? Un pistolet, des menottes de fer se trouvaient sur la cheminée. Qui appeler à son secours? sa raison était confondue, sa tête se perdait en mille conjectures. Il avait bien quelques ennemis, mais faibles et impuissants. D'ailleurs il s'agissait d'un acte signé de sa main. Plus il cherchait une explication à sa triste aventure, moins il la trouvait. Sabatier, qui rentra vers trois heures avec deux particuliers amenés de Bicêtre, le surprit au milieu de ces perplexités. « Mon engagement? » s'écrie-t-il aussitôt. On le lui montre. Le voilà frappé comme d'un coup de foudre. Il n'en croit pas ses yeux. L'enrôlement était d'une main étrangère; mais le nom est le sien, l'écriture la sienne. Il est enrôlé pour six ans dans les troupes de la marine, à la date du 3 mars 1751. Nul doute, il était dupe d'une infernale machination. Dans sa pensée néanmoins, personne sur qui arrêter ses soupçons. Le but, au reste, lui semblait clair. On voulait lui extorquer de l'argent. Il n'en avait pas, et le départ pour la Rochelle était fixé au lendemain. Pouvait-il l'ignorer, quand Sabatier ne cessait de lui répéter : « Arrangez vos affaires, » vous ne reverrez jamais Paris. » Alors, songeant à sa femme, dont la seule présence adoucirait ses peines, il conjure Sabatier de la faire appeler. Après quelques difficultés, celui-ci paraît se laisser vaincre.

A huit heures, madame Pinçon arrive chez la Lecoq. En

CAUSES CÉLÈBRES.

venant le prévenir, Sabatier ne manque pas de lui dire qu'elle allait le délivrer s'il exécutait ponctuellement ses instructions. A sa vue son émotion est profonde. Elle, au contraire, semble n'en éprouver aucune, et s'informe froidement de ce qui se passe de nouveau. Il répond qu'il se trouve engagé sans savoir comment; que les moments étaient précieux; qu'il s'agissait avant tout d'avoir de l'argent, et qu'à cet effet il l'avait envoyé chercher pour lui donner sa procuration.

Comme aucun notaire ne voulait se rendre chez la Lecoq, Sabatier et un autre de ses camarades le conduisirent chez Mc Marchand, rue Saint-Severin, où Pinçon dicta et signa deux procurations en faveur de sa femme; l'une générale, pour régler et gouverner ses biens; l'autre spéciale, pour résigner son office et avec le prix se dégager. Au sortir de chez le notaire et au moment de se séparer de sa femme, Pinçon lui exposa, les larmes aux yeux, qu'il était dénué d'argent et de linge. Elle lui donna un écu de trois livres et un mouchoir blanc.

Reconduit en chartre privée, il reçut vers minuit son équipage de campagne, composé d'un havresac, d'une paire de guêtres blanches et d'une paire de souliers. Le lendemain, on le fit descendre dans la salle de la Lecoq, et il y trouva une troupe de soldats, dont quelques-uns tenaient des chaînes et des menotes. Alors son infortune lui apparut dans toute son horreur; il prévit que cet appareil de rigueur lui était destiné, et il ne se trompait pas. Bientôt en effet on lui présenta une chaîne garnie d'une menotte à chaque bout. L'une fut passée à son poi-

L'HUISSIER.

gnet ; avec l'autre on l'attacha à l'un des hommes venus
de Bicêtre. Quelle douleur ! quelle confusion pour ce
brave homme de se voir ainsi accouplé !

Cependant l'heure du départ approchait. Il allait quitter pour longtemps, pour toujours peut-être sa femme et
son fils ; il songeait à leur isolement, à leur avenir. Dans
sa sollicitude de père et de mari, sa propre destinée ne
l'inquiétait plus. S'il ne devait jamais les revoir, au moins
qu'ils fussent heureux ! Il leur adressait des vœux et des
bénédictions. Ses plaintes touchantes, son abnégation
parfaite attendrirent la Lecoq, qui ne put s'empêcher de
lui dire : « Voilà ce que c'est que d'avoir deux femmes ;
« celle qui est venue hier est bien aise que vous partiez. »
Il allait demander l'explication de ces paroles, mais l'heure
fatale était arrivée et le signal du départ sonné.

La recrue était composée de quatre-vingts hommes,
dont trois enchaînés comme Pinçon. Ils traversèrent Paris au milieu d'une foule innombrable attirée par la bi-
zarrerie du spectacle. Mais avec son chapeau de palais,
une perruque carrée, un habit noir, un havresac sur le
dos et les guêtres blanches, l'huissier attirait tous les
regards. A l'aspect des chaînes, les spectateurs étaient
aussi émus de charité et leur faisaient quelques légères aumônes, consolation pour les autres, surcroît d'humiliation
pour le pauvre Pinçon. Ici on déplorait son sort ; là
on lui attribuait les plus grands crimes ; ailleurs on se
moquait de son accoutrement grotesque. Tour à tour objet
de pitié, d'indignation, de risée, il n'y répondait que par
des larmes.

CAUSES CÉLÈBRES.

Comment cet homme si résigné, si irréprochable, était-il tombé en quelques heures au dernier degré de la honte et de la misère? et si une signature avait eu la mystérieuse et diabolique puissance de l'y précipiter tout à coup, comment avait-elle été surprise?

Le 10 octobre 1741, Pinçon avait épousé Catherine Beschet, fille d'un limonadier, dont il reçut une dot de dix mille francs, qui servit à acquitter le montant de son office d'huissier. Leur union fut heureuse tant qu'ils habitèrent la maison même qui l'avait vu célébrer; mais une fois rue Saint-Antoine, au coin de la rue de Jouy, tout changea. La nommée Trumeau y demeurait en qualité de fille de boutique chez la demoiselle d'Arragon; le voisinage en procura la connaissance à madame Pinçon.

Des raisons inconnues engagèrent mademoiselle d'Arragon à congédier la Trumeau. L'amitié, quoique récente encore, lui offrit un asile, dont elle profita sans trop de réserve en introduisant bientôt après chez madame Pinçon le nommé Nayme, clerc de procureur, qu'elle traitait familièrement et appelait tantôt son fils, tantôt son mari. Les visites trop fréquentes de Nayme déplurent à Pinçon, auquel son air mystérieux, ses conversations secrètes donnaient de l'inquiétude ou de l'ennui. La Trumeau le sentit, et la gêne que causaient ses manéges, elle l'éprouvait à son tour par la présence de la dame Pinçon. Double inconvénient auquel elle sut remédier.

Un sieur Jeoffret allait souvent chez l'honnête huissier. Il s'offrit à point pour le projet de la Trumeau. Elle le destina à entretenir son amie pendant qu'elle cau-

L'HUISSIER.

serait avec Nayme. Ce plan fut du goût de madame Pinçon. Elle renonça à toute autre société, satisfaite du nouveau venu, dont l'assiduité fut remarquée de tout le monde, excepté du mari. Tout entier à sa clientèle, il ignorait qu'à peine était-il sorti, le petit comité se réunissait. De bons voisins, comme c'est la coutume, s'empressèrent de l'en instruire. Il fit ses observations, gronda, prouva la nécessité de renvoyer la Trumeau et de rompre avec Jeoffret. La dame Pinçon objecta simplement que la Trumeau était la femme de Nayme, et que dès lors sa présence était indifférente; que Jeoffret n'était pas un homme comme un autre; qu'il pouvait rendre de grands services et méritait des égards. A cette apologie, Pinçon perdit le sang-froid, s'emporta, exigea un congé en règle. Jeoffret, averti, en fut quitte pour être circonspect, et la contrariété donna plus de piquant à l'intrigue.

Abusé par des dehors étudiés et une prudence soutenue, Pinçon se flattait de voir renaître la paix et l'union dans son ménage, et déjà s'applaudissait d'un retour de tendresse, lorsque, rentrant chez lui vers la fin de janvier, après quelques jours d'absences il surprit Jeoffret dînant avec sa femme. Cette rencontre inattendue les frappa tous également. Pinçon garda le silence, se retira, et après une excursion de quelques heures dans les rues, troublé et indécis sur la conduite à tenir, il retourna le soir au logis. Jeoffret soupait avec sa femme. Le rencontrer pour la seconde fois dans le même jour, c'était trop fort. Transporté de colère, il ordonne à Jeoffret de se retirer, et sur son air d'hésitation, s'apprête à l'y contraindre; celui-ci

s'éloigne enfin avec force menaces et rodomontades. Hors
de lui-même, il va s'élancer sur ses pas. Sa femme et la
Trumeau le retiennent, l'entreprennent chacune de leur
côté, l'accablent d'invectives, s'opposent longtemps à son
passage. Il parvient à se débarrasser d'elles et à s'échapper.

Après une nuit de courses, de tourments, d'insomnie,
Pinçon le lendemain matin regagne sa demeure. Il n'y
trouve personne. Les deux amies étaient allées avec Jeoffret solliciter à Versailles une lettre de cachet, et avaient
eu la précaution d'emporter l'argenterie, sans doute pour
les frais du voyage, durant lequel elles vendirent un go-
belet. De retour le lendemain sur les huit heures, elles
profitèrent de l'absence de Pinçon pour faire dresser par
Nayme un mémoire infamant que, malgré leurs efforts, les
parents et les voisins refusèrent de signer. A la calomnie
et au scandale qui échouaient succéda bien vite l'artifice.
Quelques instants suffirent pour arranger la pièce et distribuer son rôle à chacun.

Pinçon était chez lui vers les neuf heures du soir. Ces
dames osaient à peine se présenter. Sa femme d'abord,
d'un air hypocritement contrit, se jette à ses pieds, et avec
l'accent le plus pénétrant de la prière et du repentir, le
supplie d'oublier le passé, et elle jure de fuir Jeoffret. De
son côté la Trumeau implore huit jours seulement d'hospitalité : « Voudrait-il lui faire manquer un établissement
» avantageux? elle allait épouser Nayme. Encore une se-
» maine, et elle s'éloignerait heureuse et reconnaissante. »
Cette parade de sensibilité produit son effet. Il relève sa
femme et la serre dans ses bras; il conjure la Trumeau

de ne pas les quitter, s'attendrit, pardonne, et Nayme est
autorisé à recommencer ses visites.

 Le 1ᵉʳ du mois de mars suivant, comme il rentrait, la
Trumeau lui présenta un exploit qu'elle prétendait avoir
été dressé par Nayme, le pria de le signer, se chargeant
du contrôle et de la copie. Cet exploit avait pour objet
une somme de vingt-quatre livres due à la Trumeau par
une marchande de la rue des Nonaindières. Il aperçut
quelques défauts de forme, se chargea de le refaire et d'en
porter la copie. En effet, après l'avoir dressé, il le signa
et le mit sur son bureau.

Le lendemain matin, lorsqu'il vint prendre cet acte, il
ne le trouve plus et s'informe à la Trumeau de ce qu'il
était devenu. Elle répond que la servante était allée le porter à Nayme; et réellement la servante, qu'il rencontra en
sortant, lui déclara revenir de chez Nayme, auquel elle
avait remis un exploit de la part de la demoiselle Trumeau.
Pressé par ses affaires, il n'a pas le temps de réfléchir, se
borne à adresser une légère réprimande à la domestique,
et se rend chez M. d'Evry, maître des requêtes, dont,
comme on l'a dit plus haut, il était secrétaire.

Les attentions redoublées de sa femme et de la Trumeau avaient effacé le souvenir des anciens griefs. Il trouvait même du charme à leur société. Sa maison lui offrait
des agréments inconnus jusque-là. Il craignait, il souffrait
de s'absenter, au point que ses assiduités, devenues in-
supportables, tyranniques, hâtèrent son malheur. Sa
femme, de plus en plus attentive à garder les apparences
de sa rupture simulée avec Jeoffret, continuait de le voir

CAUSES CÉLÈBRES.

en secret. Nayme et lui, une fois munis de l'exploit, coupèrent le timbre du papier et le rognèrent de trois côtés, de manière à laisser subsister seulement la signature, au-dessus de laquelle on écrivit l'engagement de six ans dans les troupes de la marine, daté du 3 mars 1751. La complicité de Sabatier, le concours des quatre autres, avaient été faciles. Des acteurs exercés et une victime de bonne foi garantissaient un plein succès. Pas le moindre obstacle ne l'avait retardé ou compromis. Chacun aussi y fondait son avenir.

Jeoffret, sous le nom de chevalier des Vergnes, devait vivre tranquillement avec madame Pinçon. La charge vendue, on levait une boutique de lingère que la Trumeau ferait valoir. Nayme concluait enfin son mariage avec elle et succédait à l'emploi d'huissier procuré par les soins de sa nouvelle épouse. Provisoirement et à titre d'à-compte sur leurs projets, le matin de l'arrestation, les quatre associés, après un ample déjeuner, partagèrent les hardes du captif. Nayme n'avait point de redingote ; celles de Pinçon étaient à sa taille, il s'en accommoda. L'épée, les livres de pratique, les billets et les dossiers lui allaient de droit. Pourquoi aurait-il laissé le manchon, le parapluie de taffetas et les rasoirs ? Il s'adjugea donc tout l'héritage, excepté l'argenterie, que ces dames vendirent dans l'après-midi.

Le partage des dépouilles ainsi consommé, elles furent chez le notaire faire passer les deux procurations ; ensuite elles rejoignirent Nayme et Jeoffret, qui les attendaient dans un fiacre et les reconduisirent chez Pinçon, où ils

L'HUISSIER.

soupèrent et passèrent la nuit. Le lendemain dimanche, la Trumeau et la Pinçon se rendirent au bureau du grand conseil, dans le dessein d'y prendre la robe de l'huissier avec ses autres effets ; mais, sur le refus de ses confrères, elles se consolèrent par le plaisir d'assister au passage de Pinçon et de rire avec d'autres personnes de son équipement.

Le lundi et les jours suivants furent employés à répandre des bruits injurieux à la réputation de Pinçon et à recouvrer ses créances, à le déshonorer en même temps et à le ruiner sans retour. La Trumeau écrivait les lettres, la femme les signait, Nayme les portait et recevait l'argent.

Cependant que devenait le pauvre prisonnier ? Nous l'avons laissé s'acheminant vers Arpajon. Arrivé là, on le mit avec son camarade dans un cachot. La lassitude le lui fit trouver moins affreux. Étendu sur la paille, il commença à reprendre ses esprits, et rapprochant les dernières circonstances de son malheur, il se rappela les paroles de la Lecoq. Il en fit part à son compagnon d'infortune, qui en fut frappé et lui communiqua ses idées. La conduite de sa femme depuis sa liaison avec la Trumeau arrêta surtout ses soupçons. Autour de ce fait capital, il groupa tous les autres ; les moindres détails s'y rattachèrent aisément, l'exploit remis le soir, l'offre de le faire contrôler, d'en porter la copie, son enlèvement du bureau, le message de la servante. Il médita sur cette réunion d'éléments divers, les combina, et acquit presque la certitude que l'enrôlement était l'ouvrage de cette association formée par la perfidie de deux femmes, encouragée par sa propre faiblesse.

CAUSES CÉLÈBRES.

Le second jour de marche, la démonstration devint complète. Un de ceux qui avaient accompagné Sabatier lors de l'arrestation faisait partie de l'escorte jusqu'à Orléans. Il lui avoua qu'après l'avoir conduit chez la Lecoq, il était allé rejoindre Sabatier; qu'un instant après, un gendarme de la garde lui avait montré une lettre conçue à peu près dans ces termes : « Enfin notre homme est ar- » rêté ; je vous prie d'en porter mes remercîments et de » bien recommander qu'il ne parle et n'écrive à personne ; » après quoi je vous attends à déjeuner. »

Il ne restait à Pinçon qu'à se procurer le moyen d'instruire de son sort quelques-uns de ses amis. L'écritoire gardée, si l'on s'en souvient, dans sa poche, était garnie d'une plume; le papier seul manquait. La pitié de l'un de ses conducteurs lui en procura une feuille, et il lui permit d'écrire quelques lignes à deux de ses confrères , se chargeant du soin de les faire parvenir.

D'un autre côté, parmi les qualités de Pinçon, l'assiduité à ses devoirs avait été la première ; M. d'Évry, qui en acquérait une preuve nouvelle chaque jour, fut surpris de son absence prolongée et écrivit à sa femme un billet conçu en ces termes :

« M. d'Evry prie madame Pinçon de lui mander ce » qu'est devenu son mari, dont il n'entend plus parler; » serait-il possible qu'il fût en prison ou en fuite? Le » lundi 8 mars. Réponse s'il vous plaît. »

La Trumeau se chargea de la réponse. Elle était courte et simple; on ne savait pas ce qu'il était devenu. M. d'Evry fit toutes les perquisitions imaginables, mais vaine-

L'HUISSIER.

ment. Ces dames, instruites de la vive sollicitude de ce magistrat, loin de s'en effrayer, en tirèrent bon augure ; l'intérêt qu'il portait au sort du mari devait rejaillir sur la femme. Ce fut pour elles l'unique conséquence de tous ces mouvements, et la Trumeau, animée d'espoir et d'ambition, pressa madame Pinçon de solliciter en faveur de Nayme la place de secrétaire chez M. d'Evry. La dame Pinçon, soumise désormais en aveugle à toutes les volontés de sa complice, ne balança pas un instant, et, accompagnée de Nayme, fit visite à M. d'Evry.

Les circonstances n'étaient pas favorables ; les deux lettres de Pinçon, parvenues à leur adresse, avaient pénétré ses confrères de douleur et d'indignation. Ils avaient couru solliciter la protection du procureur général du grand conseil et de M. d'Evry, et ils sortaient de chez ce dernier précisément lorsque la femme Pinçon et Nayme y entraient. Il était sous les premières impressions d'une juste et sainte colère, mais à la vue des infâmes solliciteurs, il sut les contenir. Ils se présentèrent d'un air soumis ; la dame Pinçon débita avec assurance et M. d'Evry écouta avec tranquillité l'histoire qu'ils avaient composée. Elle se terminait par la prière de prendre Nayme pour secrétaire et de vouloir bien les honorer l'un et l'autre de son généreux appui. M. d'Evry promit, admira leur criminelle effronterie et les congédia.

Cependant l'aventure devenait publique. Le récit parvint jusqu'aux oreilles des magistrats, qui voulurent en être instruits plus particulièrement, et ils en parlèrent à M. d'Argenson ; ce ministre envoya des ordres à Orléans,

CAUSES CÉLÈBRES.

par où le convoi devait passer. D'autre part, M. le procureur du roi fit informer à sa requête sur l'engagement forcé, et requit l'apposition des scellés sur les effets du sieur Pinçon. Le commissaire Trudon se transporta à son domicile le 18 mars, vers dix heures du soir, trouva le bureau ouvert et vide, et les papiers enlevés ; il les réclama de Nayme.

La Trumeau, la femme Pinçon et le chevalier des Vergues (Jeoffret) demeurèrent consternés et passèrent la nuit à délibérer. Le parti de la fuite parut le plus sûr, et le lendemain chacun disparut de son côté, laissant la dame Pinçon seule et livrée à elle-même.

Quant au mari, il poursuivait péniblement son triste voyage, toujours les fers aux mains, toujours dans les prisons et sur la paille. A Orléans, où ses forces commençaient déjà à l'abandonner, M. l'intendant, déjà muni des ordres du roi à son sujet, fit arrêter la recrue et ôter les chaînes au prisonnier. Une lueur d'espérance rayonna sur son front. Il subit un interrogatoire, et, reconduit en prison, il fut élargi le 23 mars.

L'impérieux besoin de proclamer son innocence, de rétablir ses affaires, de sauver au moins les débris de sa fortune, lui donna des forces, et sans rougir de son triste équipage, il reprit le chemin de la capitale, où il arriva le 26 mars.

Les scellés lui fermaient l'entrée de sa maison et l'obligèrent d'emprunter le lit d'un ami pour une nuit. Le lendemain, retiré dans une auberge, il apprit que Sabatier s'était constitué prisonnier pour purger le décret de

prise de corps décerné contre lui; qu'il s'était justifié en
montrant les ordres de son officier supérieur et en dépo-
sant au greffe la lettre suivante de Jeoffret :

« Pour arrêter le nommé Pinçon, il faut aller chez lui
» à onze heures du soir ou à six du matin, et aussitôt que
» vous l'aurez, madame de Boissise vous sera très-obligée
» de ne lui laisser faire aucun séjour à Paris et qu'il ne
» parle à personne. Je suis, etc. »

Toujours indulgent et cette fois généreux à l'excès,
Pinçon ne voulut pas se rendre accusateur de sa femme.
Obligé devant le juge à dire la vérité, il borna ses déclarations à ce qu'il ne lui était pas permis de supprimer,
mais sans animosité, sans aigreur, laissant à la justice le
soin de découvrir la culpabilité et s'efforçant d'en atténuer
les preuves. Dès le 26 mars, madame Pinçon, arrêtée chez
elle, fut conduite aux prisons du grand Châtelet. La Trumeau, surprise dans sa fuite à Provins, l'y rejoignit bientôt. Nayme et le chevalier des Vergues, plus diligents et
plus adroits, vinrent à bout de se soustraire aux poursuites
de la justice.

Le principal auteur des maux endurés par Pinçon était
la Trumeau, aussi chercha-t-elle une défense dans la récrimination, et lutta en désespérée contre la vérité qui
l'accablait, au moyen d'un libelle publié en son nom; elle
y peignait Pinçon sous les traits d'un débauché, d'un bru-
tal, d'un furieux, d'un empoisonneur, enfin d'un homme
adonné aux vices les plus abominables. Mais le roman
dont elle s'imaginait se forger une arme ne fut pas la pièce
de conviction la moins puissante. En forçant Pinçon à le

CAUSES CÉLÈBRES.

démentir, à en détruire par des preuves l'odieux tissu, cette femme fit éclater la probité au grand jour et appela l'intérêt sur son infortune.

Par arrêt du 30 septembre 1751, le parlement de Paris condamna la femme Pinçon et la Trumeau *ad omnia citrà mortem* (à tout excepté la mort) ; Sabatier à cinq ans, et des Vergnes et Nayme à une détention perpétuelle, juste punition de leurs crimes.

ECALDES.

Nouvelles Causes Célèbres
ou
Fastes du Crime

Publié par Pourrat Frères

FUALDÈS.

LE COMPLOT.

« Vous ne voulez donc pas en finir avec votre éternel
» règlement de compte ? je veux retirer toutes les signa-
» tures de confiance que je vous ai données. Il faut être
» en règle. »

Le débiteur auquel s'adressaient ces paroles était un
homme de quarante-cinq ans, à la mise soignée, à l'air
sombre et pensif. Ses regards, obliques et souvent pen-
chés vers la terre, décelaient un rare instinct de fourberie
et de mensonge ; sa conversation, grave, réfléchie, annonçait de la supériorité. Il était hypocrite et habile.

« Soit, répondit-il à son créancier ; mais ce n'est pas
» l'affaire d'un jour. Vous n'avez jamais été si pressant.
» — Je dois l'être ; tant de retards accumulés empêchent
» la vente de mon domaine de Flars, fixée définitivement
» au 17 de ce mois. — Pourquoi, après avoir consenti à
» me le vendre, avez-vous changé de dessein et me l'avez-

» vous retiré? vous seriez tranquille aujourd'hui. Libre à
» vous de préférer d'autres acquéreurs; je n'en ai pas
» moins reçu une injure gratuite.

» — Une injure, dit d'un accent animé celui dont on
» semblait vouloir éluder la volonté. Vous osez vous
» plaindre. Ne m'avez-vous pas assez d'obligations, et
» de celles qui devraient vous imposer silence? J'ai été
» pour vous plus qu'un ami facile, peut-être un magis-
» trat trop complaisant, trop faible.

» — Je ne vous comprends pas, répondit l'autre froi-
» dement. Si vous avez soigné mes affaires, je n'ai pas
» négligé les vôtres; notre intérêt était commun. Cette
» remarque s'applique à tout sans exception, aux choses
» même auxquelles vous semblez faire une allusion indi-
» recte. D'ailleurs j'ai meilleure opinion de vous. Votre
» probité de magistrat n'a pas fléchi un moment, et elle
» n'a pas non plus été mise à l'épreuve. Vous n'avez eu
» ni le mérite pour moi, ni le tort pour la justice de lui
» rien cacher; vous ne saviez rien.

» — Ingrat, répliqua le créancier avec colère, je ne sa-
» vais rien! vous allez en juger. Lorsque Adélaïde B***
» fut, il y a quelques années, accusée d'infanticide, tra-
» duite en cour d'assise, acquittée, la voix publique si-
» gnalait un complice. Il ne comparut pas sur les bancs.—
» C'est qu'il ne devait pas y comparaître, dit avec un
» calme soutenu l'imperturbable interlocuteur. — Ah!
» vous me poussez à bout; vous vous êtes imaginé que
» comme tant d'autres j'en étais réduit au vague des soup-
» çons. La vérité est venue à moi sans détour et sans

» nuages. Le médecin avait déclaré votre Adélaïde hydropi-
» que ; son vieux mari était cloué sur un fauteuil par la para-
» lysie. Le jour de l'accouchement vous étiez auprès d'elle.
» La douleur lui arracha des cris si aigus que le malade
» fit un effort pour se traîner jusqu'à la chambre de sa
» femme ; il frappa, voulant absolument entrer. Alors la
» malheureuse vous supplia de faire disparaître l'enfant,
» d'étouffer ses cris. Vous l'avez emporté par une issue
» dérobée ; une fosse d'aisance se trouvait sous vos pas...
» Vous savez le reste. »

Aucune altération dans les traits du débiteur, aucune
émotion visible ; il baissa la tête comme pour se recueillir,
et d'une voix fort naturelle répondit : « Vous répétez
» ce que tout le monde a dit, vous n'en savez pas plus
» qu'un autre ; c'est de la vieille chronique. D'ailleurs,
» mère, enfant, procédure, tout est enseveli.

» — Mère et enfant soit, mais procédure, qui empê-
» cherait de la faire revivre ?

» — Il n'y a au greffe que des pièces insignifiantes.

» — Il y en a de convaincantes ailleurs... Si elles
» étaient exhumées ?

» — Assez ! Je me suis rendu dans votre cabinet pour
» vous entretenir de nos comptes et non pour entendre
» des menaces. J'oublie les unes, et sous très-peu de
» jours les autres seront réglés. Je me retire. »

L'autre, tout agité de la terrible révélation, se leva le
premier en disant : « Adieu, monsieur Jausion. — Ser-
» viteur, monsieur Fualdès. »

Cet entretien avait lieu vers le 10 du mois de mars,

CAUSES CÉLÈBRES.

dans le cabinet de ce dernier, à Rodez. Autrefois procureur impérial, renommé par ses lumières, sa probité, sa
douceur, M. Fualdès avait perdu sa place sous la restau-
ration. L'estime publique l'avait suivi dans sa retraite;
aimé, respecté de tous, il ne connaissait pas d'ennemis,
malgré la violence de la réaction à cette époque et dans
cette partie de la France. Ses principes politiques, bien
prononcés en faveur de la liberté, mais sages et tolérants,
avaient désarmé les plus ardents fanatiques. On lui re-
prochait un tort unique, celui d'avoir entretenu de trop
longues relations d'affaires avec Jausion, espèce d'agent
de change dont le crédit, ébranlé à plusieurs reprises, ne
s'était soutenu que par la signature complaisante d'un
propriétaire tel que lui, solvable et considéré. Il s'était
donc formé entre eux, non-seulement un commerce d'intérêt, mais peu à peu une de ces intimités contre lesquelles l'instinct moral se révolte et qu'on n'a plus ensuite
la force de rompre.

A la fin pourtant, comme on vient de le voir, M. Fualdès avait pris une résolution. Par malheur, le sang-froid
lui manquait; il s'était en quelques minutes laissé emporter bien au delà des bornes d'une demande juste et
sérieuse; il avait compté sur l'intimidation, et pour la
mieux appuyer s'était vanté d'une condescendance que
sans doute il n'avait jamais eue, et de l'existence de pièces
qui n'étaient pas non plus en son pouvoir. Une fois seul,
il reconnut sa faute, en éprouva de la peine, et ne tarda
pas à faire auprès de Jausion des démarches amicales.

Celui-ci s'était retiré le cœur plein de rage et de pro-

jets de vengeance; plus sa colère avait été concentrée,
plus elle était implacable. Il assura Fualdès qu'une heure
après il ne s'était plus souvenu de rien, et, le sourire sur
les lèvres, lui jura d'en perdre à jamais la mémoire. Il rejeta cette vivacité de paroles sur une impatience bien naturelle, sur ses propres lenteurs. Pendant trois jours il
chercha à découvrir de quelle manière se ferait le payement du domaine de Flars, et comprima les élans d'une
passion refoulée au fond de son âme. Le quatrième elle
triompha! Il jura de punir le révélateur téméraire de ce
qu'il appelait, lui, une faute et tout au plus un malheur.
« Ah! s'écria-t-il, l'ancien magistrat, après tant d'années,
» fouille dans les entrailles de la terre, dans de préten-
» dues archives de sa façon, pour redonner la vie à une
» accusation qui n'en a jamais eu. Il s'est vanté de re-
» faire un crime avec des éléments ou anéantis ou dis-
» persés! et provisoirement il me l'a jeté à la face sous la
» forme de bienfait méconnu. S'il se flatte d'un tel pou-
» voir, il ne l'aura pas longtemps. »
Ainsi dans ce cœur ulcéré couvait déjà, mais à l'état
d'obscure détermination, le forfait que devait couronner
bientôt une atroce célébrité. Le quatrième jour donc, le
matin, après une nuit d'insomnie, d'agitation, de combi-
naisons sataniques dont il se reconnaissait impuissant à
réaliser seul les effets, il s'achemina chez son beau-frère
Bastide, comme lui débiteur de Fualdès, comme lui inté-
ressé à le perdre.
Cet homme avait la taille gigantesque, l'œil dur et sinistre, le teint pâle, la barbe noire, la poitrine large, et

l'habitude grossière de tout son corps donnait l'idée de la férocité unie à la force. Le choix particulier n'eût pas mieux fait que l'alliance de famille. Ils étaient merveilleusement assortis, l'un pour concevoir, l'autre pour exécuter. Jausion avait la tête du scélérat profond, Bastide le bras de l'assassin impitoyable.

Dès que son beau-frère se présenta chez lui, la démarche plus décidée qu'à l'ordinaire, la tête plus haute et le regard presque enflammé, Bastide l'apostropha le premier : « D'où vient ce trouble et cet air menaçant? Fuis-tu la » vengeance d'un autre, ou plutôt n'en as-tu pas à satis- » faire? » Jausion lui prit vivement le bras, l'entraîna au coin de la chambre, dont il avait eu soin de bien fermer la porte, et à demi-voix : « Tiens-tu beaucoup à Fualdès?

» — Comme à tous ces gueux de bonapartistes qu'on » ménage je ne sais pourquoi. Ne m'a-t-il pas écrit hier » encore afin de me rappeler sa créance de dix mille » francs, et me fixer le 19 mars pour dernier délai!

» — Tu es plus heureux que moi, il m'a fixé le 18; » mais il te traite comme un débiteur vulgaire : le tri- » bunal de commerce, la contrainte par corps. Avec moi » il est plus menaçant; c'est la cour d'assises, l'ombre » d'Adélaïde, des documents inédits, toute une fantas- » magorie. Seras-tu en mesure de payer?

» — Non. Je n'ai pas les premiers cent francs. Je » comptais même recourir à ta bourse.

» — Dès qu'elle ne sera plus vide je la partagerai » avec toi. Je sais un moyen de la remplir; mais tu recu- » lerais.

FUALDÈS.

» — Pour qui me prends-tu? ne m'as-tu pas déjà deux
» fois mis à l'épreuve? Parle; foi de Bastide, je suis à toi.»
Il tendit le bras et se redressa fièrement.

« — Prête-moi toute ton attention. Le 17 de ce mois,
» j'ai à cet égard des renseignements exacts, Fualdès
» vendra à M. Séguret son domaine de Flars 150,000 fr.
» Le 18, il recevra 26,000 francs de traites à-compte.
» Le lendemain je peux lui donner rendez-vous pour la
» négociation de ces effets et pour l'examen de nos affaires.
» S'il ne rentrait pas le 19?

» — Et même le 20! ajouta vivement Bastide pour
» montrer qu'il l'entendait, et tous les jours suivants. S'il
» disparaît une fois, pourquoi reparaîtrait-il?

» — Très-bien, reprit Jausion, tu me comprends à
» merveille. Alors je ne suis plus dans l'alternative, ou de
» faire renouveler une multitude d'effets en émission, ce
» que la rareté du numéraire rend difficile, ou de crain-
» dre la publicité de la contre-lettre entre ses mains.
» Le 20, au plus tard, elle serait entre les miennes; mon
» état n'est pas compromis, je conserve la confiance des
» capitalistes. D'une manière ou de l'autre nous acquit-
» tons les dix mille francs que nous lui devons et nous
» sommes sauvés. Autrement le déshonneur et la fuite.
» Il faut choisir.

» — Mon choix est déjà fait et mon plan presque
» dressé, répondit Bastide. Il me vient une idée! dis-moi
» seulement si, pour la négociation, tu peux le faire
» passer par la rue des Hebdomadiers?

» — Sans doute, et ce serait vers huit heures.

CAUSES CÉLÈBRES.

» — Alors, adieu; le temps est court, n'en perdons
» plus à délibérer. Je te quitte pour te rejoindre bientôt. »

Dans la rue des Hebdomadiers, à Rodez, au numéro 605,
était une maison d'assez chétive apparence, avec un rez-
de-chaussée, un premier et un second en mansarde. Elle
appartenait au sieur Vernhe, et était louée, le premier à
une famille de pauvres espagnols, le second à une fille
Anne Benoist, le rez-de-chaussée aux époux Bancal. Il
se composait d'une cuisine et de deux petits cabinets, l'un
au fond, l'autre à côté, à droite de la porte d'entrée, avec
une petite ouverture sur la rue. La cuisine était une salle
vaste, noire et humide, pavée de dalles de forme irrégu-
lière, mais à peu près carrée. On y arrivait par un cou-
loir obscur, à l'entrée du vestibule; là cheminée était
haute et large. En regard, dans une alcôve pratiquée
sous un escalier tournant, un vieux lit mal caché par des
rideaux de serge éraillée, troués, tombant en lambeaux
au milieu. Une longue table délabrée et quelques chaises
composaient le mobilier. Çà et là, par terre ou suspendus
à la muraille, un chaudron, un seau, des plats, une poêle,
et d'autres mauvais ustensiles. Les Bancals occupaient
aussi une des chambres du second.

Cette maison était signalée et connue comme un lieu de
basse et crapuleuse débauche, un repaire de vices. Les
époux Bancal, ses pourvoyeurs depuis longtemps, y faisaient vivre eux et leurs quatre enfants des produits assez
précaires de leur dégoûtant métier. Le mari, absent du
logis une partie de la journée, travaillait souvent à la
terre, et, un peu moins familier avec le spectacle de la

corruption, n'était peut-être pas descendu jusqu'au dernier degré. La femme, proxenète infatigable, mégère hideuse, vieillie dans le mal, était de la race de ces créatures qui ne reculent devant aucune proposition. Bastide, une de leurs pratiques assidues, leur avait inspiré de la confiance, une sorte de dévouement. Il payait très-bien pour le pays.

Pendant son entretien avec Jausion, un ancien propos de Bancal était revenu tout à coup à sa mémoire et l'avait frappé comme un éclair. « Ah! ce f.... gueux de Fual- » dès... il m'en a fait une... il la payera tôt ou tard. » La femme avait ajouté : « Si je le tenais seulement un quart » d'heure! » D'avance donc Bastide était assuré de deux instruments passionnés et dociles, et le lieu le plus propre à l'accomplissement de son dessein venait de se révéler à lui comme par inspiration soudaine.

Le soir venu il se rend chez l'infâme couple. Assis au coin du feu, les deux époux se plaignaient de ce que la journée ne leur avait absolument rien rapporté. Un coup se fait entendre, non à la porte, mais au volet. « Ah! » s'écrie la Bancal avec joie, ce coup ne regarde pas les » Espagnols du premier, c'est quelque connaissance. » Et elle se hâta d'ouvrir.

« — Monsieur Bastide! et vous ne m'avez pas fait pré- » venir! Il n'y a rien pour vous ce soir, à moins que vous » n'attendiez quelqu'un.

» — Non, je passais, j'ai voulu causer un moment. Et » il prit place au foyer entre les deux époux. La saison » est dure, l'argent bien rare; les plus riches vendent » leurs biens pour s'en procurer. Tenez, Fualdès va se

» défaire de son domaine de Flars et toucher une grosse
» somme, cent cinquante mille francs.

» — Le gredin ! reprit vivement Bancal.

» — Il n'y en a que pour ceux-là, ajouta la femme avec
» colère.

» — Et pour ceux aussi, dit Bastide en jetant tour à
» tour un regard curieux sur l'un et sur l'autre, pour
» ceux aussi qui oseraient le partager. Le bien des uns ne
» fait pas toujours le mal des autres. Fualdès est-il venu
» quelquefois chez vous?

» — Jamais, répondit la Bancal, mais on y est venu
» de sa part quand ce sacré bonapartiste était procureur
» du roi. Dieu merci! un de ces agents a assez fouillé par-
» tout à cause d'une jeune fille qui avait quitté ses pa-
» rents... Il nous a traités, menacés comme des scélérats.

» — C'est odieux, de braves gens! Oh! il ne s'en
» prend pas à vous seuls; maintenant encore il se croit
» quelque chose et s'imagine faire peur à certaines per-
» sonnes. Moi aussi j'ai une affaire à régler avec lui. Il y
» aurait de l'argent à gagner. Peut-être vous serait-il fa-
» cile de me rendre service.

» — Très-volontiers, et comment?

» — D'abord je l'amènerais ici; ensuite nous verrions.
» Mais nous ne serions pas assez de trois, il faudrait au
» moins deux personnes encore, solides et discrètes.

» — J'en connais une parfaite, dit Bancal, c'est pres-
» que un locataire de la maison. Un ancien soldat du train,
» Colard, qui vit avec Anne Benoist, là-haut, au second.
» Jamais un liard dans ses poches et bonne envie de les

FUALDÈS.

» remplir. Il n'y a pas quinze jours encore qu'il me disait :
« L'année est détestable. Les b.... de riches en ont trop
» pour eux. Si tout le monde était comme moi, on en irait
» prendre où il y en a. Si je savais qu'un homme portât
» vingt-cinq louis et qu'on ne me vît pas, je ne craindrais
» pas plus de lui tirer un coup de fusil que de boire un
» verre de vin. »

    » — Encore un pareil, répondit Bastide, et l'on réus-
» sirait.

    » — Pourvu que l'esprit n'y fasse rien, j'ai votre af-
» faire, ajouta la Bancal à son tour. Notre voisin, cet im-
» bécile de Missonier, qui va à la pêche à coups de pier-
» res, et qu'on a été obligé de repêcher lui-même l'autre
» jour, parce qu'il s'était mis jusqu'aux épaules dans la
» rivière pour courir après les poissons. Il meurt de faim.
» Avec cinq francs je l'enverrais au bout du monde. Il rit
» toujours et ne parle jamais.

    » — Dans combien de jours pouvez-vous me répondre
» de tous les deux?

    » — Vous voulez dire dans combien d'heures. Demain
» au soir ils seront prêts. Vous serez contents de nous
» comme par le passé.

    » — Bien, dit Bastide avec satisfaction : voilà un à-
» compte. » Il leur remit dix francs dans la main, leur
recommandant de ne pas perdre une minute.

Quelques instants après il était chez son beau-frère,
auquel il commençait à développer son plan. Une maison
sûre, quatre complices intéressés à agir et à se taire. On
attirerait l'homme vers la rue, on l'enlèverait, on l'enfer-

merait ; une fois maître de lui, l'on se déciderait pour le mieux. Le lendemain, comme il ne reparaîtrait pas, Jausion se chargerait de pénétrer dans son appartement et de s'emparer des papiers essentiels pour eux.

Jausion approuva d'un signe de tête. Il ne s'agissait plus que de faire accepter à Fualdès le rendez-vous, le jour, l'heure et le lieu convenables. Cependant une réflexion survint à Jausion. « Vers dix heures et demie du » soir, après l'exécution, nous serons forcés de traverser » la ville ; nous y pourrons faire une rencontre inattendue. » Deux hommes de plus, qui veilleraient à la sûreté des » autres, ne seraient pas de trop. Songe à te les procurer. » Tu as bien quelque contrebandier de ta connaissance et » un mensonge tout prêt ; par exemple, quelque balle de » tabac à porter.

» — Bon, reprit Bastide, je n'avais pas songé à celle-» là. Il y a toujours de ces messieurs qui rôdent sur la » place ou boivent au café de Rose Féral. Rien de plus » facile. Toi, ne ménage pas les visites à Fualdès, et sous » le prétexte d'éclaircissements, persuade-le bien par tes » dires que nous voulons en finir. » Ils se séparèrent.

Dans les premiers jours de ce même mois, un nommé Bach avait fait viser son passeport à Toulouse pour se rendre à Montauban, de là à Montolieu et à Alby, enfin à Rodez, où il arriva le 17, jour de foire. Vers les six heures du soir il se rendit à l'auberge de Girac, où se trouvaient alors un nommé Bousquier et quelques autres personnes, qu'il regarda jouer assez avant dans la nuit. Il s'entretint avec l'aubergiste de tabac de contrebande, dont il faisait

trafic. Celui-ci dit à Bousquier : « Voilà un homme qui
» pourra vous employer quelquefois à transporter des balles
» de tabac. » Et Bach répondit « que puisque Bousquier
» était portefaix, il l'employerait de préférence et irait
» même le prendre chez lui quand l'occasion s'en pré-
» senterait. »

Le 19, à neuf heures du matin, un homme de trente-
trois à trente-quatre ans, d'une taille de cinq pieds cinq
pouces, ayant les cheveux noirs et attachés avec un ruban,
se disant de Cahors, et paraissant, au contraire, à son accent patois, être du Rouergue, accosta Bach sur la place
de la cité et lui demanda s'il n'avait pas du tabac de
contrebande. Étonné de la question et redoutant un em-
ployé des impôts indirects, Bach répondit que non. Alors il
lui proposa de lui en vendre environ un quintal et demi.
« Nous nous retrouverons plus tard, ajouta l'inconnu, pour
» régler cette affaire. »

Vers les onze heures et sur la place du Bourg, Bach
rencontra le même individu, qui semblait très-pressé, re-
parla du tabac et disparut.

A midi, comme Bach rentrait en ville par la rue du
Terral, il se trouva pour la troisième fois face à face avec
ce particulier, alors en compagnie d'un autre, remarquable
par sa tournure et ses belles formes, ses cheveux bruns
et coupés. Il fut encore question de la vente de ce tabac
d'une manière très-pressante. Bach consentit à l'acheter,
et accepta rendez-vous vers huit heures du soir, sur la place
de la Cité ; là on devait lui indiquer le lieu où le tabac
était caché.

CAUSES CÉLÈBRES.

Ce contrebandier, blessé à la jambe, dans l'impossibilité de pouvoir transporter la balle sans aide, songea à Bousquier et l'invita à se tenir prêt pour la soirée.

Jausion n'avait pas manqué de revoir Fualdès et de fixer avec lui le moment du rendez-vous. Il devait avoir lieu à huit heures et demie, dans une tierce maison. Le chemin qui y menait naturellement était la rue des Hebdomadiers. Ainsi, en moins de trois jours tout avait été concerté, tout avait réussi au gré de leurs desseins : un lieu favorable, des complices en assez grand nombre, l'heure de la nuit, le passage indispensable sur un point essentiel, tout avait été prévu et arrangé.

Dans l'après-midi, Bastide fit sa dernière tournée et s'assura si chacun serait bien à son poste. Il visita d'abord la Bancal, et la trouva impatiente. Au café de Rose Féral, il vit réunis Colard, Bach, Bousquier, escouade principale avec laquelle il trinqua, et en secret sans doute au succès qui lui souriait déjà. Enfin il retourna chez Jausion.

« Tout est prêt, dit-il en entrant. Mais tu as l'air rê- » veur et soucieux. Hésiterais-tu ? te repentirais-tu ? Il est » trop tard. A cette indécison je reconnais bien les gens » qui n'ont que de la tête. Tout est prêt, je te le répète.

» — Mon Dieu, non, répondit le beau-frère, nous » avons oublié une chose essentielle. Tant de monde cau- » sera, dans cette rue déserte, un mouvement extraordi- » naire, un certain bruit. Nous ne sommes pas sûrs de » pousser notre homme assez vite vers le corridor et de » lui fermer la bouche. Il se débattra... des cris peuvent » s'échapper, les voisins se mettre aux fenêtres, accou-

FUALDÈS.

» rir... De la chambre même, à peine fermée par de
» mauvais contrevents, la moindre conversation retentirait
» dans la rue. Quel moyen de couvrir le bruit possible?

» — Par un autre bruit, dit Bastide; payer des polis-
» sons pour faire du tapage devant la porte.

» —Folie! comment s'en débarrasser ensuite lorsqu'on
» aurait piqué leur curiosité? »

Ils réfléchirent longtemps, et le complot, dont la trame
avait été jusque-là si habilement, si heureusement ourdie,
se trouva tout à coup incomplet, un obstacle imprévu venait l'arrêter.

« — J'y suis enfin, reprit Bastide le premier. Pendant
» que j'étais assis au café avec nos hommes, un joueur
» de vielle avec un joueur d'orgue nous ont demandé
» quelques sous. Cette musique serait excllente, elle do-
» minerait tout, n'exciterait aucun soupçon. Ce sont des
» étrangers, s'arrêtant à chaque porte et à toutes les
» heures; en leur donnant à la fois ce qu'ils gagneraient
» à peine en vingt jours, nous en disposerons. On les pla-
» cerait en face de la maison. Approuves-tu? »

Jausion se contenta d'abord du signe de tête qui lui
était familier; mais en reconduisant Bastide chez lui, il
montra de l'inquiétude, et sur l'escalier même, rompant
le silence, il lui parla avec chaleur.

Ursule Labatut, fille au service du propriétaire, entendit ces deux phrases de leur dialogue :

« Au moins recommande bien à chacun l'exactitude.

» — Tout mon monde sera à son poste pour l'heure
» convenue, combien de fois faudra-t-il te le répéter?

CAUSES CÉLÈBRES.

» — Prends garde.

« — Bah! c'est comme chez nous. »

Ursule, en passant à côté d'eux, leur dit :

« Boni saludi, moussiurs.

» — Adieu, la fillo, » répondit Jausion.

Comme Bastide allait à la recherche des joueurs de vielle, le hasard amena Fualdès à sa rencontre. Ils se promenèrent quelque temps à la vue de tout le monde, et Fualdès paraissait très-animé ; il frappait le pavé avec sa canne.

« Pourquoi n'êtes-vous pas venu comme vous me l'a- » viez promis?

» — Je ne veux pas vous faire de tort, répondit Bas- » tide ; je m'arrange pour vous faire votre compte ce » soir. »

Réponse naturelle et terrible à la fois, promesse de payement et menace de mort.

Au bout de quelques instants, Bastide rejoignit Bach et lui fit part de son idée sur les joueurs de vielle, et de la nécessité pressante de les découvrir. Bach les rencontra le premier.

« Il y aurait une bonne affaire pour vous, mes cama- » rades. On doit me livrer ce soir, à huit heures, une » balle de tabac de contrebande dans la petite rue des » Hebdomadiers.

» — Nous savons où, c'est à deux pas d'ici.

» — Bousquier, votre connaissance, viendra m'aider » à la charger. Ne pourriez-vous pas vous trouver là avec » votre vielle?

FUALDÈS.

» — Pourquoi faire?

» — Vous comprenez bien, pour détourner l'attention
» de ceux qui pourraient nous examiner et nous dénon-
» cer aux *rats de cave.*

» — Il y aura une belle étrenne?

» — Bien entendu. »

Ils acceptèrent sans se faire prier.

L'ATTENTAT.

Six heures et demie venaient de sonner, le capitaine
de la compagnie départementale de l'Aveyron dit au tambour Antoine :

« C'est aujourd'hui jour de foire; des soldats, je le
» sais, ont eu dispute avec des bourgeois. Je veux que tu
» battes la retraite à sept heures. »

Antoine obéit, et après la retraite il se rendit chez la
Bancal, où il passait assez souvent ses soirées. Elle lui fit
mauvaise mine, il avait l'air de la gêner. Il s'en aperçut
et se retira en disant :

« Bonne aubaine; je cède la place à quelque officier. »

Tout semblait conspirer contre le malheureux Fualdès.

La Bancal ouvrit les rideaux du lit, y vit trois de ses
enfants déjà couchés et les referma.

« Bon, les petits ronflent. Toi, Madeleine, dit-elle à
» la plus grande, âgée de quatorze ans, qui ne t'endors
» pas si vite, va dans la chambre du second. »

Madeleine monta; mais au premier étage la peur la saisit; elle redescendit avec précaution, épia le moment où

sa mère était allée sur le seuil de la porte, et se glissant le long du mur, alla furtivement se coucher près de ses sœurs.

Bastide arriva et s'assit devant le feu. Quelques minutes après entra un meunier nommé Soudrous, qui dit :

« Ah ! aujourd'hui j'y vois clair, je ne mettrai pas le » sac dans le chaudron.

» — Vous y voyez ? » reprit Bastide d'un ton inquiet, et en cachant son visage au meunier, qui ressortit aussitôt.

Vinrent successivement après Bach et Jausion, Colard et Anne Benoist, sa maîtresse. Bastide se leva, regarda à sa montre.

« Huit heures approchent, mes enfants, notre homme » va venir ; chacun à son poste... »

L'orgue et la vielle commencèrent à jouer. Bastide sortit, alla aux musiciens :

« Vous êtes exacts, vous serez contents ; mais pas d'in- » terruptions, ou vous êtes morts ! »

Quelques minutes après, Jausion et les autres occupè- rent la rue. On toussait : de tous côtés partaient des *hum !* des coups de sifflet ; des cris d'appel et de ralliement étaient échangés, on ne pouvait reconnaître personne ; mais, malgré les précautions, cette rue, d'ordinaire si dé- serte, était troublée d'un mouvement inaccoutumé qui éveilla l'attention de quelques voisins.

« Parbleu, dit l'un d'eux, M. Brast, en se mettant à » sa fenêtre, il y a grande réjouissance dans la rue. Les » sifflets partent de la maison Bancal. Les dames qui » sont chez la vieille font bien attendre leurs chevaliers » servants. Oh ! mais les manœuvres augmentent.... le

FUALDÈS.

» tapage aussi... Si je descendais? non, peut-être se-
» rais-je rossé. Il vaut mieux leur dire ce que je pense. »
» Et il leur cria par la fenêtre : « Vous êtes tous des
» polissons, des brigands, des assassins. Si vous n'étiez
» pas des polissons, vous ne viendriez pas ainsi troubler
» les honnêtes gens. » L'exhortation ne les toucha guère,
et la correspondance des sifflets continua.

Que se passait-il en même temps dans la maison de
Fualdès? Vers sept heures et demie arrivait chez lui un
vieillard respectable, son ami intime, M. Sasmayous.

« Mon mari aura bien peu de temps à vous donner ce
» soir, dit madame Fualdès ; il a un rendez-vous pour
» affaires importantes, et enfin Bastide a promis de lui
» faire son compte.

» — Parbleu, je ne cesserai de vous le répéter, répli-
» qua le vieillard en se tournant vers Fualdès : je me
» suis toujours étonné de vos relations suivies avec cet
» homme. Vos caractères sympathisent si peu ! Vous
» êtes doux, il est brusque ; vous êtes honnête... »
Madame Fualdès l'interrompit.

« J'ai bien peur qu'il ne me fasse avec celui-là quel-
» que mauvaise affaire, comme avec les Laqueilhe. »

Fualdès ne répondit rien, se retira un peu en arrière,
se croisa les bras, et les regarda d'un air qui signifiait :
Mes bons amis, vous êtes fous.

« Il doit être bientôt huit heures, dit-il tout à coup ;
» je vais chercher là-haut ce dont j'ai besoin. »

Il redescendit bientôt avec un portefeuille sous le bras,
prit sa canne, souhaita le bonsoir et sortit.

CAUSES CÉLÈBRES.

A sa vue, Colard, posté tout près de sa maison, courut
en toute hâte dans la rue de l'Ambergue-Droite, qui aboutit à celle des Hebdomadiers par une petite traverse. Le
dernier signal se donne, chacun est attentif! Fualdès par-
venait à peine au coin de la rue des Hebdomadiers, lorsque
six hommes se précipitent sur lui. Il résiste... on l'entoure,
on le presse, on l'opprime. Un mouchoir lui est appliqué
sur la bouche pour étouffer ses cris, un autre jeté autour
de son cou pour l'entraîner. Il se débat, on l'étreint dans les
replis de la blouse de Bach. Sa canne lui échappe et roule
sur le pavé. Ils le poussent vers le coupe-gorge. Bientôt il
est dans le corridor et dans la cuisine. La porte se referme.

On l'assit sur une chaise devant la table, qu'on débar-
rasse des pains que madame Fualdès avait envoyés ce
jour-là aux Bancal à titre de secours. Bastide et Jausion
étaient debout à ses côtés ; des femmes, parmi lesquelles
Anne Benoist seulement a été reconnue, étaient en face
avec la Bancal, qui tenait la lumière; Colard, avec Bancal
et Bach, étaient postés derrière la chaise. Fualdès, l'œil
égaré, tremblait de tous ses membres. Bastide déroula sur
la table une douzaine de lettres de change, avec injonction à Fualdès de les signer ; du doigt il lui marquait la
place de la signature. Sa main, glacée de terreur, les ap-
posa machinalement.

Jausion rassembla toutes les lettres, les rangea, et
lorsqu'il les eut enfermées dans le portefeuille, Bastide
dit au malheureux :

« Ce n'est pas le tout de signer, il faut encore mourir. »

A ces mots, et par un mouvement d'horreur, il se lève,

FUALDÈS.

se recule, renverse sa chaise ; puis, s'adressant avec force
à ce messager de mort :

« Eh quoi! pourra-t-on jamais croire que mes amis
» soient au nombre de mes assassins ! »

Sans lui répondre, Bastide le saisit dans ses bras robustes
et essaye de le coucher sur la table ; les autres le secon-
dent. Après une résistance de quelques instants, Fualdès
écarte le baillon qu'on lui mettait sur la bouche, tombe
à genoux, et levant un regard suppliant vers l'assassin :

« Que vous ai-je fait? Du moins accordez-moi un in-
» stant pour faire un acte de contrition et me réconcilier
» avec Dieu.

» — Va, tu te réconcilieras avec le diable! » répond
Bastide. Et se saisissant de nouveau du vieillard, à l'aide
de ses camarades, il le dompte, l'étend sur la table, le
fixe par les épaules ; Colard et Bancal s'attachent chacun
à une jambe, un autre tamponne la victime, lui ôte sa cravate et défait sa chemise.

Jausion, qui tenait dans la main un couteau à manche
noir, porte le premier coup, mais recule aussitôt.

Blessé par cette main mal assurée, Fualdès réunit toutes
ses forces, s'agite ; la table plie sous le fardeau et se
renverse. Alors confusion, désordre, anxiété terrible!
Étourdi de la chute et une blessure au cou, Fualdès ne se
relève pas moins, et, pendant qu'ils sont occupés à redres-
ser la table, s'échappe de leurs mains, se dirigeant vers
la porte. Bach ne mit pas assez de diligence à l'arrêter,
Bastide l'en punit par un soufflet, et avec l'aide des autres
ressaisit Fualdès et de nouveau ils l'étendent sur la table.

CAUSES CÉLÈBRES.

Aussitôt Bastide arrache le couteau des mains de Jausion, et d'un air de mépris : « Va-t'en, tu ne sais pas » faire cela. » Et lui-même le plonge à plusieurs reprises dans la gorge du vieillard. C'était un mauvais couteau, une espèce de scie. Le sang coula cependant à grands flots.

De sourds gémissements, de rauques suffocations peuvent à peine se frayer passage à travers le gosier de Fualdès, en proie à d'horribles convulsions. Missonier, cet imbécile, tournait comme un fou autour de la table funèbre. Bastide, s'apercevant qu'il évite ainsi d'avoir sa part du crime, lui met le couteau à la main et le contraint à porter lui-même plusieurs coups au malheureux.

Vainement Fualdès se débattait dans les agitations de cette terrible agonie, Jausion et Bach lui tenaient les bras, Colard et Bancal les pieds. Bastide avait repris l'instrument du meurtre; la lumière était à la main d'Anne Benoist; la Bancal à genoux recevait dans un baquet le sang de la victime et le remuait à mesure qu'il tombait.

De plus en plus les gémissements devenaient faibles et rares. Le râle de la mort se fit enfin entendre; la victime exhala le dernier soupir.

A cet instant on frappe à la porte avec violence. Les assassins se regardent, chuchottent entre eux, parlent d'éteindre la lumière et de demeurer immobiles.

Bastide seul, fier et triomphant, lève la tête, marche droit à la porte, l'ouvre, se pose sur le seuil, et d'un ton de maître :

« Que demandez-vous?

» — Une femme, parbleu! répond le plus hardi des

FUALDÈS.

» deux individus. Elle doit nous attendre. Pourquoi la
» porte est-elle fermée?

» — Parce qu'il me plaît. Retirez-vous ; sinon, gare!
» Prenez-vous donc ceci pour la maison du bon Dieu? »
Et il lève une canne sur la tête de l'inconnu.

« — Non, dit l'inconnu en fuyant, mais pour celle du
» diable. »

Avant de rentrer, Bastide se tourna vers le joueur
de vielle.

« — Chut! c'est assez. Ne joue plus, mais fais sen-
» tinelle. »

Deux bancs avaient été disposés près de la fenêtre, on
y plaça le corps. La Bancal profita de ce moment pour
essuyer la table et la laver du sang dont elle était
souillée. Le cadavre y fut bientôt reporté. Bastide fouilla
les poches de ses vêtements, et de celles du gilet retira
trois écus de cinq francs, trois pièces de dix sous et onze
sous de monnaie, qu'il donna à la femme Bancal en disant : « Prenez, nous ne tuons pas cet homme pour son
» argent. »

D'une autre poche il retira une clef qu'il remit à Jausion avec ces paroles : « Tiens, va chercher le tout ; et
» en même temps examine s'il y a moyen de porter cet
» homme dans sa maison. Tu sais, on mettrait un de
» ses rasoirs à son cou et il se sera suicidé. Va. » Jausion
obéit.

Bastide continua à fouiller, mais sans autre résultat.
La vieille Bancal, en touchant la chemise, s'extasia sur sa
finesse et sur sa blancheur : « Jésus! s'écria-t-elle, laissez-

» moi la lui ôter ; il vaut mieux que ce soit moi qui l'aie
» que lui, le pauvre homme ; elle est d'une toile ressem-
» blant à une aube.

» — Non pas, la mère, objecta Bastide ; cette che-
» mise pourrait nous compromettre. » Pour se dédommager elle arracha d'un des doigts de la main gauche de
Fualdès la bague qu'il y portait.

« Qu'est-ce? j'entends du bruit, ici à côté, dans le
» corridor, » demanda avec vivacité Bastide. La Bancal
se taisait, se troublait, balbutiait. « Allons, répondez vite.

» — Tenez, dans toute cette bagarre, quelqu'un sur
» qui je ne comptais pas s'est présenté. Je ne savais
» qu'en faire, je l'ai fait cacher dans le cabinet.

» — Imprudente ! que ne le disiez-vous? il faut le
» tuer. »

Au même instant il ouvre la porte, pénètre dans le cabinet, se saisit de la personne cachée et l'entraîne à moitié
évanouie au milieu de la cuisine, sous la lumière. A son
spencer et à ses pantalons bleus, il la prend d'abord pour
un jeune homme. Déjà son bras est levé... « Grâce,
» grâce ! je ne suis qu'une femme ; je vous demande la
» vie, » dit l'inconnue d'une voix suppliante et pleine
d'effroi.

Cette prière ne le désarma pas d'abord ; il lui porta la
main sur la poitrine... Bancal se jeta en travers, protesta
contre ce meurtre, ne voulant pas que cette fille fût tuée
chez lui, et s'écriant qu'il saura bien l'empêcher... Le
couteau sanglant n'en demeure pas moins suspendu et
prêt à frapper.

FUALDÈS.

Pendant que cette femme est ainsi quelques minutes
entre la vie et la mort, Jausion paraît, de retour de son
expédition chez Fualdès. D'un coup d'œil il jugea la cause
de cet incident nouveau, et même reconnut la dame.
Comme Bancal il se jeta entre elle et l'assassin, et d'un
ton de reproche : « Quoi ! tu es déjà embarrassé d'un
» cadavre, que ferais-tu d'un second ?

» — Embarrassé ! est-ce que nous ne pouvons pas
» porter ça, répliqua-t-il en désignant le corps de Fualdès,
» dans son lit ou dans sa maison ?

» — Impossible : son valet de chambre l'attend sur la
» porte et sa femme veille à la fenêtre. »

A cette nouvelle, Bastide eut l'air contrarié, et après
un instant de réflexion :

« — Soit, tu le veux, qu'elle vive ; mais elle prêtera
» un serment qu'elle se gardera de violer, sous peine de
» périr bientôt, par le fer ou par le poison ! Femme, met-
» tez-vous à genoux, placez la main sur le ventre de ce
» cadavre. » Elle détournait la tête d'horreur et reculait ;
il saisit lui-même le bras, et l'étendant par force, il l'appuie sur le corps inanimé... « Bien... Jurez à cette heure
» de ne rien révéler... » Ses lèvres étaient collées de terreur l'une contre l'autre, sa bouche ne pouvait s'entr'ouvrir. Enfin elle laisse passage à un oui à peine articulé.
« Plus haut, qu'on vous entende. Prononcez distincte-
» ment : Je le jure... » L'instinct de la conservation lui
redonna de la voix.

« Je le jure ! répéta-t-elle assez fort.

» — Encore un fois et la main sur le couteau.

CAUSES CÉLÈBRES.

» — Je le jure; » mais déjà sa voix s'était affaiblie.

Elle pouvait à peine se relever, un de ses doigts était taché de sang. Jausion la prit sous sa sauvegarde, la conduisit hors de la maison, jusque sur la place de l'Annonciade, et avant de la quitter il lui dit à voix basse : « Me » connais-tu ?

» — Non, répondit-elle sans oser lever les yeux.

» — Sais-tu d'où tu viens ?

» — Non.

» — As-tu rien entendu ?

» — Non.

» — Si tu parles tu périras. » Et lui serrant le bras violemment, il la poussa avec ces mots : « Va-t'en. »

Un témoin invisible avait assisté à la terrible scène. La fille de Bancal, poursuivie par la crainte, sans cesse éveillée par le bruit, se mettait par intervalles sur ses genoux, et à travers l'un des trous pratiqués au rideau, saisissait à la dérobée quelques paroles et quelques incidents de ce drame; puis elle se recouchait, feignant de dormir.

Il était neuf heures et demie environ. Bastide se tourna vers Bach, lui enjoignant d'aller chercher Bousquier au moyen du signal convenu. Puis, par un mouvement de défiance, il s'approcha du lit pour examiner s'il n'y avait personne : il souleva les rideaux et trouva la petite fille endormie. Deux fois il lui passa la main sur la figure, et s'adressant à la Bancal : « Il faudra se défaire de cet » enfant.

» — Combien me donnerez-vous ? demanda impudem- » ment la vieille mégère.

FUALDÈS.

» — Cent écus.

» — Mettez quatre cents francs, et je m'en charge.
» Pas plus tard que deux ou trois jours, et elle me passera
» par les mains. »

Jausion rentra pour la troisième fois, et alors il fallut
songer au cadavre. Bastide lui ôta le tampon de la bouche,
lui mit la cravate au cou, et après l'avoir nouée, dit d'un
ton railleur : « Là, bien, il n'y paraît pas du tout! » Ensuite il demanda à la Bancal un drap et une couverture
de laine pour l'envelopper; mais, de peur que le sang ne
teignît la couverture, la Bancal prêta son tablier, dont on
entoura la tête.

Tous ensemble lièrent ce paquet, en forme de balle de
cuir, avec une corde de la grosseur du doigt. On insinua au
dessous deux petites barres, afin d'en faciliter le transport.

Ces préparatifs terminés, Colard, sur quelques mots
de Bastide, sortit, monta à la chambre du second, qu'il
occupait avec Anne Benoist, et un instant après rapporta
deux fusils, dont un simple pour Jausion et un double pour
Bastide.

Trois coups bien distincts résonnèrent sur la porte;
Bastide fut lui-même ouvrir. C'était Bach qui ramenait
Bousquier.

« Où est la balle à charger? » demanda celui-ci en
entrant.

« — Ce n'est pas une balle, c'est un cadavre qu'il faut
» porter, » répond Bach.

Bousquier fit un mouvement en arrière et voulut se retirer; mais Bastide lui posa les canons de son fusil sur la

poitrine en disant : « Si tu bouges, tu es mort. » Effrayé
et tout à coup docile, Bousquier se garda bien de remuer.

LA NOYADE.

Il était plus de dix heures, le signal du départ une
fois donné, telle fut la marche de l'infernal cortége. Le
cadavre reposait toujours sur les deux barres ; Bancal et
Colard avaient pris le devant, Bach et Bousquier le derrière ; Bastide s'avançait en tête, les canons de son fusil
tournés vers la terre ; Jausion suivait à quelque distance,
avec un espèce de mouchoir blanchâtre qui de dessous
son chapeau descendait sur sa figure ; Missonnier rôdait
autour et semblait remplir les fonctions d'éclaireur.

En passant devant le joueur de vielle, toujours demeuré
comme en embuscade, Bastide lui appuya fortement le fusil sur l'épaule et dit : « Tu me connais, tu n'as rien vu,
» rien entendu. Va-t'en ; et si je te rencontre sur mon
» chemin, ton compte ne sera pas long. » Il prit immédiatement la fuite.

Le convoi funèbre alla d'abord de la maison Bancal
dans la rue du Terral ; de là il descendit le long de l'hôtel
de la préfecture et sortit par le portail dit de l'Évêché.
Il suivit le boulevard d'Estournel jusqu'à la ruelle qui
aboutit au jardin de Bourguet.

Arrivé en cet endroit on se détourna et on posa le
mort quelques instants. Alors un homme, passant sur le
boulevard, prononça un juron prolongé. On reprit le pa-

quet et on continua le boulevard jusqu'au travers, au fond
de l'Ambergue.

Là, nouvelle halte, après laquelle ils descendirent dans
le travers par un chemin de charrette. La pente devenue
rapide et le chemin trop étroit pour quatre, Bancal et
Colard portèrent le corps à eux deux. Au même moment,
le sieur Théron, qui passait à côté du pré de la Capoulade
pour aller tendre des filets dans l'Aveyron, entendit plusieurs personnes descendre par le même chemin que lui.
Ignorant qui elles pouvaient être, il se cacha derrière un
buisson. Le cortége s'arrêta précisément non loin de lui ;
il examina et reconnut deux ou trois de ces messieurs.
Bientôt, tremblant de peur, il prit ses souliers à la main
et se sauva au plus vite.

Comme il fallut franchir une petite muraille, Jausion
fit un faux pas. « Tu tombes ; as-tu peur ? » dit assez
haut Bastide.

« — Non, je ne crains rien. »

Un nommé Fournier, ayant appris que des jeunes
gens de la ville avaient tendu des filets dans l'Aveyron
pour faire une pêche, voulut en avoir sa part. Il était venu
à l'insu des pêcheurs du côté où les filets avaient été ten-
dus. A peine arrivé sur les bords, il aperçoit un groupe
de plusieurs personnes qui s'avancent. Il les prend pour
celles à qui il veut dérober des poissons : de crainte d'être
reconnu, il se tapit derrière un petit mur, et de là voit
tout, entend tout. On délia les cordes, on retira la couverture, et Bancal jeta le corps dans la rivière.

Bastide et Jausion, toujours présents, réitérèrent la

CAUSES CÉLÈBRES.

recommandation de garder le secret, répétant que le premier qui lâcherait un mot périrait. Après cet adieu, qui était encore une menace de mort, ils se séparèrent tous : Bastide s'en alla du côté de la Guioule, Jausion vers le moulin des Besses ; Bancal, Colard et Missonnier remontèrent par le même chemin ; Bach et Bousquier allèrent rejoindre le chemin du monastère, et vers minuit ils entrèrent chez ce dernier, auquel l'autre donna deux écus de cinq francs.

LA JUSTICE.

En se retirant chacun nourrissait l'espoir insensé d'avoir rendu par la noyade le mystère impénétrable. Les flots devaient ensevelir à jamais la victime, ou tout au plus la jeter défigurée, mutilée, méconnaissable, sur des rives lointaines. Mais la Providence, tout en permettant le crime, par un de ces décrets dont il n'est pas donné de sonder la profondeur, avait ménagé, pour la conviction, plusieurs de ces moyens qu'elle tient en réserve contre les grands coupables.

D'abord une femme dans le cabinet voisin de la cuisine. La sécurité de ces misérables commandait de l'égorger. Ils l'épargnèrent ; une puissance supérieure, bien mieux encore que Jausion, arrêta le bras prêt à frapper. Ensuite cette petite fille que la peur chasse du second étage, où leur prudence l'avait confinée, ramène furtivement le long de l'escalier, à travers la cuisine, et replace dans le lit comme un témoin aposté à dessein.

FUALDÈS.

Enfin, à cette dernière minute de la consommation du forfait, deux pêcheurs viennent se trouver là, précisément au point même d'où rien ne peut échapper à leurs yeux et à leurs oreilles.

Mais voici surtout où le doigt de Dieu est marqué. Ce détestable secret, l'Aveyron, comme si ses flots en eussent été indignés, rejeta le cadavre avec horreur. Il ne fut pas impitoyable comme les scélérats qui l'avaient ensanglanté. Il ne voulut pas que les restes d'un homme de bien si indignement trahi, si cruellement immolé, restassent sans sépulture et sans vengeance.

Que faisaient les principaux complices depuis leur séparation? quels étaient leurs démarches, leur contenance, leurs propos?

Suivons d'abord pas à pas le grand exécuteur. Bastide avait deux propriétés situées fort près de Rodez et appelées l'une Gros, l'autre la Morne. Il monta sur une petite jument grise, et dans la prévoyance du besoin qu'il pourrait avoir d'établir un alibi, courut à toute bride au premier de ces domaines, occupé par sa famille.

Il fut droit au lit de sa femme. « Je suis pressé, » deux mots seulement : à tous ceux qui feront des ques- » tions ne manque pas de répondre que j'étais ici hier à » six heures. »

Elle veut l'interroger, il s'éloigne. Le repos le fuyait, il ne put rester dans sa propre demeure et attendre au moins les premiers bruits qui viendraient à circuler. A trois heures il repartit. L'inquiétude, le trouble, et comme une défiance instinctive de l'Aveyron, le ramenèrent vio-

lemment sur ses bords. Là il se blottit derrière un rocher,
et son œil curieux se promena sur la surface de l'eau.
Elle était silencieuse et enveloppée encore des ténèbres
d'une nuit obscure. Il fallut attendre le jour. Une sorte
d'assoupissement s'empara de lui, sa tête se pencha sur
la roche ; il paraît sommeiller. Tout à coup une voix
de femme retentit à son oreille : « Un cadavre, un ca-
» davre ! » Il se lève en sursaut et en tressaillant. Il regarde, et à la clarté du jour naissant, reconnaît sa victime,
telle que sa férocité l'avait faite, livide, mais non défigurée, flottant tout près de la rive, la face tournée vers le
ciel, afin qu'au premier regard des habitants de Rodez il
n'y eût pas à se méprendre et que chacun vît bien d'abord
que c'était Fualdès.

Aussi les premiers et les seuls mots de Bastide furent :
« C'est bien lui ! » Puis il resta immobile, attentif à l'entretien de trois personnes réunies sur la rive. Marie-Anne
Vassal, servante chez Jausion une année auparavant, était
l'une d'elles. Levée plus matin qu'à l'ordinaire, elle venait
de ce côté cueillir des herbes destinées à ses nouveaux
maîtres. A peine le corps s'offrit-il à ses regards, qu'elle
poussa l'exclamation qui réveilla Bastide, et ajouta bientôt : « C'est monsieur Fualdès ; je reconnais sa figure. »
Le meunier des Besses lui soutint que c'était un marchand
logé à l'auberge de Viellas. Bastide recueillit ces paroles
de doute avec une joie avide, comme si quelques minutes
après la moindre investigation ne devait pas le dissiper.

Cependant Marie Vassal regagne précipitamment la
ville, semant partout sur sa route la fatale nouvelle. En

FUALDÈS.

un moment elle vole dans tous les quartiers, Rodez retentit de cris d'alarme et de douleur. Les habitants éperdus regardent autour d'eux avec effroi. Une voix trompeuse annonce que des gens flétris par la justice avaient assouvi leur rage sur le magistrat inflexible qui avait provoqué leur juste punition. Mais tout à coup une sourde rumeur se fait entendre. Fualdès a été assassiné par les nobles ! et ce crime n'est que le prélude de nouveaux attentats ! Fualdès a péri victime de ses opinions, et les séides d'une opinion sanguinaire vont frapper de nouvelles victimes. A ces étranges paroles l'agitation redouble. Une population fanatique s'apprête à la lutte des discordes civiles, et là, où naguère se confondaient au sein de l'oubli les divisions des partis, se prépare la réaction la plus violente. Qu'on se souvienne des excès de 1816 dans quelques-unes de nos provinces, et la terreur publique s'expliquera.

Dès six heures du matin, Françoise Vidal entra chez la Bancal pour demander du feu. « Eh bien ! voisine, » vous savez la nouvelle. — Laquelle donc? — On a » trouvé un homme noyé dans l'Aveyron. — Eh qui? » — Je n'en sais rien, je vais aller le voir. Allons-y en- » semble. »

La Bancal mettait quelque hésitation à partir, Françoise Vidal prit le devant et l'autre la rejoignit quelques instants après. Pendant qu'elles contemplaient toutes deux le cadavre avec des sentiments bien divers, Françoise Vidal s'approchant de la Bancal lui glissa ces paroles dans l'oreille : « On dit : Peut-être que quelqu'un de

» ceux qui le regardent l'a assassiné. — Dieu ! s'écria la
» Bancal, la guillotine serait trop douce pour lui. » Elle
affecta de ne pas le reconnaître, ajoutant : « On aura
» donné rendez-vous à cet homme sur les bords de l'A-
» veyron et on l'aura assassiné là. »

Toutes les deux quittèrent aussitôt la rive. En rentrant chez elle, la Bancal trouva un chien de chasse qui
flairait de tous côtés dans la cuisine, cherchait avec un
empressement inquiet, laissant échapper par intervalles
une sorte de petit cri plaintif. C'était le chien même de
Fualdès, qui aimait beaucoup son maître et qui ne le quit-
tait presque jamais. Bientôt il aboya. La Bancal voulut le
chasser, impossible ; elle le battit, il se laissa battre et ne
fit que hurler plus fort. Irritée, elle le prit dans ses bras
et le jeta dans la rue, mais il demeura devant la porte,
s'obstinant à ne pas la quitter. « Il faut que cet animal-là
» soit sorcier, » se dit-elle à elle-même.

Quelques minutes après elle s'adressa à l'une de ses
filles, Marianne. « Allons à l'Aveyron pour laver tout
» ce linge. — Oui, ma mère, du côté, n'est-ce pas, où
» est le corps, nous le verrons aussi ; on dit que c'est ce-
» lui de M. Fualdès. — Tais-toi. Je l'ai déjà vu, c'est un
» autre. » Et elles descendirent vers un point plus éloigné. La nommée Bonnevialle les rencontra. « Comment,
» avec ce froid aller laver du linge ? vous êtes folle. » La
Bancal garda le silence ; sa fille répondit : « Il faut que
» ça se lave, ou il n'y a pas de bon Dieu. »

Remis de sa première émotion, Bastide s'était éloigné
du rocher, méditant le rôle que la prudence et l'intérêt

lui suggéraient. Il alla d'abord chez Jausion. Il était sept heures du matin. Ce dernier, comme Bastide, avait erré une partie de la nuit, et instruit d'abord par la clameur publique, pâle, défait, il était entré dans l'appartement de sa femme, s'était laissé tomber dans un fauteuil, et d'un air désespéré s'était écrié : « Nous sommes perdus ! il est » retrouvé. » Jausion était confondu, anéanti, lorsque Bastide l'appela, et en l'apercevant l'apostropha aussitôt.

« Je te le disais bien que tu avais peur. Ne m'a-t-il » pas fallu te prendre le couteau des mains? n'es-tu pas » tombé au bas de l'Ambergue? et maintenant on te con- » damnerait rien qu'à te voir. L'essentiel n'est pas fait. » L'avons-nous tué pour le tuer? Tu devrais déjà être chez » lui. Allons, remets-toi et pars. »

FIN DU DEUXIÈME VOLUME.

TABLE

DES MATIÈRES CONTENUES DANS CE VOLUME.

———

FIN DE LA TABLE DU DEUXIÈME VOLUME.

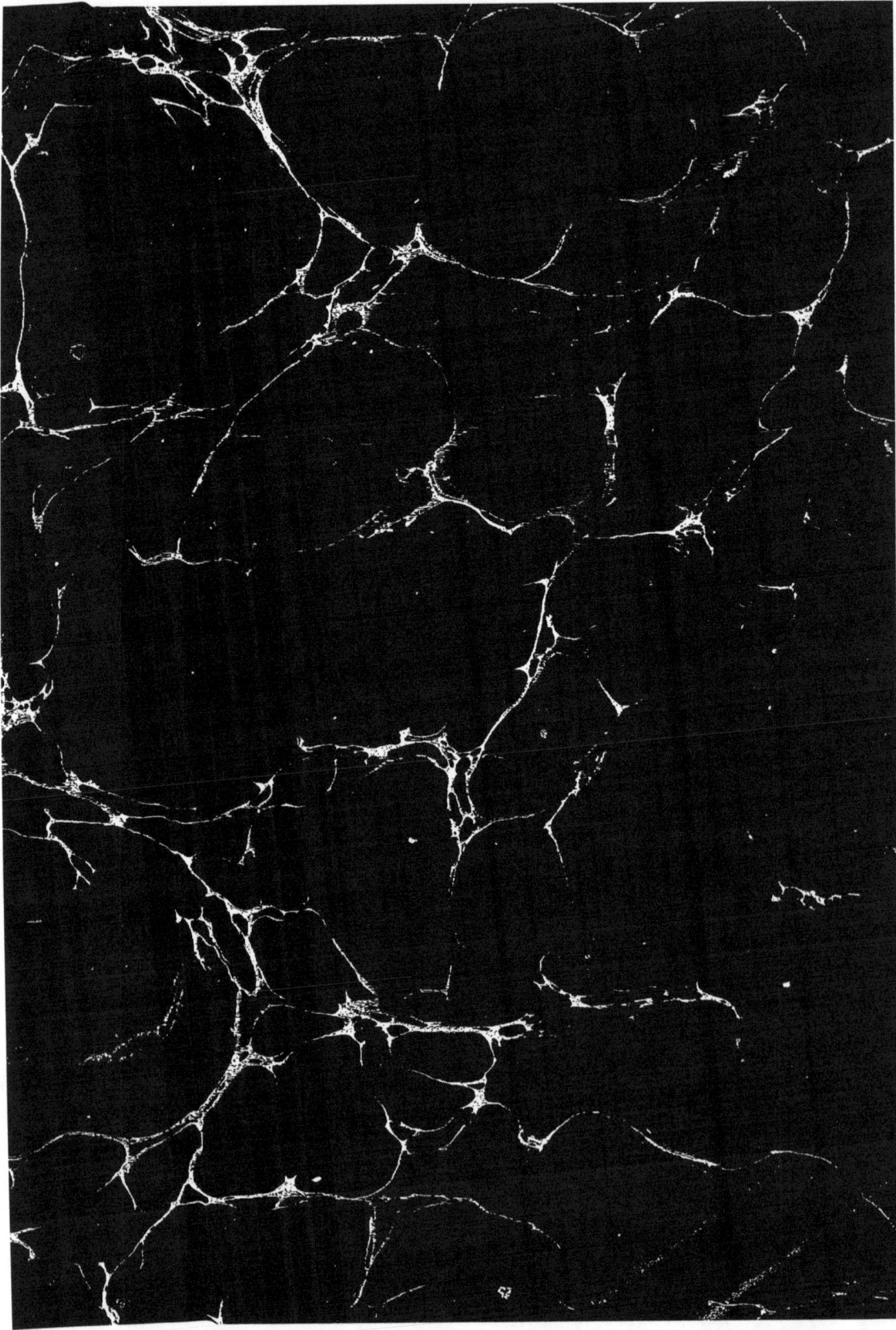

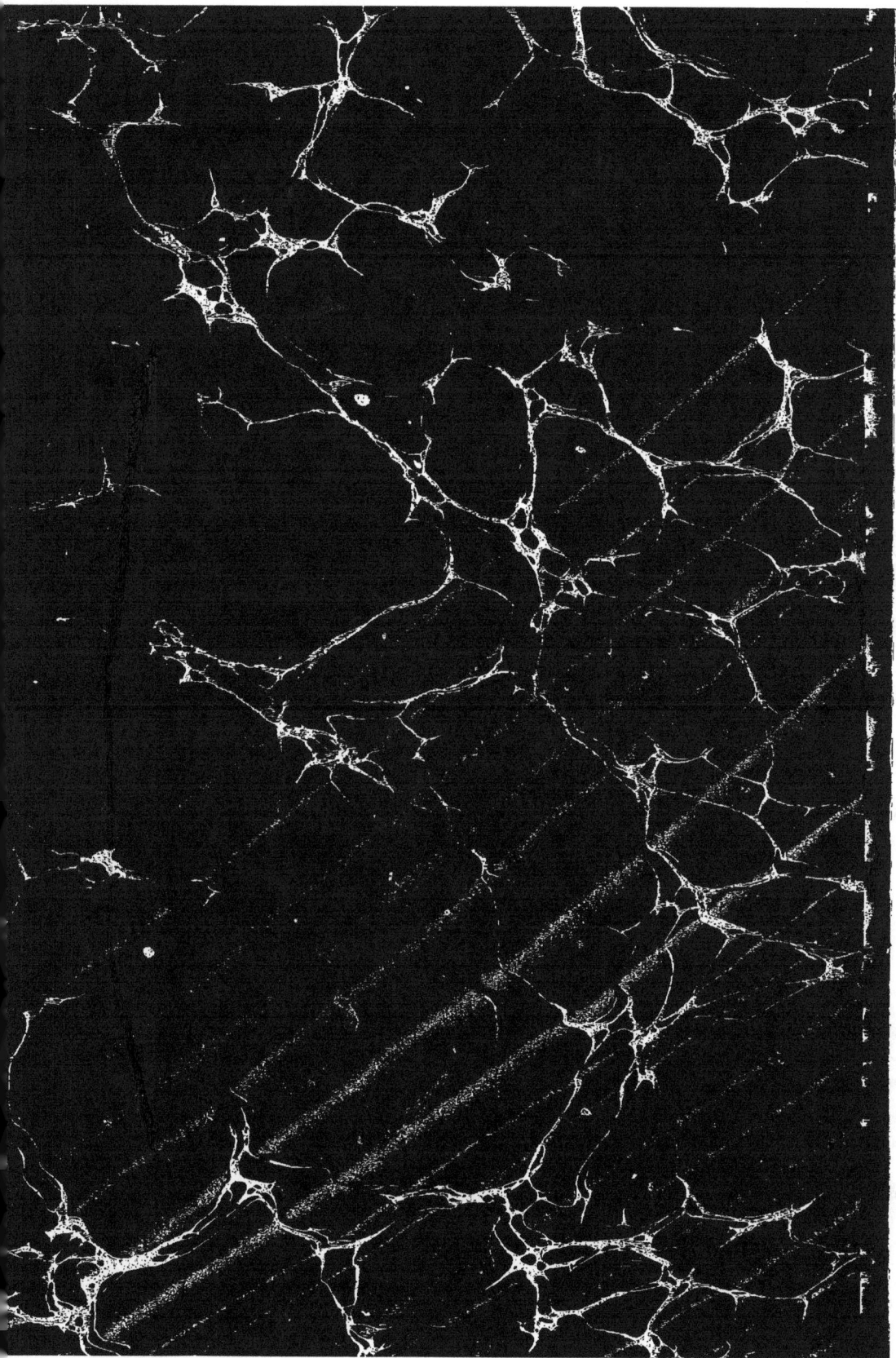

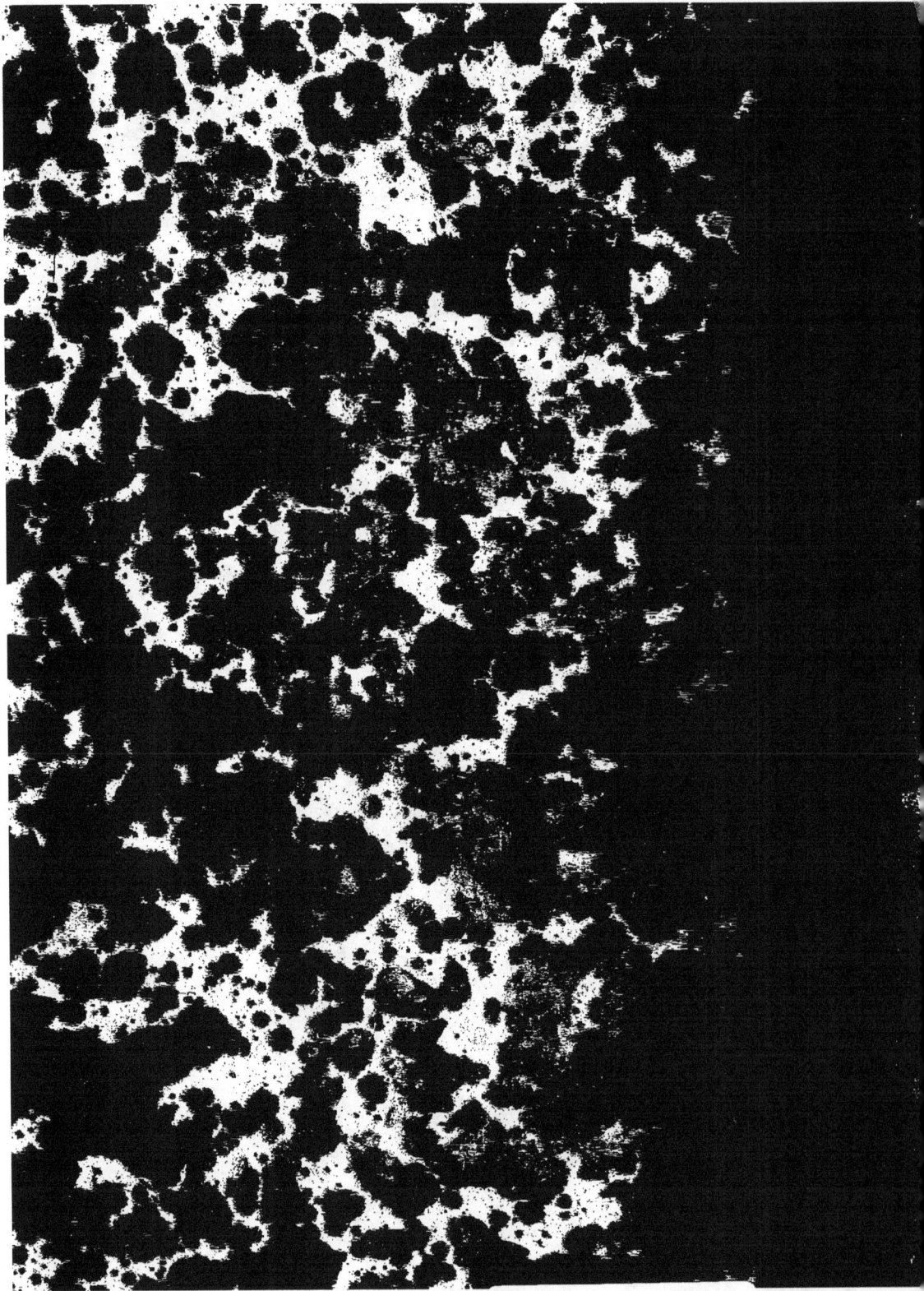